안양대HK+
동서교류문헌고중세총서
01

Contra Apionem
아피온 반박

안양대학교 신학연구소
안양대HK+ 동서교류문헌고중세총서 01

아피온 반박

초판인쇄 2026년 1월 30일
초판발행 2026년 2월 5일

지은이   Flavius Josephus
번역 및 주해   김창선 · 서원모

펴낸곳   동문연
등 록   제2107-000039호
전 화   02-705-1602
팩 스   02-705-1603
이메일   sukjookim182@gmail.com
주 소   서울시 용산구 청파로 40, 1602호 (한강로3가, 삼구빌딩)
제 작   (사)동서지행포럼

값 32,000원 (＊파본은 바꾸어 드립니다.)

ISBN 979-11-24374-00-9 (94230)
ISBN 979-11-990374-9-6 (세트)

• 이 저서는 2019년 대한민국 교육부와 한국연구재단의 HK+사업의 지원을 받아 수행된 연구임
  (NRF-2019S1A6A3A03058791).

안양대HK+
동서교류문헌고중세총서
01

Contra Apionem

아피온 반박

Flavius Josephus 지음

김창선 · 서원모 번역 및 주해

동문연

발간에
즈음하여

안양대학교 신학연구소의 인문한국플러스(HK+) 사업단은 소외·보호 분야의 동서교류문헌 연구를 2019년 5월 1일부터 수행하고 있다. 다시 말하여 그동안 소외되었던 연구 분야인 동서교류문헌을 집중적으로 연구하면서, 동시에 연구자들의 개별 전공 영역을 뛰어넘어 문학·역사·철학·종교·언어를 아우르는 공동연구를 진행하고 있다. 서양 고대의 그리스어, 라틴어 문헌이 중세 시대에 시리아어, 중세 페르시아어, 아랍어 등으로 어떻게 번역되었고, 이 번역이 한자문화권으로 어떻게 수용되었는지를 추적 조사하고 있다.

또한 체계적으로 연구하기 위해서 동서교류문헌을 고대의 실크로드 시대(Sino Helenica), 중세의 몽골제국 시대(Pax Mongolica), 근대의 동아시아와 유럽(Sina Corea Europa)에서 활동한 예수회 전교 시대(Sinacopa Jesuitica)로 나누어서, 각각의 원천문헌으로 실크로드 여행기, 몽골제국 역사서, 명청시대 예수회 신부들의 저작과 번역들을 연구하고 있다. 이제 고전문헌학의 엄밀한 방법론에 기초하여 비판 정본을 확립하고 이를 바탕으로 번역·주해하는 등등의 연구 성과물을 순차적으로 그리고 지속적으로 총서로 출간하고자 한다.

본 사업단의 연구 성과물인 총서는 크게 네 가지 범위로 나누어 출간될 것이다. 첫째는 "동서교류문헌총서"이다. 이 총서는 동서교류에 관련된 원전을 선정한 후 연구자들의 공동강독회와 콜로키움 등의 발표를 거친 다음 번역하고 주해한다. 그 과정에서 선정된 원전 및 사본들의 차이점을 비교 혹은 교감하고 지금까지의 연구에 있어서 잘못 이해된 것을 바로잡으면서 번역작업을 진행하여 비판 정본과 번역본을 확립한다. 그런 다음 최종적으로 그 연구 성과물을 원문 대역 역주본으로 출간하는 것이다.

둘째는 "동서교류문헌언어총서"이다. 안양대 인문한국플러스 사업단은 1년에 두 차례 여름과 겨울 동안 소수언어학당을 집중적으로 운영하고 있다. 이 소수언어학당에서는 고대 서양 언어로 헬라어와 라틴어, 중동아시아 언어로 시리아어와 페르시아어, 코카서스 언어로 아르메니아어와 아제르바이잔어와 조지아어, 중앙아시아 및 동아시아 언어로 차가타이어와 만주어와 몽골어를 강의하고 있는데, 이러한 소수언어 가운데 우리나라에 문법이나 강독본이 제대로 소개되어 있지 않은 언어들의 경우에는 강의하고 강독한 내용을 중점 정리하여 동서교류문헌언어총서로 출간할 것이다.

셋째는 "동서교류문헌연구총서"이다. 이 총서는 동서교류문헌을 번역 및 주해하여 원문 역주본으로 출간하는 과정과 우리나라에 잘 소개되지 않는 소수언어의 문법 체계나 배경 문화를 소개하는 과정에서 깊이 연구된 개별 저술들이나 논문들을 엮어 출간하려는 것이다. 이 본연의 연구 성과물을 통해서 동서교류의 과거·현재·미래를 가늠해 볼 수 있고 궁극적으로 '그들'과 '우리'를 상호 교차적으로 비교해 볼 수 있을 것이다.

넷째는 "동서교류문헌고중세총서"이다. 이 총서는 서양의 고대 및 중세 원전 자료를 번역하고 주해하여 출간하는 데 목적이 있다. 주요 자료는 본 사업단이 주관하고 지원한 강독회를 통해 연구된 문헌들로, 그리스어와 라틴어로 기록된 서양 고전과 중세 문헌이 중심을 이룬다. 우선 헬레니즘 시대의 종교, 철학, 과학 등과 관련된 주요 저작들을 선정하여 출판할 예정이며, 이는 동서교류문헌 연구의 기초 자료로서 중요한 역할을 할 것이다. 이 총서는 향후 동서 문명의 사상적, 과학적, 문화적 교류를 심층적으로 이해하기 위한 토대를 제공하며, 고중세 서양 사상의 수용과 변용 과정을 조망할 수 있는 소중한 기회를 마련할 것이다.

안양대학교 신학연구소 인문한국플러스 사업단장

곽문석

차 례

역주자
서문

요세푸스의 『아피온 반박』을 번역하여 출간하니 감회가 새롭다. 요세푸스는 알렉산드리아의 필론과 함께 신약성서 시대의 유대교를 연구하는 데 중요한 자료를 제공해준다. 필론이 디아스포라 유대아 사람으로 예수와 동시대에 활동했다면, 요세푸스는 팔레스티나 유대아 사람으로 필론보다 한 세대 후에 활동했으며, 유대아 전쟁에 직접 참여했다. 요세푸스의 『유대아 전쟁사』와 『유대아 고대사』는 기원후 1세기의 팔레스티나 유대교의 정황과 유대아 전쟁의 역사를 알려주는 핵심적인 사료로 여겨진다.

요세푸스는 필론과 같이 그리스어로 저술한 유대아 사람으로 유대교와 헬레니즘의 조우의 역사를 잘 보여준다. 요세푸스는 고급스러운 그리스어 구사 능력을 지니고 있었고, 그의 그리스어 실력은 요세푸스와 동시대 사람으로 누가복음과 사도행전을 남긴 다른 민족 출신의 누가와 비교할 만하다. 요세푸스는 1세기 후반 초기 교회 탄생기에 팔레스티나 유대아 제사장 계층 및 지식인 가운데 헬레니즘이 적지 않게 전파되었다는 사실을 잘 보여준다.

『아피온 반박』의 문학 장르에 대해서는 여러 가지 논의가 있지만, 기본적으로 유대교를 배척하고 폄하하는 논객들에 맞서 유대교를 변호한 변증서라고 말할 수 있다. 이 글을 통해 우리는 고대세계에 이미 유대교에 대한 혐오와 배척(anti-Semitism)이 널리 확산되었다는 사실을 확인할 수 있다. 이러한 비난 중에는 유대아 사람들이 당나귀 머리에 기도하며, 제사의 목적으로 인간을 살해하며, 다른 민족 사람들, 특히 그리스 사람들을 증오할 것을 맹세했으며, 신들이 이들을 견딜 수 없기 때문에 불행이 뒤따르며, 위대한 인물을 배출하지도 못했으며, 동물로 제사를 지내며, 돼지고기를 먹지 않으며, 할례를 행한다는 내용이 포함되어 있었다. 심지어 모세는 한센병 걸린 사람들을 이집트에서 인도해냈다는 이야기도 전해졌다. 요세푸스는 이러한 비판에 대해 유대아 민족이 5천 년이라는 장구한 역사를 지니고 있으며, 유대아 사람에 대한 비판이 모두 근거가 없고 무지에서 비롯된 것이라는 것을 밝힌다.

더 나아가서 요세푸스는 『아피온 반박』에서 모세 율법의 우수성을 강조한다. 모세는 그의 위상에도 불구하고 독재자가 되지 않고 신정정치를 확립했다고 주장한다. 모세가 전한 율법은 한 분 하나님, 우상 숭배 금지, 인간 존중과 고결한 윤리와 도덕을 표현하며, 유대아 민족은 율법에 충실하기 위해 목숨까지도 마다하지 않았고, 이러한 순교 정신은 다른 민족 사람들도 감탄하는 바였다.

『아피온 반박』은 문명의 만남과 조우가 갈등을 유발할 수도 있고, 다양한 배척서와 변증서가 출현할 수 있다는 것을 잘 보여준다. 2세기부터는 유대교 전승을 이어받은 그리스도교가 이러한 변증의 과제를 떠안았다. 특히 『아피온 반박』은 2세기에 그리스-로마의 종교와 문화를 강조하여 그리스도교를 낯선 종교라고 공격하는데 맞서 그리스도교를 변호한 그리스도교 변증가들의 길을 예비한 듯하다. 예를 들어 요세푸스는 그리스 철학자들이 모세에게 배웠다고 주장하는데, 이러한 주장은 그리스도교 변증가들에게서도 자주 발견된다. 물론 그리스도교 변증가들은 유대아 사람들의 공격에도 맞서 예수 그리스도가 메시아라는 것을 구약성경을 통해 논증하는 또 하나의 과제도 안고 있었다.

『아피온 반박』의 번역은 김창선, 서원모의 공동 작업으로 이루어졌다. 그리스어 본문의 선택과 서론, 기본적인 번역은 김창선이 주도적으로 작업했으며, 서원모는 그리스어 본문을 다시 읽으며 번역문을 다듬었다. 이 과정에서 같은 그리스어 단어라도 독어권의 사전과 영어권의 사전이 주는 뉘앙스가 서로 다를 수 있다는 것을 발견한 것은 색다른 경험이었다. 최대한으로 의견을 조율하여 통일된 번역문을 제공하려고 노력했지만, 단어나 표현에서 공역자의 차이가 반영된 부분이 있으리라 생각한다. 독자에게 너그러운 이해를 부탁드리며, 앞으로 개정작업을 통해 더 온전한 번역을 제공할 것을 기대한다.

『아피온 반박』의 그리스어와 라틴어 본문을 번역과 함께 제공하게 된 것을 기쁘게 생각한다. 이를 통해 독자들은 신약시대 유대교 문헌의 그리스어 본문을 직접 접하게 되고 고전어 이해 능력을 더욱 키워 나갈 수 있을 것이다. 본서를 통해 한국에서 요세푸스와 신약시대의 유대교에 대한 이해가 더욱 깊어지기를 희망한다.

일러두기

1. 이 번역은 베네딕투스 니제(Benedictus Niese)가 편찬한 Flavii Iosephi opera, 1889, Bd. 5에 나오는 그리스어 본문을 토대로 했다. 니제의 텍스트에 문제가 있을 경우, 폴커 지게르트(Folker Siegert)가 편찬한 *Über die Ursprunglichkeit des Judentums* (Contra Apionem), Bd. 1, Schriften des Institutum Judaicum Delitzschianum Bd. 6/1 (Göttingen: Vandenhoeck & Ruprecht, 2008)에 제시된 설명을 참조했다. 또한 지게르트처럼 에우세비오스의 『복음의 준비』(8:8,1-55) 발췌 본문은 니제의 본문 대신 K. Mras, *Eusebius Werke, Band 8: Die Praeparatio evangelica*, Die griechischen christlichen Schriftsteller 43.2 (Berlin: AkademieVerlag, 1956)의 본문을 사용했다. 요세푸스의 원문에는 단락나누기 및 단락의 소제목들이 전혀 나타나지 않으나, 여기에 제시된 단락 나누기와 그에 해당하는 소제목들은 독자들의 이해를 돕기 위해 첨가한 것으로 대체로 지게르트를 따랐다. 또한 각주 해설에서도 지케르트를 많이 참조했음을 밝힌다.

2. 인지명은 에라스무스식 발음에 따라 표기하는 것을 원칙으로 한다. 단 다음 경우는 예외로 한다.

    - 'υ' 는 '이'로 적는다.
        예) Συρία 시리아 Κῦρος 키로스 Πυθαγόρας 피타고라스
    - 'εια'는 '이아'로 적는다.
        예) Ἀντιόχεια 안티오키아 Σελεύκεια 셀레우키아
    - 'αια'는 '애아'로 적는다.
        예) Χαλδαία 칼대아 Γαλιλαία 갈릴래아 Ἰουδαία 유대아
    - 관용적인 표현은 그대로 사용한다.
        예) Φοινίκη 페니키아 Αἴγυπτος 이집트

제1부

작품 해제

요세푸스와 아피온 반박
김창선

Ⅰ. 요세푸스(Josephus)란 누구인가?

1. 생애

요세푸스 플라비우스(Josephus Flavius)는 마티아스(Matthias)의 아들로서 (『유대아 전쟁사』1:3) 클라우디우스 황제 통치 원년인 기원후 37-38년 사이에 태어났고(『유대아 전쟁사』20:267; 『자서전』5), 100년 이후 로마에서 사망한 것으로 보인다. 그의 아버지 마티아스는 예루살렘의 명망 높고 부유한 제사장 가문 출신이다(『유대아 전쟁사』5:19; 『자서전』2:422). 또한 요세푸스 자신의 보도에 따르면, 그의 어머니는 하스몬 왕가와 친척 사이라 한다. 실제 그러하다면 그의 가족은 예루살렘에서 가장 유력한 가문에 속한다. 요세푸스는 자신의 이와 같은 족보를 공문서에서 확인할 수 있다고 말한다 (『자서전』6). 로마에 항거하는 유대아 전쟁에서 그의 부모는 저항가들에 의해 감금되었으며(『유대아 전쟁사』5:533, 544), 그의 형제 마티아스는 로마사람들의 포로가 되기도 하였다(『자서전』8:419). 요세푸스는 네 번 결혼하여(『유대아 전쟁사』5:419; 『자서전』414 이하; 427) 5명의 아들을 가졌다(『자서전』426 이하).

2. 교육

요세푸스는 헬레니즘 교육을 잘 받았을 뿐만 아니라, 동시에 유대교 기초 교육(보통 14세 때까지)도 잘 받았다. 요세푸스는 14살 무렵 전통과 율법에 박식하며 총명하다고 소문이 나서, 예루살렘의 제사장 가솔과 귀족들이 그를 찾을 정도였다고 한다(『자서전』 9). 그는 출신 상 사두개파와 가까웠던 것으로 보인다(『자서전』 204). 한편 요세푸스는 아마도 젊은 시절에(16-19세) 정신적인 방황을 한 것으로 보인다. 그래서 당시 유대교의 대표적인 세 종파를, 즉 바리새파, 사두개파, 에센파를 두루 경험하고, 이어서 광야의 고행자 바누스(Banus)의 제자로 3년 동안 광야에서 지낸다. 훈련을 마친 뒤 예루살렘으로 돌아와, 19세에 바리새파에 안착한다. 그의 일상어는 아람어였으나(『유대아 전쟁사』 1:3, 6), 제사장 교육을 통해 히브리어를 배웠으며, 또한 당시 개방적인 젊은 귀족층들처럼 그리스어도 잘 이해할 수 있었다. 그는 수준 높은 그리스어를 구사했고, 수사학에 관한 여러 안내서도 알았다(『유대아 고대사』 20:263).

3. 활동

요세푸스는 기원후 64년에 즉, 그의 나이 26세에 중요한 임무를 수행한다. 반로마적인 성향을 지닌 자로 낙인찍혀 붙잡힌 몇몇 유대아 제사장들을 네로 황제로부터 석방을 받아내기 위해 로마로 파견된다. 이 임무를 성공적으로 마치고, 황제로부터 선물도 받고(『자서전』 13-16) 66년에 다시 예루살렘으로 돌아온다. 그러나 돌아오자마자 상황이 좋지 않게 전개된다. 팔레스티나에 있던 유대아 사람들의 소요가 시작되었고, 급기야 전쟁으로 발전하였다. 요세푸스는 갈릴래아의 젤롯당의 운동을 억제하기 위해서 유대아 최고의회의 명령에 따라 갈릴래아로 파견된다(『유대전쟁사』 2:568 이하; 『자서전』 28 이하). 여기에서 요세푸스는 갈릴래아 지역의 최고 행정관리자며

군지휘관으로서 유대아 전쟁의 소용돌이에 휘말린다(『유대아 전쟁사』 2:562-568).

　로마 장군 베스파시아누스(Vespasianus)가 전쟁터에 모습을 드러내자 지레 겁을 먹은 요세푸스의 병사들은 뿔뿔이 흩어진다(『유대아 전쟁사』 3:129). 당시 전쟁은 잇따른 성곽전의 양상을 띠었는데, 요세푸스 자신도 나사렛에서 북쪽으로 15km 정도 떨어져 있는 산악도시인 요타파타(Jotapata) 성으로 피신하여 거기서 47일을 버틴다. 결국 요타파타 성이 함락되나, 요세푸스는 몇몇 다른 사람들과 함께 동굴로 피신하여 살아남는다. 자신의 병사들이 거의 모두 집단자결로 생을 마감했으나, 요세푸스는 로마에 투항하여 살아남는다(이에 대한 장황한 보도가 『유대아 전쟁사』 3:352 이하; 391 이하에 나타난다). 이로 인해 변절자라는 낙인이 찍힌다.

　요세푸스가 로마군의 포로가 되었으나, 베스파시아누스가 황제가 될 것이라는 그의 예언이(『유대아 전쟁사』 3:399 이하) 적중하자(『유대아 전쟁사』 6:312), 베스파시아누스는 요세푸스를 '신의 목소리의 봉사자'라 생각하여 풀어준다.[1] 이때 요세푸스는 법적으로 한 번도 포로 된 적이 없다는 확인을 받는다(『유대아 전쟁사』 4:622-629). 이후 요세푸스는 로마군 사령부에 머물면서 로마군을 위해 유대아 사람 문제와 관련된 조언자이자 통역자의 역할을 수행한다. 베스파시아누스 황제의 이집트 원정에 동행한 뒤, 황제의 아들인 티투스를 따라 요세푸스는 팔레스티나로 돌아와, 예루살렘 거주민들을 향해 투항하고 그 도시를 넘겨주라는 설득을 한다(『유대아 전쟁사』 5:362-374, 375-419). 전쟁이 끝나자 요세푸스는 티투스를 따라 로마로 이주했는데, 이로써 요세푸스는 인생의 전환기를 맞이한다. 로마에서 시민권을 획득하고, 플라비우스 가문의 가신이 되어 연금 혜택을 누리는 가운데 유대

1　예언자로서의 요세푸스와 관련하여, 『유대전쟁사』 3:351 이하; 5:391-393을 참조하라.

아 민족의 역사 저술에 전념하게 된다.

Ⅱ. 요세푸스에 대한 관심

이제까지 요세푸스에 대한 관심은, 그의 작품들이 예수 시대를 이해하는
데 도움이 되는 자료(Quelle)로서의 역할을 한다는 사실에 대체로 국한되었
다. 그러나 요세푸스를 독자적인 저자 혹은 사상가로서 이해하려는 시도가
점차 증가하고 있다.[2] 이와 관련하여 그의 작품 『아피온 반박』(Contra Apio-
nem)을 살펴보는 것이 의미가 있다. 바로 이 작품에 요세푸스 자신이 가졌
던 유대교에 대한 입장과 이해가 잘 드러나 있기 때문이다. 이 작품에서 요
세푸스는 역사가로서가 아니라, 당시 비방과 시기를 많이 받은 자신의 백
성인 유대아 사람을 위한 변증가의 면모를 드러낸다. 이른바 '제2성전'이
파괴되기에 앞서 유대아 사람들을 향한 비난과 비방이 주변 지역뿐만 아니
라, 이집트와 북아프리카 또는 그리스나 이탈리아 심지어 스페인과 갈리아
혹은 게르마니아에 이르기까지 널리 퍼져 있었다. 예컨대 당시 번창했던
도시였던 알렉산드리아에서 유대아 사람들을 비방하는 글들이 많이 나왔
다. 아피온은 바로 유대아 사람들을 배척하는 자들 가운데 속했다. 전통적
으로 전해 내려온 변증론의 양식을 잘 보존한 『아피온 반박』을 통해 우리는
당시 헬레니즘 세계에 유대교의 긍정적인 가치를 변증하며 전하려는 '사상
가' 요세푸스의 면모를 엿볼 수 있다.

2　예컨대, Steve Mason(ed.), *Understanding Josephus, Seven Perspectives, Journal for the Study of the
Pseudepigraphy* (Sheffield: Sheffield Academic Press, 1998). 이미 슐라터(Adolf Schlatter)는 요세푸스의
'유대교 신학'에 관한 저서를 출간했다 : *Die Theologie des Judentum nach dem Bericht des Josefus, Beiträge
zur Förderung christlicher Theologie*, 2. Reihe (Gütersloh: C. Bertelsmann, 1932; Hildesheim/New
York: G. Olms, 1979).

III. 헬레니즘 시대 유대교 사상의 토대

요세푸스는 비록 팔레스티나 출신의 유대아 사람이었으나, 그리스어로 집필한 작품들에 나타나는 그의 빼어난 그리스어 수준을 볼 때, 상당한 정도로 헬레니즘의 영향권에서 살았던 사람임을 알 수 있다. 이를 통해 마르틴 헹엘(Martin Hengel)이 강조했듯이, 당시 팔레스티나 유대교 역시 디아스포라 유대교의 경우처럼 상당한 정도로 그리스화 되었다고 말할 수 있다.[3] 헬레니즘 시대의 유대교에 따르면, 창조주 하나님에 대한 신앙과 그의 율법에 대한 순종은 서로 분리할 수 없다. 그러한 확신 가운데 살았던 유대아 사람이 종교적이며 문화적으로 낯선 헬레니즘 세계의 한복판에서 어떻게 자기 정체성을 유지하며 살았을까라는 질문을 던질 수 있다. 다시 말해, 당시 유대아 사람은 어느 정도로 사회적이며 정치적인 관계를 다른 민족과 맺고 살았는지, 또한 유대교의 정체성을 포기하지 않는 가운데 어느 선까지 다른 민족과의 관계를 허용했는지, 또 그 경계선은 어디인지에 관한 질문이 생긴다. 이런 질문에 답하기란 쉽지 않다. 왜냐하면 당시 유대교는 하나로 통일된 형태로 존재한 것이 아니라, 여러 종파들이 공존했으며, 따라서 확정된 유대교 도그마도 존재하지 않았기 때문이다.

유대교의 다양성에도 불구하고 유대교의 정체성 규정과 관련하여, 논란의 여지가 없는 핵심 사항이 있다. 그것은 다름 아닌 한 분 하나님에 대한 신앙과 하나님의 율법이다. 유대아 사람의 하나님 신앙이 모든 형태의 다른 민족 종교·문화와 그 경계선을 이루며, 동시에 모든 논쟁의 중심에 있다. 유대교의 유일신주의를 뒷받침하는 명백한 증거는 십계명의 첫째 계명이다. 성경은 하나님의 본질에 대한 형상을 규정하고 있는데, 예컨대 유대

---

3 M. Hengel, *Judentum und Hellenismus: Studien zu ihrer Begegnung unter besonderer Berücksichtigung Palästinas bis zur Mitte des 2. Jh. v. Chr.*, (Tübingen: J. C. B. Mohr, [3]1988).

아 종교철학자 알렉산드리아의 필론은 인간이 그러한 하나님의 본질에 접근할 수 없다는 사실을 강조한다. 그는 다음과 같이 말한다: "하나님은 한 분이며, 창조주이며, 세계의 주관자이며, 율법 수여자며, 이스라엘을 선택하신 분이시다. 그의 섭리는 온 세상에 충만하다"(ep Ar 132ff). 이러한 유대아 사람의 하나님 사상은 이른바 자연신학(*theologia naturalis*)과 연결 지을 수 있기 때문에, 필론은 그리스 종교철학 사상을 일정 부분 수용할 수 있었고 변증에도 활용할 수 있었다. 그리스 사상을 수용함으로써 유대교의 유일신 사상은 한층 더 풍요로워질 수 있었다.

IV. 『아피온 반박』이란 어떤 작품인가?[4]

1. 『아피온 반박』의 중요성

이 작품은 당시 유대교를 비방하는 진술들에 대해 유대교를 변증하는 가운데(『아피온 반박』 1:1-2:144), 유대교의 제의, 율법, 하나님 사상 등을 다루면서 참된 유대교가 무엇인지를 서술한다(『아피온 반박』 2:145-286). 이 작품의 중요성은, 고대 시대에 유대교를 변증하는 마지막 책이며 동시에 많은 유대교 반박 진술들을 모아 놓았다는 데 있다.

2. 제목과 관련하여

우리가 다루게 될 『아피온 반박』은 요세푸스가 『유대아 고대사』(93/94년경)를 집필하고 얼마 지나지 않은 94~96년 사이에 저술한 것으로 보인다(『아피온 반박』 1:1, 54). 이 작품은 여러 가지 명칭으로 불린다. 헬라어로는 보

---

4 *Flavius Josephus: Über die Ursprünglichkeit des Judentums (Contra Apionem)*, herg. von Folker Siegert (Göttingen: Vandenhoeck & Ruprecht, 2008)에 나오는 도입부 설명을 참조했다.

통 '프로스 아피오나'(πρός Ἀπίονα)라고 부르며, 교부 오리게네스는 περὶ τῶν Ἰουδαίων ἀρχαιότητος ('유대아 사람들의 나이에 대하여')라고 불렀다. 라틴어 전통은 이 작품을 De Judaeorum vetustate 라 불렀다. 오늘날 통용되는 라틴어 제목 '콘트라 아피오넴'(Contra Apionem)은 히에로니무스로부터 비롯된 것이다(히에로니무스 『명인록』 De viris ilustribus 13:2). 여기서 ἀρχαιότητος는 "나이"(Alter)를 뜻할 수도 있으나, 또한 "근원성"(Ursprünglichkeit) 혹은 "시원성"(Anfänglichkeit)을 의미할 수도 있다. 그러나 우리 번역에서는 히에로니무스에게서 유래한 라틴어 제목 Contra Apionem을 따라 『아피온 반박』이라 부르고자 한다. '유대아 사람의 근원성/시원성'이란 번역이 변증적인 성격을 강조한다면, '아피온 반박'이란 제목은 논쟁적 성격을 부각시킨다.

　　라틴어 제목에 등장하는 '아피온'(Apion)은 이집트 태생으로 나중에 알렉산드리아의 시민이 되는데, 그는 주로 그리스 작가로 알려져 있으나, 동시에 문법학자이며 호메로스 전문가이기도 하다. 게다가 역사서술가로도 알려져 있다. 기원후 40년 칼리굴라 황제 때 알렉산드리아 유대아 사람의 위상을 둘러싼 논쟁에서 유대교를 배척하는 알렉산드리아 당파를 대표하는 사람이었다. 알렉산드리아의 필론이 당시 유대아 사람들의 대표였다. 『아피온 반박』(2:143)에서 요세푸스는 자기 조상의 법을 비방한 대가로 아피온이 비참하게 생을 마감했다고 보도한다.

3. 저자 요세푸스의 자기 묘사

이 작품 가운데 우리는 간접적이나마 저자의 모습을 찾아낼 수 있다. 『자서전』에서 요세푸스는 자신이 제사장 출신이며 왕족 출신임을 강조한 바 있는데, 『아피온 반박』에서 요세푸스는 다시 주체성을 회복한 유대교의 대변자로서 자신을 이해하고 있을 뿐만 아니라, 유대아 사람들의 지도자로서 자신을 드러낸다.

90년대 중엽에 얌니아 출신의 저명한 인사들이 로마에 사절단으로 갔는데, 이들이 요세푸스의 야망을 억제하러 로마에 갔다는 추측을 낳기도 했다. 유대교의 파멸을 체험한 요세푸스는 『유대아 고대사』와 『아피온 반박』에서 유대교에 대한 애정 어린 표상을 부각시키려 애썼다. 요세푸스는 일종의 유대교 신학을 집필하려는 계획을 세웠으나 실현에 옮기지 못하고, 단지 하나의 변증서, 즉 『아피온 반박』만을 남겼다.

4. 생성 연대와 집필상황

개인적 변증의 내용을 담은 요세푸스의 작품 『자서전』이 93/94년 초에 저술된 후 얼마 지나지 않아 유대교를 본격적으로 변증하는 『아피온 반박』이 탄생한다. 요세푸스의 집필 작업은 요세푸스가 정치적으로 어느 정도 위험한 상황에 처해 있을 때 시작되었다. 당시 로마에 한 스캔들이 터졌는데, 그것은 집정관 티투스 플라비우스 케멘스(Titus Flavius Cemens)와 그의 아내 플라비아 도미틸라(Flavia Domitilla)가 유대아 사람의 삶의 양식을 수용함으로써 발발했다. 그것은 로마 공화정에 대한 위협을 뜻했다. 그리하여 도미티아누스는 그 시의원을 사형에 처했고 아내는 유배 보냈다. 이러한 판결을 이어서 여러 유사한 판결이 뒤따랐다. 그로 인해 도미티아누스의 박해는 네로의 뒤를 이은 두 번째 그리스도인 박해였다고 하는 그리스도교적 전설이 만들어졌다고 여겨진다.

물론 이것은 과장된 시각이지만, 이 사건은 이질적 종교에 대한 혐오 분위기를 조장했다. 따라서 요세푸스는 조심하지 않을 수 없었다. 그래서 요세푸스는 다른 민족과 유사한 유대아 사람의 생활 방식을 『아피온 반박』의 마지막 부분에서 언급한다(2:282). 경배의 목적으로 특별히 사람의 형상을 그리는 일에 대해 비판할 때, 요세푸스는 마치 그런 일이 로마에는 없는 것처럼 다룬다. 도미티아누스 시대에 있었던 철학적 반대파를 향한 반지성적인 분위기를 고려하면, 『아피온 반박』이 도미티아누스 시대에 완성되었다고 추론할 수 있다. 이렇게 보면 이 작품의 생성 시기를 대략 기원후 94-96년 사이로 잡을 수 있다.

5. 저술 목적과 텍스트의 장르

요세푸스 스스로 자신의 이 마지막 작품을 가리켜 "변증"(apologia)이라 규정했다(2:147). 물론 작품의 앞부분에서(1:1-5) 민속학적 내용을 담은 것으로 단지 정보를 제공할 목적의 문서라는 소개가 나오지만 그렇게 보기 어렵다. 오히려 저자가 속한 유대아 민족의 관심사를 추구하려는 목적이 분명하다. 그것은 로마에 저항한 '유대아 전쟁'으로 인해 유대교의 위상이 추락하는 것을 최소화하려는 데 있다.

'변증'이란 법정적 수사학의 장르이나, 타인을 향한 선전의 의도도 갖고 있다. 1996년에 메이슨(S. Mason)은 두 측면을 통합하여 'logos protreptikos'(권면의 말)라 불렀다.[5] 즉 권면하는 성격의 진술로서 윤리적-실천적 목적을 갖고 있으며, 대중에게 행동의 변화가 일어나기를 기대하는 장르라는 뜻이다. 로마의 대중에게 행동의 변화를 촉구하는 목적을 가졌다고 하여 일종의 '선교'를 뜻하는 것은 아니다. 다시 말해 개종자를 얻기 위함이 아니라, 로마 상류층으로부터 유대교를 향한 적대감 대신에 호감을 얻는 것이 목적이다.

고대인이 '유대교의 나이에 대하여'란 제목을 듣게 되면, 곧장 '나이'(=역사)라는 논증을 통해 변증을 하리라는 것을 떠올린다. 그러한 변증은 『아피

---

5   S. Mason & R. A. Kraft, "Josephus on Canon and Scriptures," in *Hebrew Bible / Old Testament. The History of Its Interpretation, Bd. 1/1: Antiquity*, ed. M. Sæbø et al. (Göttingen: Vandenhoeck & Ruprecht, 1996), 217-235.

온 반박』의 경우처럼 논쟁으로 바뀔 수 있다. 마지막 부분에서 요세푸스는 변증의 내용을 긍정적으로 다루면서, 모세의 율법에 대해 말한다. 유대아 사람의 삶의 원칙과도 같은 모세의 율법을 온 세상에 변호하는 것이 요세푸스의 심중에 있었다고 말할 수 있다.

변증의 성격이 강한 『아피온 반박』은 요세푸스가 자기 자신을 돌아보면서 기록한 개인적 변증서인 『자서전』과 관련된 일종의 파생 문서에 해당한다. 『자서전』에서 그가 자기 자신의 나이(=역사)에 대해 썼다면, 여기 『아피온 반박』에서는 '유대교의 나이', 즉 '유대교의 역사'의 독특성을 추천할 목적으로 기록했다.

6. 내용 요약[6]

A. 서론 :
옛날 그리스 역사가들이 유대아 민족에 대하여 언급하지 않는다는 이유로, 적대자들은 유대교의 고대성을 부인한다(1). 하지만 그리스 사람들이 침묵하는 것은 아무 것도 입증하지 않는다. 그리스 역사서술은 문제가 없지 않다(2-5). 특히 히브리 사람의 역사서술과 같지 않다(6-8). 이어서 요세푸스는 역사가로서의 자신의 진실성을 강조한다(9-10).

B. 본론의 첫째 부분(1:12–2:13) :
a) 고대 그리스 역사가들이 정말로 몰라서 아무런 언급을 하지 않았을지라도, 유대아 민족의 기원이 짧다고 말할 수 없다. 팔레스티나는 지역적으로 떨어져 있으며 또 무역을 행하지 않았다는 점에서 볼 때, 그리스 역

---

6 H. Clementz, *Über das hohe Alter des jüdischen Volkes, gegen Apion* (Köln, 1960), 83-88.

사서술 가운데 유대아 사람이 나타나지 않는 것은 이해할 만하다(12). 동일한 논리로 그리스 백성의 고대성을 의심할 수 있다. 유대아 땅과 이웃한 백성들의 증거가 더욱 중요하다(13).

b) 그런데 유대아 민족이 일찍이 존재했음을 증거하는 고대 증거들이 유대아 사람들 밖에서도 산적해 있다.

- 먼저 그리스 밖 지역의 증거는 다음과 같다.

  - 이집트 사람: 마네톤(Manethon)(14-17): 프톨레마이오스 2세 때의 이집트 제사장(기원전 3세기 전반).

  - 페니키아 사람: 공문서, 디오스(Dios), 메난드로스(Menander)(『아피온 반박』1:116ff).

  - 칼대아 사람: 공문서, 베로소스(Berossos), 필로스트라토스(Philostratos), 메가스테네스(Megasthenes)(19-21).

- 그리스 사람의 증거는 피타고라스(Pythagoras), 헤로도토스(Herodotos), 코이릴로스(Choirilos), 클레아르코스(Klearchos), 아리스토텔레스(Aristoteles), 헤카타이오스(Hekataios), 아가타르키데스(Agatharchides)(22), 테오필로스(Theophilos), 테오도토스(Theodotos) 등이 있다.

- 게다가, 유대아 사람을 언급할 수 있었던 작가들이 고의로 유대아 사람을 언급하지 않았다고 한다. 예컨대 히에로니모스(Hieronymos von Kardia, 고대 그리스 역사가)가 그러한 작가이다(23).

c) 그런데 이러한 증거들은 유대아 백성의 고대성에 대한 뛰어난 증거력을 가질지라도, 유대아 사람에 대한 왜곡되고 비방적인 내용을 담고 있다. 따라서 그런 거짓들을 제거할 필요가 있다. 많은 그리스 작가들이 비방하려고 애쓰는 것이 그리 낯설지 않은 것은, 그들이 종종 자기 백성을 비방하는 데서 기쁨을 누린다는 사실을 고려하면 이해가 간다(24). 그들은 유대아 사람에 대한 이집트 사람들의 증오에 찬 보도를 한 후 이스라엘

사람들의 출애굽 사건에 대해 반박한다: 마네톤(Manethon), 카이레몬(Chairemon), 리시마코스(Lysimachos)(26-35). 특히 뒤에 언급한 두 사람은 스스로 또 서로 간에 모순된다.

• 『아피온 반박』 제2권에서 요세푸스는 이집트 사람 아피온을 다루는 가운데, 그가 출애굽 사건을 완전히 엉터리로 묘사했다는 사실을 밝힌다. 또한 알렉산드리아의 유대아 사람들은 알렉산드리아에 거주할 권리가 없으며 또 그들을 폭도로 묘사하는 그의 비난이 터무니없음을 밝힌다(2: 1-6). 이어서 아피온이 유대아 사람에 대해 제기한 엄청난 죄과를 반박한다:

즉, 유대아 사람들은 당나귀 머리에 기도하며, 제사의 목적으로 인간을 살해하며, 다른 민족 사람들 특히 그리스 사람들을 증오할 것을 맹세했으며, 신들이 이들을 견딜 수 없었기 때문에 불행이 뒤따르고 있으며, 위대한 인물을 배출하지도 못했으며, 동물들로 제사 지내며, 돼지고기를 먹지 않으며, 할례를 행한다는 것이다(7-13). 첫째 부분의 결론은 이 비방자들에 대한 요세푸스의 개인적인 말로 끝난다.

C. 본론의 둘째 부분(2:14-41) :

요세푸스가 첫 번째 본론(1:12-2:13)에서 구체적인 비방 하나하나를 반박했다면, 둘째 본론에서는 유대아 사람의 종교관에 대한 보편적인 묘사를 한다. 이렇게 함으로써 히브리 사람의 신정정치와 유대아 사람의 종교적인 삶에 대한 그릇된 평가들, 특히 아폴로니오스 몰론(Apollonios Molon)에게서 시작된 왜곡된 평가들을 가장 확실히 물리칠 수 있다고 생각했다. 이러한 설명을 통해 모세의 율법은 신에 대한 부정이나 인간 증오가 아닌 경건함과 이웃사랑 및 도덕성으로 지켜진다(14).

a) 우선적으로 모세를 또다시 가장 오랜 입법자로서 부각시키며, 완벽한 도

덕성을 지닌 사람이라고 강조한다.

b) 이어서 유대아 사람의 신정정치를 뒷받침하는 그의 작품에 대한 일반적인 설명을 한다. 신 인식(=하나님 인식)을 모세는 유대아 사람의 보편적인 가치로 세웠다. 모든 삶은 경건에 근거해야 하며, 시민의 모든 의무는 신에 대한 의무에서 유래한다. 다른 입법자와 달리 모세는 율법명령에 들어 있는 신정정치적인 지침과 구체적인 실천이 병존해야 함을 강조했다(16-17). 모든 유대아 사람은 율법의 제반 규정을 그 목적에서 잘 알고 있다(17-18). 그리하여 신앙의 통일성에 근거하여 유대아 사람 상호간의 결속력과 위대한 인물의 결핍이 설명된다(19-21). 신정정치 체제처럼 유대아 사람의 전체 삶은 하나의 장엄한 예배에 해당한다(21-22).

c) 이어서 모세의 율법을 구체적으로 언급한다 : 하나님과 그의 역사(22); 성전, 제사장, 제사, 기도, 정결법(23); 결혼과 성적 연합에 관한 규정(24); 아이 교육(25); 장례법(26); 부모와 노인에 대한 태도; 우정에 대한 법, 법적 선언, 소유(27); 다른 민족 사람들과 다른 종교인에 대한 태도(28); 원수와 동물들(29). 경건한 유대아 사람은 율법준수에 대한 물질적인 보상을 요구하지 않는다. 오히려 자신의 선한 양심이 말하는 증거에 만족한다(30). 본래 율법은 이상적이다. 심지어 플라톤 역시 자신의 『국가』에서도 도달할 수 없는 경지였다. 율법은 결코 변하지 않는다(31). 그 백성은 온갖 치욕과 죽음도 두려워 않는 사랑으로 율법을 붙잡는다(32).

d) 이미 앞에서 요세푸스는 이따금 다른 민족의 법을 비판했으나, 이제는 사전 예고도 없이 그리스 신론을 공격한다(33-34). 종교에 국가적 차원의 의미를 부여하지 않고, 시인이나 예술가에게 맡기는 입법자들에 대해 불만을 토로한다(35). 계속해서 아폴로니오스 몰론에 대해 언급한다. 이 사람을 참된 그리스 철학자들과 대조한다, 특별히 모세 모방자로 간주되는 플라톤과 대조한다(36). 이어서 요세푸스는 다른 민족들과의 교

제를 꺼리는 것이나 참을성 없음이 유대아 사람의 특징이 아니라, 오히려 그리스 법의 특징이라는 사실을 밝힌다(36-37). 또한 유대아 사람의 율법은 그리스 사람뿐만 아니라 그밖의 다른 민족 사람에게도 인정받아 전파됨으로, 율법의 빼어남이 명백히 드러난다는 점을 밝힌다(39). 끝으로 요세푸스는 이 작품의 주요 항목을 다시 한번 요약하며, 비방자들은 아무런 영향을 끼치지 못했다고 진술한 다음, 에파프로디토스에 대한 헌정으로 마친다.

Ⅴ. 『아피온 반박』에 나오는 변증론의 구조[7]

1. 역사적 변증(1:1 이하)

1) 연대기 설정 : 이 세상은 (동시에 유대아 백성은) 5천 년의 나이를 먹었다. 이로써 유대아 백성의 유래가 가장 이르다는 사실을 분명히 밝히고, 동시에 신화적인 시간 개념을 제거하였다.

2) 자신의 역사 : 그리스 역사가들이 유대아 사람을 언급하지 않으므로, 유대아 사람의 역사가 짧다는 주장은 사실과 다르다.

3) 땅에 정착함.

4) 유대아 사람을 괴롭히는 것에 저항 : 이 괴롭힘은 부분적으로는 거짓에서 비롯되고, 부분적으로는 무지에서 비롯한다(거짓에 대항해서는 논쟁을 벌이고, 무지에 대항해서는 가르침을 준다).

5) 그리스 철학이 동방 철학에 종속됨.

6) 비교 : 그리스 역사서술은 개인적이며 제멋대로이나, 동방의 역사서술

---

7 이 부분은 한스 콘첼만(Hans Conzelmann)의 저서를 참조했다. *Heiden-Juden-Christen: Auseinandersetzungen in der Literatur der hellenistisch-römische-Zeit* (Tübingen: Mohr, 1981).

은 공적이며 제도적으로 보장되었다.

7) 율법 (순교할 준비가 되었음을 재차 언급).

2. 윤리적이며 사실적인 짧은 변증(1:60 이하)

아이들 교육, 율법 준수 및 경건성이 가장 귀한 삶의 목적임을 밝히며, 유대아 사람들의 독특한 생활양식은 그리스 사람들과 교류를 통해서 이루어진 것이 아님을 말한다. 또한 유대아 사람들이 노략질이나 점령을 위해 전쟁을 일으키지 않았음도 강조한다. 이를 많은 사람들이 증거한다고 한다(이집트의 마네톤 1:73; 페니키아 사람 디오스, 메난드로스 1:106 이하; 그리스 작가 1:161 이하).

이어서 유대아 사람에 대한 비난을 반박한다(1:219 이하). 증오의 이유를 다음과 같은 사항에서 찾았다 : a) 유대아 사람의 선조가 이집트를 지배함(『유대아 고대사』에 나오는 요셉과 모세의 이야기 참조), b) 고향으로 돌아온 뒤 복받음, c) 이집트 종교와 유대교는 서로 다르며, 유대교의 성과를 시기함.

3. 완벽한 변증(2:151 이하): 적대자들과의 논쟁, 특히 아피온과의 논쟁을 요약한다.

1. 최초의 율법 수여자 모세. 그의 위상에도 불구하고 독재자가 되지 않고 (2:158) 신정정치를 확립했다(2:165).
2. 유일신 사상(제1계명, 2:167)을 공표함.
3. 그리스 철학자들은 모세에게 의존한다(2:168).
4. 율법 : 충분하며, 모든 것을 규율 짓는다(2:174 이하); 본래의 율법에 충실하다; 율법은 불변한다; 율법은 단순하다; 따라서 모든 사람에게 알려져 있다. 율법의 내용 : 한 분 하나님, 우상 금지, 성전. 율법은 인간적이다(따라서, 유대아 사람을 증오해서는 안됨!). 또한 다시금 순교에 이르기

까지 충실함이 언급됨.

5. 다른 민족들의 종교적이며 윤리적인 부도덕이 그 반대를 이룬다.

6. 율법의 성공, 유대아 사람들의 확산.

7. 다른 민족들이 유대교 가르침을 인정.

• 마지막 부분인 2:287 이하에서 재차 내용 요약 :

1) 유대아 사람들이 뒤늦게 등장한 백성이라는 적대자의 주장에 반대하여 유대아 민족의 역사가 장구함을 입증한다.

2) 유대아 사람의 조상은 이집트 사람이라는 비난에 맞서, 유대아 사람은 이집트 사람이 아님을 밝힌다(외부에서 이집트로 들어갔음을 강조).

3) 자신들의 힘으로 고향으로 돌아갔다.

4) 유대아 입법자의 미덕을 하나님과 시간이 증거한다.

2:291 이하 : 유대아 사람들의 율법 스스로가 증거한다. 유대아 사람들이 율법을 다른 백성들에게 전하다.

◈ 아피온의 주장과 그에 대한 요세푸스의 논박 요약

1. **연대기 관련하여**(2:17): 아피온은 출애굽 사건이 제7올림피아드(기원전 752-749년)의 첫해, 즉 카르타고가 설립된 해라고 한다. 이로써 유대아 민족의 나이(역사)가 현격히 줄어든다.

2. **모세와 출애굽**(2:8 이하): 모세는 히에라폴리스 출신이나, 아피온에 따르면 모세는 이집트 사람이 아니다. 또한 모세는 조상의 관습에서 유래한 제의 장소를 설립했으며, 한센병 걸린 사람들을 이집트에서 인도해내었다고 한다. 아피온은 유대아 사람을 본래 이집트 사람으로 여겼으며, 그 추방된 자들의 숫자를 알렉산드리아 역사서술가인 리시마코스처럼

11만명으로 추산한다. 또한 그는 모세가 40일 동안 시나이 광야에 머물렀다 한다. 요세푸스는 유대아 땅까지 6일간의 행군이면 된다고 논박하고, 또 현재 자신의 시대와 관련하여 알렉산드리아에 있는 유대아 사람들에 대해 반박하며, 또 유대교에 대한 아피온의 논박을 반박한다.

3. **아피온에 따른 유대교**(2:79 이하): 요세푸스의 반박이 이 단락을 관통한다. 앞 부분에 유대아 성전 안에 있는 당나귀 머리에 관한 황당한 이야기가 나온다(2:79-80). 요세푸스는 성전에 들어간 로마 사람들의 증언을 통해, 또한 여러 역사가들을 언급함으로써, 그 이야기를 반박한다.

이어서 제의 살인에 대한 소문을 다룬다(2:89 이하). 다른 민족, 특히 그리스 사람들을 혐오하는 주제가 나오고(2:121), 또한 정의로운 계율을 따르지 않으며 신을 경배하지 않는다는 주제도 다룬다(2:125). 요세푸스는 역사적 사실(이집트 사람과 그리스 사람)을 거론하면서 논박한다. 또한 유대아 사람들 중에는 위대한 인물이 없다고 주장하는(2:135; 2:137) 문화사 측면의 논쟁도 다룬다.

요세푸스는 유대교에 관한 묘사를 요약한다(2:137): 동물의 희생제물에 대한 비판은 전형적으로 이집트적이다(2:138). 그들의 제사장들은 할례를 받았으며 또 돼지고기를 먹지 않는다. 결국 아피온은 자기 조상의 계율을 거론한 셈이며 그로 인해 참혹한 죽음에 이른다(2:143).

4. **당대의 정치적 논쟁**(2:33 이하): 아피온은 알렉산드리아 거주 유대아 사람들은 시리아 출신이며, 알렉산드리아 거주 유대아 사람들에게 보내는 클라우디우스의 편지가 그것을 입증한다고 한다고 주장한다. 요세푸스는 이에 대해 아는 바가 없다고 반박한다. 또한 아피온은 유대아 사람의 종교적 배타성을 정치적 논증으로 내세운다. 이에 요세푸스는 이집트 사람의 종교 역시 마찬가지라고 반박한다. 또한 유대아 사람들은 카이사르의 입상을 경배하지 않는다는 비난에 대해(2:73), 요세푸스는 유대교의

형상 금지에 대한 보편적 계명을 언급하며(2:75), 또한 카이사르를 위한 유대아 사람의 희생제물을 거론하며 반박한다(2:77).

◆ 텍스트 출판[8]

『아피온 반박』을 전하는 필사본은 요세푸스 작품들 가운데 보존상태가 가장 나쁘고 불완전하다.

1. J. Hudson(ed.), *Flavii Iosephi opera quae reperiri potuerunt omnia*, 2Bde., Oxford 1720. [『아피온 반박』은 여기 II, 1329-1390에 나온다.].
2. 베네딕투스 니제는 1889년에 이른바 "editio maior" 출간했다: *Flavii Iosephi opera, edidit et apparato critico instruxit B. Niese*, Bd. 5, Berlin 1889 (1955). 그런데 여기에는 눈속임의 흔적이 있다. 그가 직접 보지 못한 코덱스들을 대충 무시하는 경향이 있으며, 아르메니아 전승은 단지 라틴어 재번역을 통해 알고 있을 뿐이다. 에우세비오스 판본도 일부만 알았다. 니제는 자기가 잘 알고 있는 영역, 특히 Codex L의 경우에 신뢰할만하다.
3. 1889년 니제 이후, 어떤 판본도 필사본을 이용하여 만들어진 것이 아니다. Thackeray(1926); Reinach(1930)는 문헌비평을 어느 정도 시도했으나, 기본적으로 니제를 이용한 판본들이다.
4. Labow(2005): 독일어 번역.
5. Troiani(1977): 이탈리아어 번역.
6. Heinz Schreckenberg의 영향 하에, 요세푸스 연구를 위한 다양한 보조수단들이 탄생했다. 한 예로, Complete Concordance가 출간되었다.

---

8   F. Siegert, Vol. I, 65 이하 참조.

A. 직접적인 본문 증거(Textzeugen):

- Codex L (Laurentianus, 11세기, 플로렌스): 플로렌스에 있는 메디치 박물관 소재.
- Codex E (Eliensis, 15세기, 캠브리지) 일부 본문만 전한다.
- Codex S (Schleusingensis, 1544년 이전): 많은 약자를 사용하여 이탤릭 체로 기록되었다.

B. 단편들(Exzerpte):

인문주의 시대에 요세푸스에 대한 관심이 증가하면서 단편들을 수록한 여러 필사본들이 돌아다녔다. Codex M과 Codex V가 이에 속한다.

C. 간접 전승:

- 안티오키아의 테오필로스(Theophilos v. Antiochien): 안티오키아의 감독인 테오필로스가 180년경에 집필한 변증서 『아우톨리코스에게』(Ad Autolycum) 3:20-22에 인용되어 있다.
- 에우세비오스(Eusebios v. Caesarea): 그의 『복음의 준비』(Praeparatio evangelica)에 요세푸스의 변증에서 나온 비교적 긴 본문을 전한다. 이 본문 전승은 잘 전승되어서 비교적 신뢰할만하다.

D. 라틴어 번역:

Codex L보다 더 좋은 본문을 전한다. 특히 2:51-113의 라틴어 번역은 낱장이 떨어져 나감으로써 유실된 그리스어 본문을 보충해준다. Codex L의 이 부분은 라틴어에서 그리스어로 역으로 번역한 것이나, 오류가 많다.

제2부

아피온 반박 원문 및 역주

Φλαΐου Ἰωσήπου περὶ ἀρχαιότητος Ἰουδαίων λόγος α′.

1. Ἱκανῶς μὲν ὑπολαμβάνω καὶ διὰ τῆς περὶ τὴν ἀρχαιολογίαν συγγραφῆς, κράτιστε ἀνδρῶν Ἐπαφρόδιτε, τοῖς ἐντευξομένοις αὐτῇ πεποιηκέναι φανερὸν περὶ τοῦ γένους ἡμῶν τῶν Ἰουδαίων, ὅτι καὶ παλαιότατόν ἐστι καὶ τὴν πρώτην ὑπόστασιν ἔσχεν ἰδίαν, καὶ πῶς τὴν χώραν ἣν νῦν ἔχομεν κατῴκησε πεντακισχιλίων ἐτῶν ἀριθμὸν ἱστορίαν περιέχουσαν ἐκ τῶν παρ' ἡμῖν ἱερῶν βίβλων διὰ τῆς Ἑλληνικῆς φωνῆς συνεγραψάμην.

아피온 반박
유대교의 고대성(시원성)에 대하여

제1권

도입부
저술 목적과 그 어려움

1:1-5 주제 설정

1   이미 『유대아 고대사』를 통해서도, 에파프로디토스 각하여, 나는 그 책을 접하게 될 사람들에게 우리 유대아 민족에 대하여 충분히 명백하게 밝혔다고 생각합니다. 즉 우리 민족은 아주 오래된 민족이며, 최초의 독자적인 고유성을 지녔으며, 또한 우리가 지금 차지하고 있는 이 땅에 어떻게 정주하게 되었는지에 대하여 말입니다. 5천년[2]을 포괄하는 역사를 우리의 거룩한 책들을 토대로 그리스어로 집필했습니다.

---

1 『유대아 고대사』(*Antiquitates Iudaicae*)는 요세푸스가 그의 최초의 저서 『유대아 전쟁사』(*De Bello Iudaico*)를 기원후 70년대 후반에 집필하고 나서 93/94년경에 저술한 역사서이다. 1~10권은 세상 창조로부터 시작하여 페르시아 시대 말까지를 다루었고, 11~20권은 알렉산드로스 대왕 시대부터 유대아 전쟁의 발발 시점까지의 장구한 역사를 다뤘다. 이 작품을 통해 요세푸스는 그리스 사람들에게 유대교의 본질을 이해시키려 했고, 토라에 따라 살아가는 유대아 사람의 삶이야말로 가장 행복한 삶임을 입증하려 했다. 『아피온 반박』은 대략 94~96년 사이에 기록된 것으로 추정한다.
2 『유대아 고대사』 1:13 참조하라.

2. ἐπεὶ δὲ συχνοὺς ὁρῶ ταῖς ὑπὸ δυσμενείας ὑπό τινων εἰρημέναις προσέχοντας βλασφημίαις καὶ τοῖς περὶ τὴν ἀρχαιολογίαν ὑπ' ἐμοῦ γεγραμμένοις ἀπιστοῦντας τεκμήριόν τε ποιουμένους τοῦ νεώτερον εἶναι τὸ γένος ἡμῶν τὸ μηδεμιᾶς παρὰ τοῖς ἐπιφανέσι τῶν Ἑλληνικῶν ἱστοριογράφων μνήμης ἠξιῶσθαι,

3. περὶ τούτων ἁπάντων ᾠήθην δεῖν γράψαι συντόμως τῶν μὲν λοιδορούντων τὴν δυσμένειαν καὶ τὴν ἑκούσιον ἐλέγξαι ψευδολογίαν, τῶν δὲ τὴν ἄγνοιαν ἐπανορθώσασθαι, διδάξαι δὲ πάντας, ὅσοι τἀληθὲς εἰδέναι βούλονται, περὶ τῆς ἡμετέρας ἀρχαιότητος.

4. χρήσομαι δὲ τῶν μὲν ὑπ' ἐμοῦ λεγομένων μάρτυσι τοῖς ἀξιοπιστοτάτοις εἶναι περὶ πάσης ἀρχαιολογίας ὑπὸ τῶν Ἑλλήνων κεκριμένοις, τοὺς δὲ βλασφήμως περὶ ἡμῶν καὶ ψευδῶς γεγραφότας αὐτοὺς δι' ἑαυτῶν ἐλεγχομένους παρέξω.

5. πειράσομαι δὲ καὶ τὰς αἰτίας ἀποδοῦναι, δι' ἃς οὐ πολλοὶ τοῦ ἔθνους ἡμῶν ἐν ταῖς ἱστορίαις Ἕλληνες ἐμνημονεύκασιν, ἔτι μέντοι καὶ τοὺς οὐ παραλιπόντας τὴν περὶ ἡμῶν ἱστορίαν ποιήσω φανεροὺς τοῖς μὴ γιγνώσκουσιν ἢ προσποιουμένοις ἀγνοεῖν.

2   그때 내가 깨달은 것은, 많은 이들이 몇몇 사람들에 의해 제기된 험담에 관심을 보이며, 또한 『유대아 고대사』에서 내가 기록한 것들을 불신하며, 또한 우리 민족의 역사가 더 늦다는 점에 대한 증거로 저명한 그리스 작가들 가운데 우리 민족이 전혀 언급될 가치도 없었으리라는 사실을 제기한다는 것입니다.

3   그리하여 나는 이 모든 것에 대해 간략하게 기술하고 비방하는 자들의 악의와 고의적인 거짓말을 입증하고 무지를 덜어주며, 그리하여 진리를 알고자 하는 모든 이에게 우리의 더 오랜 역사에 대하여 가르침을 주는 일이 필요하다고 여겼습니다.

4   나의 진술에 대한 증인으로서 나는 고대사 전체 영역에서 그리스 사람들 가운데 가장 신뢰할만하다고 인정받은 사람들[3]을 이용할 것입니다. 그러나 우리에 대하여 비방적이며 거짓으로 기술한 자들은 그들 스스로를 반박하는 자들로서 드러낼 것입니다.

5   그런데 내가 또한 시도하려는 것은, 많은 그리스 사람들이 우리 민족을 (자기들의) 역사서들 가운데 언급하지 않은 이유를 제시하는 것입니다. 게다가 나는 또한 우리의 역사를(역사에) 무시하지 않은 사람들을 찾아내고자 합니다. 그들을 모르고 있거나 혹은 모르는 척하는 사람들을 위해서 말입니다.

---

3 마네톤(1:13), 디오스(1:112), 메난드로스(1:116), 베로소스(1:129)가 여기에 속한다.

6. Πρῶτον οὖν ἐπέρχεταί μοι πάνυ θαυμάζειν τοὺς οἰομένους δεῖν περὶ τῶν παλαιοτάτων ἔργων μόνοις προσέχειν τοῖς Ἕλλησι καὶ παρὰ τούτων πυνθάνεσθαι τὴν ἀλήθειαν, ἡμῖν δὲ καὶ τοῖς ἄλλοις ἀνθρώποις ἀπιστεῖν· πᾶν γὰρ ἐγὼ τοὐναντίον ὁρῶ συμβεβηκός, εἴ γε δεῖ μὴ ταῖς ματαίαις δόξαις ἐπακολουθεῖν, ἀλλ' ἐξ αὐτῶν τὸ δίκαιον τῶν πραγμάτων λαμβάνειν.

7. τὰ μὲν γὰρ παρὰ τοῖς Ἕλλησιν ἅπαντα νέα καὶ χθὲς καὶ πρώην, ὡς ἂν εἴποι τις, εὕροι γεγονότα, λέγω δὲ τὰς κτίσεις τῶν πόλεων καὶ τὰ περὶ τὰς ἐπινοίας τῶν τεχνῶν καὶ τὰ περὶ τὰς τῶν νόμων ἀναγραφάς· πάντων δὲ νεωτάτη σχεδόν ἐστι παρ' αὐτοῖς ἡ περὶ τὸ συγγράφειν τὰς ἱστορίας ἐπιμέλεια.

8. τὰ μέντοι παρ' Αἰγυπτίοις τε καὶ Χαλδαίοις καὶ Φοίνιξιν, ἐῶ γὰρ νῦν ἡμᾶς ἐκείνοις συγκαταλέγειν, αὐτοὶ δήπουθεν ὁμολογοῦσιν ἀρχαιοτάτην τε καὶ μονιμωτάτην ἔχειν τῆς μνήμης τὴν παράδοσιν·

9. καὶ γὰρ τόπους ἅπαντες οἰκοῦσιν ἥκιστα ταῖς ἐκ τοῦ περιέχοντος φθοραῖς ὑποκειμένους καὶ πολλὴν ἐποιήσαντο πρόνοιαν τοῦ μηδὲν ἄμνηστον τῶν παρ' αὐτοῖς πραττομένων παραλιπεῖν, ἀλλ' ἐν δημοσίαις ἀναγραφαῖς ὑπὸ τῶν σοφωτάτων ἀεὶ καθιεροῦσθαι.

1:6-14 그리스 자료의 결핍

6 먼저 나에게 큰 놀라움으로 다가오는 것이 있습니다. 바로 태고적 일들과 관련하여 오직 그리스 사람들만 떠올리며 이들로부터 진리를 취하나, 우리와 다른 사람들을 불신해야만 한다고 믿는 사람들에 대한 놀라움입니다. 그런데 나는 그와 정반대의 일이 일어나는 것을 봅니다. 단지 헛된 견해들만 쫓는 것이 아니라 사실 그 자체에서 나온 바른 것을 취해야만 할 경우에 말입니다.

7 왜냐하면 그리스 사람들에게는 모든 것이 새롭게, 누군가 말했듯이, 어제와 그제[4] 일어난 것으로 확증된 것 같습니다. 나는 단지 도시들의 설립과 기술들의 발명과 법률의 성문서화에 관한 것만을 말하고자 합니다. 하지만 그것들 가운데 거의 가장 새로운 것은 역사서술에 대한 신중함입니다.

8 그러나 이집트 사람들과 칼대아[5] 사람들과 페니키아 사람들의 경우—나는 이 시점에 우리를 그들과 함께 거론하는 것은 넘어가려 합니다—일어난 것 중에서 가장 오래되었으면서 또한 가장 지속적인 전승 기억을 그들이 갖고 있음을 그들 스스로 진정 시인합니다.

9 왜냐하면 그들은 주변 세력으로 인한 멸망에 가장 덜 노출된 모든 지역들에 거주하고 있으며, 또한 그들 가운데 일어난 것 중에 어느 것도 망각되도록 내버려두지 않고, 언제나 가장 지혜로운 자들이 공적 문서로 신성하게 다루도록 큰

---

4 그리스 사람들의 경우 호메로스와 헤시오도스의 작품들은 고작 400년 정도 전에 기록된 것이기 때문에 "어제와 그제"에 해당한다고 말할 수 있다. 따라서 그들은 자기 신들의 유래와 특성에 대해 전혀 알지 못한다는 것이다. 이러한 표현은 당시 상투적인 표현에 속했다. 예컨대, 플라톤(Platon, *Leges* 677), 또 2세기 말경 그리스도교 변증가 Athenagoras (*Supplicatio* 17:1; cf. 29:2)에게도 나타난다.
5 '칼대아'는 성경에선 '갈대아' 혹은 '칼데아'로 나온다.

10. τὸν δὲ περὶ τὴν Ἑλλάδα τόπον μυρίαι μὲν φθοραὶ κατέσχον ἐξαλείφουσαι τὴν μνήμην τῶν γεγονότων, ἀεὶ δὲ καινοὺς καθιστάμενοι βίους τοῦ παντὸς ἐνόμιζον ἄρχειν ἕκαστοι τῶν ἀφ' ἑαυτῶν, ὀψὲ δὲ καὶ μόλις ἔγνωσαν φύσιν γραμμάτων· οἱ γοῦν ἀρχαιοτάτην αὐτῶν τὴν χρῆσιν εἶναι θέλοντες παρὰ Φοινίκων καὶ Κάδμου σεμνύνονται μαθεῖν.

11. οὐ μὴν οὐδὲ ἀπ' ἐκείνου τοῦ χρόνου δύναιτό τις ἂν δεῖξαι σωζομένην ἀναγραφὴν οὔτ' ἐν ἱεροῖς οὔτ' ἐν δημοσίοις ἀναθήμασιν, ὅπου γε καὶ περὶ τῶν ἐπὶ Τροίαν τοσούτοις ἔτεσι στρατευσάντων ὕστερον πολλὴ γέγονεν ἀπορία τε καὶ ζήτησις, εἰ γράμμασιν ἐχρῶντο, καὶ τἀληθὲς ἐπικρατεῖ μᾶλλον περὶ τοῦ τὴν νῦν οὖσαν τῶν γραμμάτων χρῆσιν ἐκείνους ἀγνοεῖν.

12. ὅλως δὲ παρὰ τοῖς Ἕλλησιν οὐδὲν ὁμολογούμενον εὑρίσκεται γράμμα τῆς Ὁμήρου ποιήσεως πρεσβύτερον, οὗτος δὲ καὶ τῶν Τρωϊκῶν ὕστερος φαίνεται γενόμενος, καί φασιν οὐδὲ τοῦτον ἐν γράμμασι τὴν αὑτοῦ ποίησιν καταλιπεῖν, ἀλλὰ διαμνημονευομένην ἐκ τῶν ᾀσμάτων ὕστερον συντεθῆναι καὶ διὰ τοῦτο πολλὰς ἐν αὐτῇ σχεῖν τὰς διαφωνίας.

정성을 보였기 때문입니다.

10 반면 그리스 주변 지역은 수많은 재앙들이 덮쳤고, 그로 인해 일어난 일에 대한 기억이 소멸되었습니다. 그러나 늘 새로운 삶의 양식들을 세워야만 했을 때, 그들은 자신의 양식이 저마다 모든 것보다 선두에 있다고 믿었고, 뒤늦게야 겨우 문자의 본성을 인식했습니다. 따라서 그 문자의 사용을 아주 오래된 것으로 간주하고픈 자들은 (그것을) 페니키아 사람들과 카드모스[6]로부터 배웠다고 자랑합니다.

11 그러나 아무도 그 당시로부터 제의적이거나 공적인 건축물에 보존된 문자를 제시할 수 없어 보입니다. 그 당시 여러 해 동안 트로이아[7]에 대항하여 전쟁하러 나간 자들을 둘러싸고 그들이 문자를 사용했는지에 대해 훗날 수많은 학구적인 질의와 논쟁이 있었습니다. 그런데 점점 더 그들이 오늘날 통용되는 문자를 알지 못했다는 진리가 관철되고 있습니다.

12 그리스 사람들에게는 호메로스의 작품보다 더 오랜 것으로 인정받고 있는 어떤 작품도 찾아볼 수 없습니다. 이 사람 역시 트로이아 전쟁 이후에야 출생했습니다. 이것이 뜻하는 바는 이 사람은 자기 고유의 작품을 문서로 남기지 못했고, 오히려 [구전으로] 기억되었으며 노래들을 통해 훗날 취합되었다는 것입니다. 그러므로 그 안에 수많은 내적인 불일치를 담고 있습니다.

---

6 카드모스(Kadmos): 신화적인 페니키아의 왕 아게노르의 아들로서 페니키아의 철자를 그리스 사람들에게 전해준 자이다.
7 트로이로 많이 알려져 있다.

13.   οἱ μέντοι τὰς ἱστορίας ἐπιχειρήσαντες συγγράφειν παρ' αὐτοῖς, λέγω δὲ τοὺς περὶ Κάδμον τε τὸν Μιλήσιον καὶ τὸν Ἀργεῖον Ἀκουσίλαον καὶ μετὰ τοῦτον εἴ τινες ἄλλοι λέγονται γενέσθαι, βραχὺ τῆς Περσῶν ἐπὶ τὴν Ἑλλάδα στρατείας τῷ χρόνῳ προὔλαβον.

14.   ἀλλὰ μὴν καὶ τοὺς περὶ τῶν οὐρανίων τε καὶ θείων πρώτους παρ' Ἕλλησι φιλοσοφήσαντας, οἷον Φερεκύδην τε τὸν Σύριον καὶ Πυθαγόραν καὶ Θάλητα, πάντες συμφώνως ὁμολογοῦσιν Αἰγυπτίων καὶ Χαλδαίων γενομένους μαθητὰς ὀλίγα συγγράψαι, καὶ ταῦτα τοῖς Ἕλλησιν εἶναι δοκεῖ πάντων ἀρχαιότατα καὶ μόλις αὐτὰ πιστεύουσιν ὑπ' ἐκείνων γεγράφθαι.

15.   Πῶς οὖν οὐκ ἔστιν ἄλογον τετυφῶσθαι τοὺς Ἕλληνας ὡς μόνους ἐπισταμένους τἀρχαῖα καὶ τὴν ἀλήθειαν περὶ αὐτῶν ἀκριβῶς παραδιδόντας; ἢ τίς οὐ παρ' αὐτῶν ἂν τῶν συγγραφέων μάθοι ῥᾳδίως, ὅτι μηδὲν βεβαίως εἰδότες συνέγραφον, ἀλλ' ὡς ἕκαστοι περὶ τῶν πραγμάτων εἴκαζον; τὸ πλεῖον γοῦν διὰ τῶν βιβλίων ἀλλήλους ἐλέγχουσι καὶ τἀναντιώτατα περὶ τῶν αὐτῶν λέγειν οὐκ ὀκνοῦσι.

13 그러나 그들 중 역사를 집필하고자 시도했던 자들은, 즉 밀레토스의 카드모스[5] 주변의 사람들이나 아르고스의 아쿠실라오스[6], 혹은 이 사람 이후에 태어난[8] 것으로[9] 거론되는 다른 사람들은 그리스에 대항하는 페르시아 사람들의 전쟁[10] 시대 직전에 살았습니다.

14 그러나 그리스 사람들 가운데 최초로 하늘과 신적인 일들에 관해 철학적 성찰을 한 자들, 예를 들면 시로스의 페레키데스[11], 피타고라스[12] 그리고 탈레스[13] 같은 자들은 모두 자기들이 이집트 사람들과 칼대아 사람들의 제자들로서 단지 조금만 기록했을 뿐이라는 점에서 일치합니다. 이 문서들은 그리스 사람들에게 있어서 모든 것 중에서 가장 오래된 것으로 인정받고 있지만, 그것들이 저들에 의해 기록된 것으로는 거의 간주되지 않습니다.

1:15-18 그리스 자료의 저급함

15 그러므로 그리스 사람들이 자기들만이 유일하게 옛날 일에 대해 알고 있고 또 그것들에 대한 진리를 정확하게 전달했다고 상상하는 것은 정말 터무니없지 않습니까? 혹은 그들의 작가들과 관련하여 그들은 확실히 아는 것을 토대로 기록한 것이 아니라, 저마다 일어난 사건들에 대해 추정한 것이라는 사실을 어느

---

8 밀레토스 출신의 그리스 역사서술가. 고대세계는 그를 최초의 그리스 역사가로 간주했으나, 그가 실제 역사적 인물인지 확실하지 않다.
9 아쿠실라오스(Akusilaos): 기원전 5세기의 역사서술가이다.
10 기원전 5세기 초엽에 있었던 페르시아와 그리스 사이의 전쟁.
11 페레키데스(Pherekydes, 대략 기원전 6세기): 시로스(Syros) 섬 출신의 신화 작가이자 천문학자이다.
12 피타고라스(Pythagoras, 대략 기원전 570-495년): 사모스 출신 철학자로 피타고라스학파의 창시자이다.
13 탈레스(Thales, 대략 기원전 625-545년): 이오니아 지역의 자연철학자로서 최초의 그리스 철학자로 통한다.

16. περίεργος δ' ἂν εἴην ἐγὼ τοὺς ἐμοῦ μᾶλλον ἐπισταμένους διδάσκων ὅσα μὲν Ἑλλάνικος Ἀκουσιλάῳ περὶ τῶν γενεαλογιῶν διαπεφώνηκεν, ὅσα δὲ διορθοῦται τὸν Ἡσίοδον Ἀκουσίλαος, ἢ τίνα τρόπον Ἔφορος μὲν Ἑλλάνικον ἐν τοῖς πλείστοις ψευδόμενον ἐπιδείκνυσιν, Ἔφορον δὲ Τίμαιος καὶ Τίμαιον οἱ μετ' ἐκεῖνον γεγονότες, Ἡρόδοτον δὲ πάντες.

17. ἀλλ' οὐδὲ περὶ τῶν Σικελικῶν τοῖς περὶ Ἀντίοχον καὶ Φίλιστον ἢ Καλλίαν Τίμαιος συμφωνεῖν ἠξίωσεν, οὐδ' αὖ περὶ τῶν Ἀττικῶν οἱ τὰς Ἀτθίδας συγγεγραφότες ἢ περὶ τῶν Ἀργολικῶν οἱ τὰ περὶ Ἄργος ἱστοροῦντες ἀλλήλοις κατηκολουθήκασι.

누가 손쉽게 알지 못하겠습니까? 아무튼 대체로 그들은 자기들의 책들을 통해 서로서로 논박하고, 동일한 사건들에 대해 완전히 반대의 것들을 진술하기를 주저하지 않고 있습니다.

16   내가 나보다 더 잘 알고 있는 사람들을 가르치는 것은 전적으로 불필요한 일인텐데, 얼마나 많은 점에서 헬라니코스[14]가 계보에 대해 아쿠실라오스와 차이를 나타내는지, 다른 한편 얼마나 많은 점에서 아쿠실라오스가 헤시오도스[15]를 수정하고 있는지, 또는 어떤 방식으로 에포로스[16]가 헬라니코스를 대다수의 경우에 허위라고 입증하는지, 다른 한편 에포로스를 티마이오스[17]가, 또 티마이오스를 그 사람 뒤에 온 자들이, 그리고 헤로도토스[18]를 모두가 (어떤 방식으로 허위라고 입증하는지를 말입니다).

17   그러나 시칠리아 역사와 관련하여 티마이오스는 안티오코스[19]와 필리스토스[20] 혹은 칼리아스[21]에 대한 서술에서 전혀 일치하지 않는 것을 적절하다고 여겼을 뿐만 아니라, 또한 아티케[22] 역사와 관련하여 아티케의 작가들은 (서로를 따르

14   헬라니코스(Hellanikos): 미틸레네 출신의 역사서술가(기원전 5세기). 헤로도토스와 동시대인이다.
15   헤시오도스(Hesiodos): 그리스의 대서사시 시인이다(기원전 700년경). 세상과 신들의 창조를 묘사하는 대서사시 "Theogonia"의 저자로 유명하다.
16   에포로스(Ephoros): 기원전 4세기의 그리스 역사서술가. 이소크라테스의 제자로 통한다.
17   티마이오스(Timaios): 시칠리아 섬에서 기원전 3세기 중엽부터 4세기 중엽에 살았던 그리스 역사서술가이다.
18   헤로도토스(Herodotos)는 키케로가 "역사서술의 아버지"로 부른 유명한 역사서술가로서 기원전 420년경 사망했다. 기원전 6-5세기에 걸쳐 페르시아 제국의 탄생 및 페르시아 전쟁들을 다룬 일종의 보편사로서 『역사들』(Historiae)을 집필했다.
19   안티오코스(Antiochos): 시칠리아의 시라쿠사 출신으로 기원전 4세기에 시칠리아의 역사를 서술했다.
20   필리스토스(Philistos): 시칠리아의 시라쿠사 출신의 정치가이며 역사가로 기원전 357년에 사망했다. 미완성으로 남아있는 시칠리아 사람들의 역사를 집필했다.
21   칼리아스(Kallias): 시칠리아의 시라쿠사 출신으로 시라쿠사의 전제군주 아카토클레스(기원전 360-289)에 대한 22권의 역사서를 집필했다.
22   아티케(Attike): 라틴어 표기인 아티카(Attica)로 더 잘 알려져 있으며, 아테네 시를 둘러싼 반도 지역을 가리킨다.

18.	καὶ τί δεῖ λέγειν περὶ τῶν κατὰ πόλεις καὶ βραχυτέρων; ὅπου γε περὶ τῆς Περσικῆς στρατείας καὶ τῶν ἐν αὐτῇ πραχθέντων οἱ δοκιμώτατοι διαπεφωνήκασι, πολλὰ δὲ καὶ Θουκυδίδης ὡς ψευδόμενος ὑπό τινων κατηγορεῖται καίτοι δοκῶν ἀκριβεστάτην τὴν καθ' αὑτὸν ἱστορίαν συγγράφειν.

19.	Αἰτίαι δὲ τῆς τοιαύτης διαφωνίας πολλαὶ μὲν ἴσως ἂν καὶ ἕτεραι τοῖς βουλομένοις ζητεῖν ἂν φανεῖεν, ἐγὼ δὲ δυσὶ ταῖς λεχθησομέναις τὴν μεγίστην ἰσχὺν ἀνατίθημι, καὶ προτέραν ἐρῶ τὴν κυριωτέραν εἶναί μοι δοκοῦσαν·

20.	τὸ γὰρ ἐξ ἀρχῆς μὴ σπουδασθῆναι παρὰ τοῖς Ἕλλησι δημοσίας γίνεσθαι περὶ τῶν ἑκάστοτε πραττομένων ἀναγραφὰς τοῦτο μάλιστα δὴ καὶ τὴν πλάνην καὶ τὴν ἐξουσίαν τοῦ ψεύδεσθαι τοῖς μετὰ ταῦτα βουληθεῖσι περὶ τῶν παλαιῶν τι γράφειν παρέσχεν.

지 않았으며), 혹은 아르고스[23] 역사와 관련해서 아르고스의 역사가들은 서로를 따르지 않았습니다.

18 그러니 도시들에 관해서 또한 비교적 짧은 시대에 관한 (역사서술에서) 무슨 말을 할 수 있겠습니까? 심지어 페르시아 전쟁 및 그것의 사건들과 관련하여 가장 신뢰할 만한 자들이 서로 차이가 나는 곳에서도 자주 투키디데스[24] 역시 몇몇 사람들에 의해 거짓말쟁이로 불렸습니다. 비록 그가 자기 시대의 역사를 가장 정확하게 기술한 자로 간주된다 할지라도 말입니다.

1:19-27 그리스 증인들의 질이 저급한 이유

(공문서의 부재)

19 그러한 불일치가 생겨난 많은 다른 이유들도 아마도 그것을 찾고자 하는 자들에게는 드러날 것입니다. 하지만 나는 지금 언급하고자 하는 두 가지에 가장 큰 신뢰를 두고 있습니다. 우선 더 결정적인 것으로 나에게 보이는 이유를 말하고자 합니다.

20 즉 그리스 사람들의 경우 애초부터 그때그때 일어난 사건에 대한 공적인 기록을 남기려고 애쓰지 않았기 때문입니다. 명백히 이것으로 인해 오래전 사건들에 대해 뭔가를 그 후에 기록하고자 하는 사람들에게 오류 및 왜곡이 일어날 가능성이 있었습니다.

---

23 아르고스(Argos): 그리스의 펠로폰네소스 반도 아르골리스에 있는 한 도시를 가리킨다.
24 투키디데스(Thukydides): 기원전 465년부터 400년경에 살았던 고대 그리스 역사가로, 아테네와 스파르타의 전쟁을 기록한 『펠로폰네소스 전쟁사』를 저술했다.

21. οὐ γὰρ μόνον παρὰ τοῖς ἄλλοις Ἕλλησιν ἠμελήθη τὰ περὶ τὰς ἀναγραφάς, ἀλλ' οὐδὲ παρὰ τοῖς Ἀθηναίοις, οὓς αὐτόχθονας εἶναι λέγουσιν καὶ παιδείας ἐπιμελεῖς, οὐδὲν τοιοῦτον εὑρίσκεται γενόμενον, ἀλλὰ τῶν δημοσίων γραμμάτων ἀρχαιοτάτους εἶναί φασι τοὺς ὑπὸ Δράκοντος αὐτοῖς περὶ τῶν φονικῶν γραφέντας νόμους ὀλίγῳ πρότερον τῆς Πεισιστράτου τυραννίδος ἀνθρώπου γεγονότος.

22. περὶ μὲν γὰρ Ἀρκάδων τί δεῖ λέγειν αὐχούντων ἀρχαιότητα; μόλις γὰρ οὗτοι καὶ μετὰ ταῦτα γράμμασιν ἐπαιδεύθησαν.

23. Ἄτε δὴ τοίνυν οὐδεμιᾶς προκαταβεβλημένης ἀναγραφῆς, ἢ καὶ τοὺς μαθεῖν βουλομένους διδάξειν ἔμελλεν καὶ τοὺς ψευδομένους ἐλέγξειν, ἡ πολλὴ πρὸς ἀλλήλους ἐγένετο διαφωνία τοῖς συγγραφεῦσι.

24. δευτέραν δὲ πρὸς ταύτῃ θετέον ἐκείνην αἰτίαν· οἱ γὰρ ἐπὶ τὸ γράφειν ὁρμήσαντες οὐ περὶ τὴν ἀλήθειαν ἐσπούδασαν, καίτοι τοῦτο πρόχειρόν ἐστιν ἀεὶ τὸ ἐπάγγελμα, λόγων δὲ δύναμιν ἐπεδείκνυντο,

21   왜냐하면 다른 그리스 사람들에게서 기록 남김이 등한시되었을 뿐만 아니라, 원주민이면서 교육의 수호자로 간주되는 아테네 사람들에게도 그러한 일이 전혀 일어나지 않았음이 분명하기 때문입니다. 오히려 그들은 말하기를, 자기들의 공적 기록물 중에 가장 오래된 것은 드라콘[25]이 자기들을 위해 작성한 살인에 관한 법규라고 합니다. 그는 피시스트라토스[26]의 폭정 직전에 살았던 사람입니다.

22   그러니 가장 오랜 역사를 지녔다고 자랑하는 아르카디아[27]사람들에 대해 무슨 말을 할 수 있겠습니까! 이들은 그 후에도 알파베트(알파벳)조차 배우지 못했습니다.

(진리의 문체를 선호하기 때문)

23   그러므로 배우려는 사람들을 가르칠 뿐만 아니라 거짓말쟁이들을 논박하려는 어떤 문서도 보존되지 못했기 때문에, 수많은 불일치가 작가들 상호 간에 생겨난 것입니다.

24   이러한 이유에 다음과 같은 두 번째 이유도 첨가해야만 합니다. 즉 글쓰기를 시도한 자들이 진리를 위해 애쓰지 않았다는 사실입니다.[28] 비록 이런 약속이 언제나 자명한데도 말이죠. 오히려 그들은 그 말의 힘을 과시했습니다.

---

25   드라콘(Drakon): 아테네의 입법자. 624년경에 당시 관습법을 발전시켰으며 문서로 남겼다. 개인적인 피의 보복을 금했으며 형법을 국가의 법체계에 위임하였다.

26   피시스트라토스(Pisistratos): 아테네의 폭군(기원전 600-528년경)이다.

27   펠로폰네소스 지역 중심부에 위치한 고산 지역.

28   1:24-27에서 요세푸스는 선대의 역사가들이 '진리'를 기술할 때 그에 합당한 정밀함과 성실함으로 작업하지 않았다고 책망한다. 이런 책망은 그리스 역사서술의 오랜 전통에 따른 것이다. 요세푸스는 선대 역사가들에 대한 비판을 그리스 역사서술을 총체적으로 평가 절하하는 하나의 논거로 사용한다.

25. καὶ καθ' ὅντινα τρόπον ἐν τούτῳ παρευδοκιμήσειν τοὺς ἄλλους ὑπελάμβανον, κατὰ τοῦτον ἡρμόζοντο τινὲς μὲν ἐπὶ τὸ μυθολογεῖν τραπόμενοι, τινὲς δὲ πρὸς χάριν ἢ τὰς πόλεις ἢ τοὺς βασιλέας ἐπαινοῦντες· ἄλλοι δὲ ἐπὶ τὸ κατηγορεῖν τῶν πράξεων ἢ τῶν γεγραφότων ἐχώρησαν ἐνευδοκιμήσειν τούτῳ νομίζοντες.

26. ὅλως δὲ τὸ πάντων ἐναντιώτατον ἱστορίᾳ πράττοντες διατελοῦσι· τῆς μὲν γὰρ ἀληθοῦς ἐστι τεκμήριον ἱστορίας, εἰ περὶ τῶν αὐτῶν ἅπαντες ταὐτὰ καὶ λέγοιεν καὶ γράφοιεν. οἱ δ' εἰ ταῦτα γράψειαν ἑτέρως, οὕτως ἐνόμιζον αὐτοὶ φανεῖσθαι πάντων ἀληθέστατοι.

27. λόγων μὲν οὖν ἕνεκα καὶ τῆς ἐν τούτοις δεινότητος δεῖ παραχωρεῖν ἡμᾶς τοῖς συγγραφεῦσι τοῖς Ἑλληνικοῖς, οὐ μὴν καὶ τῆς περὶ τῶν ἀρχαίων ἀληθοῦς ἱστορίας καὶ μάλιστά γε τῆς περὶ τῶν ἑκάστοις ἐπιχωρίων.

28. Ὅτι μὲν οὖν παρ' Αἰγυπτίοις τε καὶ Βαβυλωνίοις ἐκ μακροτάτων ἄνωθεν χρόνων τὴν περὶ τὰς ἀναγραφὰς ἐπιμέλειαν ὅπου μὲν οἱ ἱερεῖς ἦσαν ἐγκεχειρισμένοι καὶ περὶ ταύτας ἐφιλοσόφουν, Χαλδαῖοι δὲ παρὰ τοῖς Βαβυλωνίοις, καὶ ὅτι μάλιστα δὴ τῶν Ἕλλησιν ἐπιμιγνυμένων ἐχρήσαντο Φοίνικες γράμμασιν εἴς τε τὰς περὶ τὸν βίον οἰκονομίας καὶ πρὸς τὴν τῶν κοινῶν ἔργων παράδοσιν, ἐπειδὴ συγχωροῦσιν ἅπαντες, ἐάσειν μοι δοκῶ.

25   그리하여 그들은 어떤 식으로 다른 사람들의 명성을 넘어설까 하고 생각했고, 그것을 위해 어떤 이들은 이야기를 꾸며내면서 짜맞추었으며, 또 어떤 이들은 제멋대로 지어냈고, 다른 이들은 호감을 살 목적으로 도시들이나 왕들을 찬양하면서 그리했습니다. 또 다른 이들은 행적에 대한 비판이나 혹은 그것을 기록한 자들에 대한 비판으로 나아갔는데, 이로써 명성을 얻을 수 있다고 생각했습니다.

26   그러나 전체적으로 보면 그들은 역사서술과 완전히 상반되는 것을 끝까지 고집했습니다. 왜냐하면 참된 역사서술의 특징은, 동일한 것들에 관해 모든 이가 똑같은 것을 말하고 기록하느냐에 달려 있기 때문입니다. 그런데 저들이 동일한 것을 서로 다르게 묘사했음에도, 그들은 스스로 모든 사람들 중에서 가장 신실한 자들로 드러나리라고 생각했습니다.

27   문체 및 놀라운 언변력과 관련하여, 우리는 그리스 작가들보다 틀림없이 부족할 것입니다. 하지만 고대에 대한 참된 역사와 관련해서, 특히 개별적인 국내 지역사의 진리와 관련해서는 그렇지 않습니다.

1:28-46   유대아 자료들의 우월성

28   그러므로 이집트 사람들과 바빌론 사람들의 경우를 살펴봅시다. 태고 시절부터 기록들에 대한 돌봄을, 이집트 사람들의 경우에는 제사장들이 맡아 기록들에 대해 깊이 숙고했다면, 바빌론 사람들의 경우에는 칼대아 사람들[29]이 (맡았습

---

29   구약성경의 경우 본래 바빌론 사람들을 가리키나, 여기서는 어떤 민족이 아니라 바빌론 천문학자 무리를 뜻한다.

29. περὶ δὲ τῶν ἡμετέρων προγόνων ὅτι τὴν αὐτήν, ἐῶ γὰρ λέγειν εἰ καὶ πλείω τῶν εἰρημένων ἐποιήσαντο περὶ τὰς ἀναγραφὰς ἐπιμέλειαν τοῖς ἀρχιερεῦσι καὶ τοῖς προφήταις τοῦτο προστάξαντες, καὶ ὡς μέχρι τῶν καθ' ἡμᾶς χρόνων πεφύλακται μετὰ πολλῆς ἀκριβείας, εἰ δὲ δεῖ θρασύτερον εἰπεῖν καὶ φυλαχθήσεται, πειράσομαι συντόμως διδάσκειν.

30. Οὐ γὰρ μόνον ἐξ ἀρχῆς ἐπὶ τούτων τοὺς ἀρίστους καὶ τῇ θεραπείᾳ τοῦ θεοῦ προσεδρεύοντας κατέστησαν, ἀλλ' ὅπως τὸ γένος τῶν ἱερέων ἄμικτον καὶ καθαρὸν διαμενεῖ προυνόησαν.

31. δεῖ γὰρ τὸν μετέχοντα τῆς ἱερωσύνης ἐξ ὁμοεθνοῦς γυναικὸς παιδοποιεῖσθαι καὶ μὴ πρὸς χρήματα μηδὲ τὰς ἄλλας ἀποβλέπειν τιμάς, λλὰ τὸ γένος ἐξετάζειν ἐκ τῶν ἀρχαίων λαμβάνοντα τὴν διαδοχὴν καὶ πολλοὺς παρεχόμενον μάρτυρας.

니다). 또한 그리스 사람들과 교류하는 사람들 가운데 특히 페니키아 사람들은 문자를 사용했습니다. 개인적 삶을 꾸리기 위해서뿐만 아니라 공적인 관심사를 전수하기 위해서도 말입니다. 모든 사람들이 이것을 인정하기 때문에, 나는 건너뛸 수 있으리라 생각합니다.

29   그러나 우리 조상들의 경우, 이들은 그와 동일한 돌봄을 ― 언급한 자들의 것보다 더욱 큰 관심이라는 말은 하지 않겠지만 ― 기록들과 관련하여 기울였습니다. 왜냐하면 이들은 이 일을 대제사장들과 예언자들에게 맡겼기 때문입니다. 또한 얼마나 그것이 우리 시대에 이르기까지 놀랍도록 정밀하게 보존되었는지를, 정말이지 ― 좀 더 과감하게 말하자면 ― (미래에도) 역시 보존될 것인지를 제가 간략하게 기술하려고 합니다.

(제사장 계층의 혈통적 순결 때문)

30   왜냐하면 그들은 애초부터 그 일을 위해 최고의 인사들과 하나님 섬김에 훈련된 자들을 세웠을 뿐만 아니라, 제사장들의 혈통이 혼합되지 않고 순결하게 남을 수 있도록 고심했기 때문입니다.

31   즉 제사장 계급에 속하는 사람은 같은 민족 출신의 여인하고만 아이를 가져야 하며, 또한 재물이나 다른 명예를 바라보아서도 안 되고, 오히려 혈통[30]을 검증해야만 합니다. 조상들로부터 계보를 취하며 또한 여러 증인들을 세우면서 말입니다.

---

[30]   여기서 "혈통"이 유대아 사람의 혈통을 가리키는지, 아니면 특별히 제사장 혈통을 가리키는지 분명하지 않다. 아무튼 대제사장의 신부는 제사장 가문 출신이어야만 한다. Philon, *Spec.* 1:110; Josephus, 『유대아 고대사』(3:277)을 참조하라.

32. καὶ ταῦτα πράττομεν οὐ μόνον ἐπ' αὐτῆς Ἰουδαίας, ἀλλ' ὅπου ποτὲ σύστημα τοῦ γένους ἐστὶν ἡμῶν κἀκεῖ τὸ ἀκριβὲς ἀποσώζεται τοῖς ἱερεῦσι περὶ τοὺς γάμους·

33. λέγω δὲ τοὺς ἐν Αἰγύπτῳ καὶ Βαβυλῶνι καὶ εἴ που τῆς ἄλλης οἰκουμένης τοῦ γένους τῶν ἱερέων εἰσί τινες διεσπαρμένοι· πέμπουσι γὰρ εἰς Ἱεροσόλυμα συγγράψαντες πατρόθεν τοὔνομα τῆς τε γαμετῆς καὶ τῶν ἐπάνω προγόνων καὶ τίνες οἱ μαρτυροῦντες.

34. πόλεμος δ' εἰ κατάσχοι, καθάπερ ἤδη γέγονεν πολλάκις Ἀντιόχου τε τοῦ Ἐπιφανοῦς εἰς τὴν χώραν ἐμβαλόντος καὶ Πομπηίου Μάγνου καὶ Κυντιλίου Οὐάρου μάλιστα δὲ καὶ ἐν τοῖς καθ' ἡμᾶς χρόνοις,

35. οἱ περιλειπόμενοι τῶν ἱερέων καινὰ πάλιν ἐκ τῶν ἀρχαίων γραμμάτων συνίστανται καὶ δοκιμάζουσι τὰς ὑπολειφθείσας γυναῖκας. οὐ γὰρ ἐπὶ τὰς αἰχμαλώτους γενομένας προσίενται πολλάκις γεγονυιῶν αὐταῖς τὴν πρὸς ἀλλόφυλον κοινωνίαν ὑφορώμενοι.

36. τεκμήριον δὲ μέγιστον τῆς ἀκριβείας· οἱ γὰρ ἀρχιερεῖς οἱ παρ' ἡμῖν ἀπὸ δισχιλίων ἐτῶν ὀνομαστοὶ παῖδες ἐκ πατρός εἰσιν ἐν ταῖς ἀναγραφαῖς. τοῖς δὲ τῶν εἰρημένων ὁτιοῦν γένοιτο εἰς παράβασιν ἀπηγόρευται μήτε τοῖς βωμοῖς παρίστασθαι μήτε μετέχειν τῆς ἄλλης ἁγιστείας.

32　이러한 일들을 우리는 유대아 자체에서 행하고 있을 뿐만 아니라, 우리 민족의 무리가 거하는 모든 장소, 거기서도 제사장의 결혼과 관련하여 정확한 규칙이 보존되어 있습니다.

33　예를 들면, 이집트와 바빌론, 또한 제사장 혈통의 누군가가 흩어져 사는 세상 어떤 곳에서도 그러합니다. 즉 그들은 예루살렘으로 아내와 그녀의 옛 조상들의 부계 혈통에 대한 족보와 그에 대한 증인이 누구인지를 적어 보냅니다.

34　그런데 전쟁이 발발한 경우 ― 이미 종종 일어났듯이 ― (예컨대) 안티오코스 에피파네스[31]가 우리 땅에 침공했으며, 또한 폼페이우스 마그누스,[32] 퀸틸리우스 바루스[33]도 (침공했고), 특히 우리 시대에도 [34] (침공했습니다).

35　그럴 경우 제사장들 중 남은 자들은 다시 고대 문서들을 토대로 새로운 자료들을 수집하여 아직 남아 있는 여인들을 검증합니다. 왜냐하면 그들은 포로로 잡혔던 사람들을 (제사장 결혼에) 허락하지 않는데, 종종 이들이 다른 민족들과 성적 연합을 가졌으리라고 의심했기 때문입니다.

36　정확함에 대한 최상의 증거는 이러합니다. 즉 우리 가운데 있는 대제사장들은 2,000년[35] 이래 한 아버지의 아들들로서 그 문서들 가운데 일일이 거명되어 있습니다. 언급된 규정들 가운데 어느 하나라도 어기는 자는 제단 봉사를 맡

31　안티오코스 4세 에피파네스(기원전 175-164)는 셀레우코스 왕국의 왕으로 예루살렘 성전을 약탈했을 뿐만 아니라, 할례와 안식일 준수 같은 유대교 전통을 금지하고 토라를 불태우는 등 유대교를 박해한 자로 유명하다(마카베오기 상권 1:41-50을 참조하라).
32　기원전 63년 폼페이우스(Gnaeus Pompeius Magnus, 기원전 75년~45년)의 유대아 점령.
33　기원전 4년 바루스(Publius Quinctilius Varus, 기원전 46년~기원후 9년)의 유대아 침공.
34　기원후 70년.
35　모세와 아론 이래 2000년을 가리킨다. 또한 『아피온 반박』 1:39에는 창조(인류 기원)부터 모세까지 3000년이라 말한다.

37. εἰκότως οὖν, μᾶλλον δὲ ἀναγκαίως, ἅτε μήτε τὸ ὑπογράφειν αὐτεξουσίου πᾶσιν ὄντος μήτε τινὸς ἐν τοῖς γραφομένοις ἐνούσης διαφωνίας, ἀλλὰ μόνον τῶν προφητῶν τὰ μὲν ἀνωτάτω καὶ παλαιότατα κατὰ τὴν ἐπίπνοιαν τὴν ἀπὸ τοῦ θεοῦ μαθόντων, τὰ δὲ καθ' αὑτοὺς ὡς ἐγένετο σαφῶς συγγραφόντων,

38. οὐ μυριάδες βιβλίων εἰσὶ παρ' ἡμῖν ἀσυμφώνων καὶ μαχομένων, δύο δὲ μόνα πρὸς τοῖς εἴκοσι βιβλία τοῦ παντὸς ἔχοντα χρόνου τὴν ἀναγραφήν, τὰ δικαίως πεπιστευμένα.

39. καὶ τούτων πέντε μέν ἐστι Μωυσέως, ἃ τούς τε νόμους περιέχει καὶ τὴν ἀπ' ἀνθρωπογονίας παράδοσιν μέχρι τῆς αὐτοῦ τελευτῆς· οὗτος ὁ χρόνος ἀπολείπει τρισχιλίων ὀλίγῳ ἐτῶν.

40. ἀπὸ δὲ τῆς Μωυσέως τελευτῆς μέχρι τῆς Ἀρταξέρξου τοῦ μετὰ Ξέρξην Περσῶν βασιλέως οἱ μετὰ Μωυσῆν προφῆται τὰ κατ' αὐτοὺς πραχθέντα συνέγραψαν ἐν τρισὶ καὶ δέκα βιβλίοις· αἱ δὲ λοιπαὶ τέσσαρες ὕμνους εἰς τὸν θεὸν καὶ τοῖς ἀνθρώποις ὑποθήκας τοῦ βίου περιέχουσιν.

아서도 안 될 뿐만 아니라, 다른 제의에 참여해서도 안 됩니다.

(문서 전승의 단일성. 거룩한 문서들의 카논)

37 그러므로 이해할만합니다. 아니 차라리 (이렇게 말하는 것이) 불가피합니다. 저마다 제멋대로 기록을 만들어서도 안 되며, 기록들 가운데 어떤 불일치가 있어서도 안 되며, 오히려 가장 오래된 것과 가장 이른 것을 신적 영감에 근거하여 체험한 예언자들만이 자기 시대의 사건들을 일어난 그대로 정확하게 기록했기 때문에,

38 우리 중에는 서로 일치하지 않고 모순되는 수만 권의 책들이 있는 것이 아니라, 오히려 모든 시간에 대한 기록을 담은 오직 22권[36]의 책들만이 정당한 신뢰를 받고 있습니다.

39 이 책들 중 다섯 권은 모세로부터 유래했는데, 이 책들은 율법들을 담고 있고 인류 기원에서부터 모세의 죽음에 이르는 시기에 대한 전승을 담고 있습니다. 이 기간은 3천년에서 조금 모자랄 뿐입니다.

40 모세의 죽음부터 아르탁세륵세스,[37] 즉 크세륵세스를 이은 페르시아 왕의 통치에 이르기까지는 모세를 뒤이은 예언자들이 자기들 시대의 일들을 13권의 책 가운데 기록했습니다. 나머지 4권은 하나님에 대한 찬양과 인간들을 위한 삶의 지침들을 담고 있습니다.

---

36 히브리어 성경 전체를 가리킨다. 일부 교부들도 구약성경을 22권이라 말한다(예컨대, 오리게네스, 에우세비오스, 히에로니무스 등). 그러나 랍비 전통은 24권이라 부른다. 이런 차이는, 요세푸스가 룻기와 사사기를 한 권으로, 또 예레미야서와 애가를 역시 한 권으로 간주함으로써 비롯된 것이다. 히브리어 성경을 세 부분으로 나눔은 기원전 2세기 초까지 소급될 수 있다(『집회서』 서문을 보라!).

37 아르탁세륵세스(Artaxerxes I)는 기원전 465-424년 동안 페르시아의 대왕으로 다스렸다.

41. ἀπὸ δὲ Ἀρταξέρξου μέχρι τοῦ καθ' ἡμᾶς χρόνου γέγραπται μὲν ἕκαστα, πίστεως δ' οὐχ ὁμοίας ἠξίωται τοῖς πρὸ αὐτῶν διὰ τὸ μὴ γενέσθαι τὴν τῶν προφητῶν ἀκριβῆ διαδοχήν.

42. δῆλον δ' ἐστὶν ἔργῳ, πῶς ἡμεῖς πρόσιμεν τοῖς ἰδίοις γράμμασι· τοσούτου γὰρ αἰῶνος ἤδη παρῳχηκότος οὔτε προσθεῖναί τις οὐδὲν οὔτε ἀφελεῖν αὐτῶν οὔτε μεταθεῖναι τετόλμηκεν, πᾶσι δὲ σύμφυτόν ἐστιν εὐθὺς ἐκ πρώτης γενέσεως Ἰουδαίοις τὸ νομίζειν αὐτὰ θεοῦ δόγματα καὶ τούτοις ἐμμένειν καὶ ὑπὲρ αὐτῶν, εἰ δέοι, θνῄσκειν ἡδέως.

43. ἤδη οὖν πολλοὶ πολλάκις ἑώρανται τῶν αἰχμαλώτων στρέβλας καὶ παντοίων θανάτων τρόπους ἐν θεάτροις ὑπομένοντες ἐπὶ τῷ μηδὲν ῥῆμα προέσθαι παρὰ τοὺς νόμους καὶ τὰς μετὰ τούτων ἀναγραφάς.

44. ὃ τίς ἂν ὑπομείνειεν Ἑλλήνων ὑπὲρ αὐτοῦ; ἀλλ' οὐδ' ὑπὲρ τοῦ καὶ πάντα τὰ παρ' αὐτοῖς ἀφανισθῆναι συγγράμματα τὴν τυχοῦσαν ὑποστήσεται βλάβην·

41 아르탁세륵세스부터 우리 시대에 이르기까지도 낱낱이 기록되었으나, 이들보다 먼저 기록된 책들과 같은 신뢰를 받지 못했습니다. 예언자들의 완벽한 계승이 이루어지지 못했기 때문입니다.

(자기들의 거룩한 문서들을 향한 유대아 사람들의 경외심 때문)

42 그런데 우리가 우리 고유의 문서들(=성경)을 어떻게 대하고 있는지가 행동에서 분명히 드러납니다. 왜냐하면 비록 그토록 오랜 시간이 이미 흘렀음에도 불구하고, 아무도 뭔가를 첨가하거나 그것들로부터 제거하거나 바꾸려는 시도를 감행하지 않았기 때문입니다. 오히려 모든 유대아 사람들에게 어린 시절부터 즉각 각인된 것은, 그것들을 하나님의 규정들로 여기며 그것들을 힘써 지키며 또한 그것들을 위해 불가피할 경우 기쁜 마음으로 죽는 것입니다.

43 그리하여 이미 종종 전쟁 포로들 가운데 많은 사람들에게서 목격된 것이 있습니다. 어떻게 그들이 대중 공연장들에서 율법 및 그와 연관된 문서들을 거슬러 한 마디 말도 진술하지 않기 위해 고문과 다양한 죽음의 형태를 견뎌냈는지 말입니다.[38]

44 그리스 사람들 가운데 어느 누가 자기 고유의 문서들 때문에 그와 같은 일을 감당할 수 있겠습니까? 심지어 그들의 전체 문서들이 사멸될 수 있는 경우에도 우연히 일어난 손해도 결코 감내하지 않을 것입니다.

---

38 마카베오기 하권 6:18-7:42에 나오는 유대아 순교자에 대한 보도를 참조하라.

45.　λόγους γὰρ αὐτὰ νομίζουσιν εἶναι κατὰ τὴν τῶν γραψάντων βούλησιν ἐσχεδιασμένους, καὶ τοῦτο δικαίως καὶ περὶ τῶν παλαιοτέρων φρονοῦσιν, ἐπειδὴ καὶ τῶν νῦν ἐνίους ὁρῶσι τολμῶντας περὶ τούτων συγγράφειν, οἷς μήτ' αὐτοὶ παρεγένοντο μήτε πυθέσθαι παρὰ τῶν εἰδότων ἐφιλοτιμήθησαν.

46.　ἀμέλει καὶ περὶ τοῦ γενομένου νῦν ἡμῖν πολέμου τινὲς ἱστορίας ἐπιγράψαντες ἐξενηνόχασιν οὔτ' εἰς τοὺς τόπους παραβαλόντες οὔτε πλησίον τούτων πραττομένων προσελθόντες, ἀλλ' ἐκ παρακουσμάτων ὀλίγα συνθέντες τῷ τῆς ἱστορίας ὀνόματι λίαν ἀναιδῶς ἐνεπαροίνησαν.

47.　Ἐγὼ δὲ καὶ περὶ τοῦ πολέμου παντὸς καὶ περὶ τῶν αὐτῷ κατὰ μέρος γενομένων ἀληθῆ τὴν ἀναγραφὴν ἐποιησάμην τοῖς πράγμασιν αὐτὸς ἅπασι παρατυχών·

48.　ἐστρατήγουν μὲν γὰρ τῶν παρ' ἡμῖν Γαλιλαίων ὀνομαζομένων ἕως ἀντέχειν δυνατὸν ἦν, ἐγενόμην δὲ παρὰ Ῥωμαίοις συλληφθεὶς αἰχμάλωτος καί με διὰ φυλακῆς Οὐεσπασιανὸς καὶ Τίτος ἔχοντες ἀεὶ προσεδρεύειν αὐτοῖς ἠνάγκασαν τὸ μὲν πρῶτον δεδεμένον, αὖθις δὲ λυθεὶς συνεπέμφθην ἀπὸ τῆς Ἀλεξανδρείας Τίτῳ πρὸς τὴν Ἱεροσολύμων πολιορκίαν.

45 그것들은 단지 말에 불과하며, 그 저자들의 뜻에 따라 경솔하게 만들어졌다고 그들이 믿기 때문입니다. 또한 그들은 이러한 사실이 옛날 저자들에 대해서도 타당하다고 생각합니다. 그들은 (다음의 사실을) 알기 때문입니다. 그들의 동시대인들 가운데 몇몇은, 자신들이 직접 체험하지도 않았을 뿐만 아니라 경험자들로부터 뭔가를 알아내기 위해 애쓰지도 않은 사건들에 대해 기록하려고 (여행을) 감행했다는 사실을 말입니다.

46 몇몇 사람들은 현재 우리에게 일어난 전쟁에 대해서도 역사서라 이름을 붙여서 출간했습니다. 그 지역들에 가까이 가보지도 않고 일어난 사건들을 체험하지도 않았으면서, 소문에서 들은 사소한 정보를 수집하여, 역사서술이라는 이름을 전혀 부끄러워하지도 않고 술 취한 듯이 사용했습니다.

1:47-52 저자 요세푸스의 신뢰성

47 나는 전쟁 전체[39] 뿐만 아니라, 전쟁 중에 개별적으로 일어난 일에 관해[40] 충실하게 기록했습니다. 왜냐하면 그 모든 사건들 가운데 몸소 참여했기 때문입니다.

48 즉 나는 우리들 가운데 이른바 갈릴래아 사람들[41]로 불리는 자들의 지휘자였습니다. 가능한 한 항전을 했으나, 로마 사람들이 나를 공략하고 난 뒤 나는 그

---

39 요세푸스의 『유대아 전쟁사』(2:562 이하)를 보라.
40 요세푸스의 『자서전』을 보라.
41 개신교 성경에선 갈릴리로 나온다.

49. ἐν ᾧ χρόνῳ γενομένην τῶν πραττομένων οὐκ ἔστιν ὃ τὴν ἐμὴν γνῶσιν διέφυγεν· καὶ γὰρ τὰ κατὰ τὸ στρατόπεδον τὸ Ῥωμαίων ὁρῶν ἐπιμελῶς ἀνέγραφον καὶ τὰ παρὰ τῶν αὐτομόλων ἀπαγγελλόμενα μόνος αὐτὸς συνίειν.

50. εἶτα σχολῆς ἐν τῇ Ῥώμῃ λαβόμενος, πάσης μοι τῆς πραγματείας ἐν παρασκευῇ γεγενημένης χρησάμενός τισι πρὸς τὴν Ἑλληνίδα φωνὴν συνεργοῖς οὕτως ἐποιησάμην τῶν πράξεων τὴν παράδοσιν. τοσοῦτον δέ μοι περιῆν θάρσος τῆς ἀληθείας, ὥστε πρώτους πάντων τοὺς αὐτοκράτορας τοῦ πολέμου γενομένους Οὐεσπασιανὸν καὶ Τίτον ἠξίωσα λαβεῖν μάρτυρας.

51. πρώτοις γὰρ δέδωκα τὰ βιβλία καὶ μετ' ἐκείνους πολλοῖς μὲν Ῥωμαίων τοῖς συμπεπολεμηκόσι, πολλοῖς δὲ τῶν ἡμετέρων ἐπίπρασκον, ἀνδράσι καὶ τῆς Ἑλληνικῆς σοφίας μετεσχηκόσιν, ὧν ἐστιν Ἰούλιος Ἀρχέλαος, Ἡρώδης ὁ σεμνότατος, αὐτὸς ὁ θαυμασιώτατος βασιλεὺς Ἀγρίππας.

들의 전쟁포로가 되었습니다. 그리하여 베스파시아누스[42]와 티투스[43]가 나를 감시하게 했고, 자기들 근처에 남도록 요구했습니다. 처음에는 포로였으나, 그런 다음 자유인이 된 나는 티투스와 함께 알렉산드리아에서 예루살렘 포위 공격을 위해 파견되었습니다.

49 그 당시의 사건 중 내가 알지 못하는 것은 없습니다. 왜냐하면 나는 로마 사람들의 전쟁 진영 가운데 일어난 사건들을 관찰했으며, 그것들을 저마다 세심하게 기록했고, 또한 투항자들에 의해 보도된 것들은 오직 저 자신만 이해했기 때문입니다.

50 그런 다음 나는 로마에서 여유를 얻었으며, 전체 자료가 준비되자, 그리스어를 위한 몇몇 조력자의 도움을 받았고, 그렇게 사건들의 전승을 마련했습니다. 그때 나는 (나의 보도와 관련하여) 진리에 대한 확고한 신뢰를 가졌고, 그리하여 무엇보다도 먼저 전쟁의 최고 사령관들인 베스파시아누스와 티투스를 증인으로 삼는 것이 적합해 보였습니다.

51 그런즉 그들에게 우선적으로 그 책들을 선사했으며, 또한 그들을 뒤이어 전쟁의 참여자였던 수많은 로마 사람들에게 선사했습니다. 그런 다음 나는 그것들을 우리 민족 중 여러 사람들, 곧 그리스적 교양을 갖춘 사람들에게 판매했습니다. 이들 중에는 율리우스 아르켈라오스[44], 고귀하신 헤로데스[45] 또한 심지어

---

42 베스파시아누스(Titus Flavius Vespasianus)는 기원후 69~79년 동안 로마제국의 황제였다. 플라비우스 왕조의 첫 번째 로마 황제이다. 그의 뒤를 이어 아들 티투스가 왕위에 오른다(81년에 사망).

43 티투스(Titus Caesar Vespasianus)는 베스파시아누스 황제의 아들로 기원후 79년부터 81년까지 로마제국의 황제였다.

44 헤로데스 대왕의 누이인 살로메의 증손자. 율리우스라는 이름은 그가 로마 시민권을 지녔음을 드러낸다. 헤로데스는 성경에선 헤롯 혹은 헤로데로 표기된다.

45 여기서 "헤로데스"는 헤로데스 대왕(Herodes I., 기원전 37-4년) 가문의 후예를 가리킨다.

52. οὗτοι μὲν οὖν ἅπαντες ἐμαρτύρησαν, ὅτι τῆς ἀληθείας προύστην ἐπιμελῶς, οὐκ ἂν ὑποστειλάμενοι καὶ σιωπήσαντες, εἴ τι κατ' ἄγνοιαν ἢ χαριζόμενος μετέθηκα τῶν γεγονότων ἢ παρέλιπον.

53. Φαῦλοι δέ τινες ἄνθρωποι διαβάλλειν μου τὴν ἱστορίαν ἐπικεχειρήκασιν ὥσπερ ἐν σχολῇ μειρακίων γύμνασμα προκεῖσθαι νομίζοντες κατηγορίας παραδόξου καὶ διαβολῆς, δέον ἐκεῖνο γιγνώσκειν, ὅτι δεῖ τὸν ἄλλοις παράδοσιν πράξεων ἀληθινῶν ὑπισχνούμενον αὐτὸν ἐπίστασθαι ταύτας πρότερον ἀκριβῶς ἢ παρηκολουθηκότα τοῖς γεγονόσιν ἢ παρὰ τῶν εἰδότων πυνθανόμενον.

54. ὅπερ ἐγὼ μάλιστα περὶ ἀμφοτέρας νομίζω πεποιηκέναι τὰς πραγματείας· τὴν μὲν γὰρ ἀρχαιολογίαν, ὥσπερ ἔφην, ἐκ τῶν ἱερῶν γραμμάτων μεθερμήνευκα γεγονὼς ἱερεὺς ἐκ γένους καὶ μετεσχηκὼς τῆς φιλοσοφίας τῆς ἐν ἐκείνοις τοῖς γράμμασι·

55. τοῦ δὲ πολέμου τὴν ἱστορίαν ἔγραψα πολλῶν μὲν αὐτουργὸς πράξεων, πλείστων δ' αὐτόπτης γενόμενος, ὅλως δὲ τῶν λεχθέντων ἢ πραχθέντων οὐδοτιοῦν ἀγνοήσας.

경탄할만한 왕이신 아그리파[46]가 있습니다.

52 이들은 모두, 제가 진리만을 섬세하게 제시했다는 사실을 증언했습니다. 만일 제가 일어난 사건들 중 어떤 것이라도 무지에서건 혹은 호의에서건 왜곡시키거나 간과했을 경우, 그들은 물러서거나 침묵하지 않았을 것입니다.

1:53-56 요세푸스를 비판하는 자들에 대한 답변

53 그러나 몇몇 비열한 자들은 나의 역사서술을 비방하기를 시도했습니다. 그들은 마치 젊은이들의 훈련을 위한 연습처럼 모순과 비방의 송사가 제기된 것으로 생각한 모양입니다. 그런데 타인에게 참된 사건들에 대한 전승들을 약속한 자는, 일어난 사건들을 추적하거나 잘 알고 있는 사람에게 물어봄으로써, 자신이 먼저 그것들을 정확히 알아야만 한다는 사실을 그들은 분명히 알았어야 했습니다.

54 바로 그것을 나는 특히 나의 두 가지 시도들(=역사서들)과 관련하여 행했다고 믿습니다. 즉 이미 언급했듯이 『유대아 고대사』를 나는 그 거룩한 문서들(=성경)로부터 해석해 내었습니다. 나는 제사장 가문 출신이며 또한 그 문서들의 철학에 정통했습니다.

55 또한 『유대아 전쟁사』[47]로 불리는 역사서는 제가 여러 사건에 직접 참여한

---

46 헤로데스 가문의 아그리파 2세를 가리킨다. 그는 50~92/93년 유대아 지역을 다스렸다.

47 요세푸스의 첫 번째 작품이다. 73년 직후에 아람어로 썼고, 75/79년에 그리스어로 출간되었다(Bell. I,3). 카이사르의 『갈리아 전쟁기』(De bello Gallico)의 영향을 받은 것으로 보인다. 요세푸스는 베스파시아누스 황제의 청에 따라, 로마 사람의 관점에서 어떻게 로마 사람들이 유대아 사람들과 전쟁을 수행했는지를 기술했다. 따라서 이 작품은 일종의 선전문학으로 불리기도 한다. 유대아 사람들의 봉기의 제일 원인은 일반 유대아 백성에게가 아니라 젤롯당에게 있다고 보았다.

56. πῶς οὖν οὐκ ἂν θρασεῖς τις ἡγήσαιτο τοὺς ἀνταγωνίζεσθαί μοι περὶ τῆς ἀληθείας ἐπικεχειρηκότας, οἳ κἂν τοῖς τῶν αὐτοκρατόρων ὑπομνήμασιν ἐντυχεῖν λέγωσιν, ἀλλ' οὔ γε καὶ τοῖς ἡμετέροις τῶν ἀντιπολεμούντων πράγμασι παρέτυχον.

57. Περὶ μὲν οὖν τούτων ἀναγκαίαν ἐποιησάμην τὴν παρέκβασιν ἐπισημήνασθαι βουλόμενος τῶν ἐπαγγελλομένων τὰς ἱστορίας συγγράφειν τὴν εὐχέρειαν.

58. ἱκανῶς δὲ φανερόν, ὡς οἶμαι, πεποιηκὼς ὅτι πάτριός ἐστιν ἡ περὶ τῶν παλαιῶν ἀναγραφὴ τοῖς βαρβάροις μᾶλλον ἢ τοῖς Ἕλλησι, βούλομαι μικρὰ πρότερον διαλεχθῆναι πρὸς τοὺς ἐπιχειροῦντας νέαν ἡμῶν ἀποφαίνειν τὴν κατάστασιν ἐκ τοῦ μηδὲν περὶ ἡμῶν, ὥς φασιν ἐκεῖνοι, λελέχθαι παρὰ τοῖς Ἑλληνικοῖς συγγραφεῦσιν.

59. εἶτα δὲ τὰς μαρτυρίας τῆς ἀρχαιότητος ἐκ τῶν παρ' ἄλλοις γραμμάτων παρέξω καὶ τοὺς βεβλασφημηκότας ἡμῶν τὸ γένος ἀποδείξω λίαν ἐν τοῖς λόγοις βλασφημοῦντας.

후에 대다수의 경우 목격자로서, 간단히 말해 말과 행위에서 한 치도 벗어남이 없는 자로서 기록했습니다.

56　그러므로 나와 진리를 다투기를 원하는 자들을 몰염치하다고 어찌 간주하지 않을 수 있겠습니까! 그들이 비록 야전 사령관들의 (전쟁) 기록을 (훗날) 우연히 접했다고 주장할지라도, 아무튼 우리의 반대편에서 싸운 자들의 상황들에는 참여하지 못했던 자들입니다.

1:57-59　다시 주제로 돌아감

57　이런 것들과 관련하여 제가 불가피하게 주제를 벗어날 수밖에 없었던 까닭은, 역사를 집필하겠다고 선언한 자들의 경솔함을 잘 드러내 보이고자 했기 때문입니다.

58　그런데 제 생각에, 고대의 사건에 대한 공문서는 그리스 사람들에게서보다 오히려 그밖의 사람들에게서 더 친숙했다는 사실을 제가 충분히 명백하게 밝혔기 때문에, 이제 나는 우선 몇 마디 말을 저들과 나누고자 합니다. 즉 저들이 주장하듯이, 그리스 작가들이 우리에 대해 아무 말도 하지 않았다는 점에 근거하여, 우리의 헌법이 역사가 짧음을 입증하려고 애쓰는 자들과 말입니다.

59　그런 다음에 나는 (우리의) 오랜 역사에 대한 증인들을 다른 사람들의 기록을 토대로 등장시킬 것이며, 또한 우리 민족을 비방하는 자들이 글들 가운데서 매우 비논리적으로 (우리를) 비방하고 있음을 보여줄 것입니다.

60. Ἡμεῖς τοίνυν οὔτε χώραν οἰκοῦμεν παράλιον οὔτ' ἐμπορίαις χαίρομεν οὐδὲ ταῖς πρὸς ἄλλους διὰ τούτων ἐπιμιξίαις, ἀλλ' εἰσὶ μὲν ἡμῶν αἱ πόλεις μακρὰν ἀπὸ θαλάσσης ἀνῳκισμέναι, χώραν δὲ ἀγαθὴν νεμόμενοι ταύτην ἐκπονοῦμεν μάλιστα δὴ πάντων περὶ παιδοτροφίαν φιλοκαλοῦντες καὶ τὸ φυλάττειν τοὺς νόμους καὶ τὴν κατὰ τούτους παραδεδομένην εὐσέβειαν ἔργον ἀναγκαιότατον παντὸς τοῦ βίου πεποιημένοι.

61. προσούσης τοίνυν τοῖς εἰρημένοις καὶ τῆς περὶ τὸν βίον ἡμῶν ἰδιότητος οὐδὲν ἐν τοῖς παλαιοῖς χρόνοις ποιοῦν ἡμῖν πρὸς τοὺς Ἕλληνας ἐπιμιξίαν, ὥσπερ Αἰγυπτίοις μὲν τὰ παρ' αὐτῶν ἐξαγόμενα καὶ πρὸς αὐτοὺς εἰσαγόμενα, τοῖς δὲ τὴν παράλιον τῆς Φοινίκης κατοικοῦσιν ἡ περὶ τὰς καπηλείας καὶ περὶ τὰς ἐμπορίας σπουδὴ διὰ τὸ φιλοχρηματεῖν.

62. οὐ μὴν οὐδὲ πρὸς λῃστείας, ὥσπερ ἄλλοι τινές, ἢ τὸ πλέον ἔχειν ἀξιοῦν πολεμοῦντες ἐτράπησαν ἡμῶν οἱ πατέρες καίτοι πολλὰς τῆς χώρας ἐχούσης μυριάδας ἀνδρῶν οὐκ ἀτόλμων.

63. διὰ τοῦτο Φοίνικες μὲν αὐτοὶ κατ' ἐμπορίαν τοῖς Ἕλλησιν ἐπεισπλέοντες εὐθὺς ἐγνώσθησαν καὶ δι' ἐκείνων Αἰγύπτιοι καὶ πάντες, ἀφ' ὧν τὸν φόρτον εἰς τοὺς Ἕλληνας διεκόμιζον μεγάλα πελάγη διαίροντες.

1:60-68 유대아 사람들이 주목받지 못한 이유

60   우리는 해안 지역에 거주하지 아니하고, 원거리 무역들을 좋아하지도 않고 그런 것들을 통한 다른 사람들과의 교류도 좋아하지 않습니다. 오히려 우리의 도시들은 바다에서 멀리 떨어져 설립되었으며, 또한 우리는 좋은 땅을 차지하여 그것을 경작하고 있습니다. 또한 우리는 무엇보다도 아이들 교육에 가장 큰 관심을 가졌으며, 또한 율법 및 그 안에 전승된 하나님 경외를 잘 지키는 것을 인생 전체의 가장 중요한 과제로 삼았습니다.

61   언급한 것에 더하여 우리 생활방식의 특이성을 또한 첨가할진대, 고대 시기에는 어떤 것도 우리에게 그리스 사람들과 교류를 맺도록 하지 않았습니다. 이집트 사람들에게는 그들의 수출과 수입이, 또한 페니키아 해안의 거주자들에게는 그들의 이익추구에 근거한 소무역 및 대무역에 대한 그들의 열정이 (그리스 사람들과 교류를 맺게 한 것처럼) 말입니다.

62   또한 우리 조상들은 결코 일부 다른 민족들처럼 약탈이나 전쟁을 통해 이득을 주장함을 즐거워하지 않았습니다. 비록 그 땅이 엄청난 숫자의 겁 없는 용사들을 지니고 있을지라도 말입니다.

63   그러므로 페니키아 사람들은 스스로 무역 때문에 그리스 사람들에게로 항해했기 때문에 즉각 알려졌으며, 그리고 이들을 거쳐서 이집트 사람들과, 또한 이들로부터 대양을 가로질러 그리스 사람들에게 화물을 운반했던 사람들 모두가 (알려졌던 것입니다).

64. Μῆδοι δὲ μετὰ ταῦτα καὶ Πέρσαι φανεροὶ κατέστησαν τῆς Ἀσίας ἐπάρξαντες, οἱ δὲ καὶ μέχρι τῆς ἡμετέρας ἠπείρου Πέρσαι στρατεύσαντες. Θρᾷκες δὲ διὰ γειτονίαν καὶ τὸ Σκυθικὸν ὑπὸ τῶν εἰς τὸν Πόντον ἐγνώσθη πλεόντων.

65. ὅλως γὰρ ἅπαντες οἱ παρὰ τὴν θάλατταν καὶ τὴν πρὸς ταῖς ἀνατολαῖς καὶ πρὸς τὴν ἑσπέριον κατοικοῦντες τοῖς συγγράφειν τι βουλομένοις γνωριμώτεροι κατέστησαν, οἱ δὲ ταύτης ἀνωτέρω τὰς οἰκήσεις ἔχοντες ἐπὶ πλεῖστον ἠγνοήθησαν.

66. καὶ τοῦτο φαίνεται καὶ περὶ τὴν Εὐρώπην συμβεβηκός, ὅπου γε τῆς Ῥωμαίων πόλεως, τοιαύτην ἐκ μακροῦ δύναμιν κεκτημένης καὶ τοιαύτας πράξεις κατορθούσης πολεμικάς, οὔθ' ὁ Ἡρόδοτος οὔτε Θουκυδίδης οὔτε τῶν ἅμα τούτοις γενομένων οὐδὲ εἷς ἐμνημόνευκεν, ἀλλ' ὀψέ ποτε καὶ μόλις αὐτῶν εἰς τοὺς Ἕλληνας ἡ γνῶσις διεξῆλθεν.

67. περὶ μὲν γὰρ Γαλατῶν τε καὶ Ἰβήρων οὕτως ἠγνόησαν οἱ δοκοῦντες ἀκριβέστατοι συγγραφεῖς, ὧν ἐστιν Ἔφορος, ὥστε πόλιν οἴεται μίαν εἶναι τοὺς Ἴβηρας τοὺς τοσοῦτο μέρος τῆς ἑσπερίου γῆς κατοικοῦντας, καὶ τὰ μήτε γενόμενα παρ' αὐτοῖς ἔθη μήτε λεγόμενα γράφειν ὡς ἐκείνων αὐτοῖς χρωμένων ἐτόλμησαν.

64   그 이후 메디아 사람들과 또한 페르시아 사람들이 아시아를 지배하면서 모습을 드러냈는데, 그때 이들은 우리의[48] 대륙에까지 군대를 진격시켰습니다. 그런데 트라키아 사람들은 이웃 나라라는 이유로 (그리스 사람들에게 알려졌으며), 또한 스키티아 종족은 폰토스로 항해한 자들에 의해 알려지게 되었습니다.

65   그런즉 일반적으로 바다에 근접해 있는 자들, 즉 동편으로 뻗은 지역뿐만 아니라 서쪽 땅에 거주하는 모든 이들은 (역사를) 기록하기를 원하는 자들에게 더욱 잘 알려져 있었습니다. 하지만 바다 저편 내부에 거주지를 지닌 자들은 가장 덜 알려졌습니다.

66   이러한 상황은 유럽에도 역시 해당되는 것으로 보입니다. 예를 들면 로마시는 비록 그처럼 오랫동안 권세를 누려왔으며 또한 그처럼 놀라운 전쟁의 위업들을 성취했음에도 불구하고, 헤로도토스나 투키디데스뿐만 아니라 그들의 동시대 사람들 가운데 어느 누구도 기억하지 못했습니다. 오히려 훗날에서야 또한 희미하게 그들에 대한 지식이 그리스 사람들에게 도달했을 뿐입니다.

67   켈트 사람들[49]과 이베리아 사람들[50]에 대한 가장 정확한 역사서술가로 인정받고 있는 사람들, 예컨대 그들 중에 에포로스는 너무도 무지하여 엄청난 규모의 서쪽 땅에 거주하는 이베리아 사람들이 단 하나의 도시만을 세웠다고 믿었습니다. 또한 그 역사서술가들은 자기들 가운데 존재하지 않을 뿐만 아니라 전혀 거론되지도 않는 그런 관습들을 마치 그들 가운데 통용되는 것처럼 기록하는 것

---

48   허드슨 본에는 '다른'(ἑτέρας)이라고 나온다. 페르시아가 유럽 대륙을 침략했다면 '다른' 대륙이라고 해야 한다. 다만 요세푸스가 로마에서 저술했기 때문에 코덱스 L처럼 '우리'라고 표현했을 가능성은 있다. 하지만 요세푸스에게 '우리'는 유대아 사람들을 가리킨다는 점도 고려해야 할 것이다.
49   본문에선 "갈라트 사람들"(Galater)이라고 나오며, 로마 사람들은 "갈리아 사람들"(Gallier)이라 부른다.
50   스페인의 남부연안과 동부연안에 거주하는 사람들을 가리킨다.

68. αἴτιον δὲ τοῦ μὲν μὴ γιγνώσκειν τἀληθὲς τὸ λίαν ἀνεπίμικτον, τοῦ δὲ γράφειν ψευδῆ τὸ βούλεσθαι δοκεῖν τι πλέον τῶν ἄλλων ἱστορεῖν. πῶς οὖν ἔτι θαυμάζειν προσῆκεν, εἰ μηδὲ τὸ ἡμέτερον ἔθνος πολλοῖς ἐγιγνώσκετο μηδὲ τῆς ἐν τοῖς συγγράμμασι μνήμης ἀφορμὴν παρέσχεν, οὕτως μὲν ἀπῳκισμένον τῆς θαλάσσης, οὕτως δὲ βιοτεύειν προῃρημένον;

69. Φέρε τοίνυν ἡμᾶς ἀξιοῦν τεκμηρίῳ χρῆσθαι περὶ τῶν Ἑλλήνων, ὅτι μὴ παλαιόν ἐστιν αὐτῶν τὸ γένος, τῷ μηθὲν ἐν ταῖς ἡμετέραις ἀναγραφαῖς περὶ αὐτῶν εἰρῆσθαι. ἆρ' οὐχὶ πάντως ἂν κατεγέλων αὐτὰς οἶμαι τὰς ὑπ' ἐμοῦ νῦν εἰρημένας κομίζοντες αἰτίας καὶ μάρτυρας ἂν τοὺς πλησιοχώρους παρείχοντο τῆς αὐτῶν ἀρχαιότητος;

70. κἀγὼ τοίνυν πειράσομαι τοῦτο ποιεῖν· Αἰγυπτίοις γὰρ καὶ Φοίνιξι μάλιστα δὴ χρήσομαι μάρτυσιν, οὐκ ἄν τινος ὡς ψευδῆ τὴν μαρτυρίαν διαβάλλειν δυνηθέντος· φαίνονται γὰρ καὶ δὴ μάλιστα πρὸς ἡμᾶς δυσμενῶς διατεθέντες κοινῇ μὲν ἅπαντες Αἰγύπτιοι, Φοινίκων δὲ Τύριοι.

을 부끄러워하지 않았습니다.

68　하지만 진리를 알지 못하는 이유는 심각한 단절 때문입니다. 반면 거짓으로 기록하는 이유는 다른 이들보다 더 많은 것을 아는 자로 인정받고자 하기 때문입니다. 그러므로 우리 민족이 많은 사람들에게 알려지지 않았을 뿐만 아니라 역사기록들 가운데 언급될 동기를 제공하지 못했다 할진대, 어찌 사람들이 여전히 놀라워해야 하겠습니까? 그처럼 멀리 바다에서 떨어져 정착하고 또한 그와 같은 삶의 방식을 선호했으니 말이죠.

1:69-72　이웃나라의 증거를 사용하는 방식

69　그런즉 그리스 사람들과 관련하여, 그들의 민족이 오래되지 않았다는 증거를 채택함을 우리가 정당하게 여기고 있다고 가정해보십시오! 즉 우리의 공문서들 가운데 그들에 관한 어떤 것도 언급되지 않았다는 점에 근거해서요. 그렇다면 그들이 그것들을 전적으로 비웃지 않겠습니까? 제 생각으론, 제가 이제 막 언급한 이유들을 가져다가 그 이웃들을 자기들의 오랜 역사의 증인들로 세우지 않을까요?

70　저 역시 이제 그와 같이 행하고자 합니다. 그런즉 이집트 사람들과 페니키아 사람들을 우선적으로 증인으로 이용할 것입니다. 아무도 그 증거를 거짓이라고 비방할 수 없을 것입니다. 왜냐하면 모든 이집트 사람들은 우리에 대해 공적으로 매우 적대적이라는 사실이 자명하기 때문입니다. 하지만 페니키아 사람들 중에는 티로스 사람들[51]만이 그러합니다.

71. περὶ μέντοι Χαλδαίων οὐκέτι ταὐτὸ τοῦτο δυναίμην ἂν λέγειν, ἐπεὶ καὶ τοῦ γένους ἡμῶν ἀρχηγοὶ καθεστήκασιν καὶ διὰ τὴν συγγένειαν ἐν ταῖς αὐτῶν ἀναγραφαῖς Ἰουδαίων μνημονεύουσιν.

72. ὅταν δὲ τὰς περὶ τούτων πίστεις παράσχω, τότε καὶ τῶν Ἑλλήνων συγγραφέων ἀποφανῶ τοὺς μνήμην Ἰουδαίων πεποιηκότας, ἵνα μηδὲ ταύτην ἔτι τὴν πρόφασιν οἱ βασκαίνοντες ἔχωσιν τῆς πρὸς ἡμᾶς ἀντιλογίας.

71   하지만 칼대아 사람들에 대해서는 저는 더 이상 그와 동일한 것을 말할 수 없을 것 같습니다. 왜냐하면 그들은 우리 민족의 역사 시초에 서 있었으며 또한 그들의 공문서들 가운데 이러한 친족 관계로 인해 유대아 사람들을 역시 언급하기 때문입니다.

72   하지만 제가 이들에 관한 증거들을 마련하게 되면, 그때 그리스 작가들 중에서 역시 유대아 사람들을 언급한 사람들도 소환할 것입니다. 그리하여 그 비방자들은 우리를 향한 악담의 어떠한 구실도 갖지 못할 것입니다.

---

51 '티로스'는 성경에선 '두로' 혹은 '티로'로 표기된다.

73. Ἄρξομαι δὲ πρῶτον ἀπὸ τῶν παρ' Αἰγυπτίοις γραμμάτων. αὐτὰ μὲν οὖν οὐχ οἷόν τε παρατίθεσθαι τἀκείνων, Μάνεθως δ' ἦν τὸ γένος Αἰγύπτιος ἀνὴρ τῆς Ἑλληνικῆς μετεσχηκὼς παιδείας, ὡς δῆλός ἐστιν· γέγραφεν γὰρ Ἑλλάδι φωνῇ τὴν πάτριον ἱστορίαν ἔκ τε τῶν ἱερῶν, ὥς φησιν αὐτός, μεταφράσας καὶ πολλὰ τὸν Ἡρόδοτον ἐλέγχει τῶν Αἰγυπτιακῶν ὑπ' ἀγνοίας ἐψευσμένον.

74. οὗτος δὴ τοίνυν ὁ Μάνεθως ἐν τῇ δευτέρᾳ τῶν Αἰγυπτιακῶν ταῦτα περὶ ἡμῶν γράφει. παραθήσομαι δὲ τὴν λέξιν αὐτοῦ καθάπερ αὐτὸν ἐκεῖνον παραγαγὼν μάρτυρα·

제1장
근동 민족들 가운데 나타나는 유대교에 대한 증거

A) 이집트: 마네톤

1:73-74 마네톤에 대한 표상

73   저는 먼저 이집트 사람들의 문서들로부터 시작할 것입니다. 그런데 저들의 문서들을 (여기에) 제시하는 것은 불가능합니다. 마네톤[52]은 이집트 출신으로서 그리스적 교양[53]을 갖춘 사람입니다. (다음에서) 명백하게 드러납니다. 곧 그는 그리스어로 자기 나라의 역사를 집필했습니다. 그런데 그가 스스로 말하듯이, 그는 성문서들로부터 번역을 했으며, 또한 헤로도토스가 이집트 사람들에 관한 많은 것들을 무지에서 멋대로 지어냈음을 입증했습니다.[54]

74   그러므로 이 마네톤은 『이집트의 역사』 제2권에서 우리에 대해 다음과 같이 기록하고 있습니다. 저는 그를 증인으로 불러오면서 그의 말을 그대로 제시할 것입니다.

---

52   마네톤은 이집트의 고위 제사장이다. 그의 생몰 연대는 알 수 없으나, 대체로 프톨레마이오스 2세의 통치 시기(기원전 285-246년)에 활동했을 것으로 추정한다. 그의 저서 『이집트의 역사』는 태고 시대부터 마케도니아 정복 때까지의 이집트 역사를 다룬다.
53   요세푸스가 '그리스적 교양'(Paideia)의 가치를 높이 평가할지라도, 그리스 사람들의 역사서술의 능력과 성과에 대해서는 저평가하고 있다.
54   여기에서 요세푸스는 마네톤의 헤로도토스 비판을 언급함으로써 그리스 역사에 대한 마네톤의 작품이 훌륭하다는 사실을 지적하고, 따라서 마네톤의 이집트 설명이 신뢰할만하다는 사실을 강조한다.

75. τοῦ τίμαιος ὄνομα. ἐπὶ τούτου οὐκ οἶδ' ὅπως θεὸς
ἀντέπνευσεν καὶ παραδόξως ἐκ τῶν πρὸς ἀνατολὴν μερῶν
ἄνθρωποι τὸ γένος ἄσημοι καταθαρρήσαντες ἐπὶ τὴν χώραν
ἐστράτευσαν καὶ ῥᾳδίως ἀμαχητὶ ταύτην κατὰ κράτος εἷλον,

76. καὶ τοὺς ἡγεμονεύσαντας ἐν αὐτῇ χειρωσάμενοι τὸ
λοιπὸν τάς τε πόλεις ὠμῶς ἐνέπρησαν καὶ τὰ τῶν θεῶν ἱερὰ
κατέσκαψαν, πᾶσι δὲ τοῖς ἐπιχωρίοις ἐχθρότατά πως
ἐχρήσαντο τοὺς μὲν σφάζοντες, τῶν δὲ καὶ τὰ τέκνα καὶ
γυναῖκας εἰς δουλείαν ἄγοντες.

77. πέρας δὲ καὶ βασιλέα ἕνα ἐξ αὐτῶν ἐποίησαν, ᾧ ὄνομα
ἦν Σάλιτις. καὶ οὗτος ἐν τῇ Μέμφιδι κατεγίνετο τήν τε ἄνω
καὶ κάτω χώραν δασμολογῶν καὶ φρουρὰν ἐν τοῖς
ἐπιτηδειοτάτοις καταλιπὼν τόποις. μάλιστα δὲ καὶ τὰ πρὸς
ἀνατολὴν ἠσφαλίσατο μέρη προορώμενος Ἀσσυρίων ποτὲ
μεῖζον ἰσχυόντων ἐσομένην ἐπιθυμίᾳ τῆς αὐτοῦ βασιλείας
ἔφοδον.

1:75-82 힉소스족의 침공에 대한 마네톤의 보도

75 티마이오스란 이름의 사람이 있었다.[55] 그의 시대에 하나님이, 어떻게 했는지 나는 알 수 없으나, 적대적인 바람을 불러일으켰다. 그리하여 예기치 못한 가운데 동쪽 지역으로부터 알려지지 않은 민족의 사람들이 확신에 차서 (우리) 땅을 향해 진격해 왔으며, 싸우지 않고서도 가볍게 그 땅을 자기들의 권세 가운데 차지했다.

76 그리고 그 안에 있는 지배자들을 제압한 후에, 이어서 그 도시들을 무자비하게 불태웠으며 또한 신들의 성전들을 파괴했다. 그들은 모든 거주민들에 대해 지극히 적대적이었다. 그들은 한편으론 사람들을 난도질했으며, 다른 한편으론 사람들의 아이들과 여자들까지도 노예로 삼았다.

77 끝으로 심지어 그들은 그들 중 한 사람을 왕으로 세웠다. 그의 이름은 살리티스이다. 이 사람은 멤피스[56]에 머물렀고, (이집트) 상부 및 하부 지역에 세금을 매겼으며 가장 적합한 장소들에 감시병들을 남겨두었다. 그러나 그는 동쪽 지역을 특히 철저하게 수비했는데, 아시리아 사람들이 언젠가 더 강력한 힘을 갖게 될 경우, 그의 왕권을 차지하려는 열망에서 공격이 있을 것을 예상했기 때문이다.

---

55 이 문장은 코덱스 S에만 나타나지, 지금까지 알려져 있지 않았다. 이와 관련해 수정 제안들이 있었다. 예컨대, 코덱스 M: "티마이오스라 불리는 왕의 시대에".

56 1:78에서는 "아바리스"로 불린다. 힉소스족의 군사 본영이다.

78. εὑρὼν δὲ ἐν νομῷ τῷ Σεθροΐτη πόλιν ἐπικαιροτάτην, κειμένην μὲν πρὸς ἀνατολὴν τοῦ Βουβαστίτου ποταμοῦ, καλουμένην δ' ἀπό τινος ἀρχαίας θεολογίας Αὔαριν, ταύτην ἔκτισέν τε καὶ τοῖς τείχεσιν ὀχυρωτάτην ἐποίησεν ἐνοικίσας αὐτῇ καὶ πλῆθος ὁπλιτῶν εἰς εἴκοσι καὶ τέσσαρας μυριάδας ἀνδρῶν προφυλακήν.

79. ἔνθα δὲ κατὰ θέρειαν ἤρχετο τὰ μὲν σιτομετρῶν καὶ μισθοφορίαν παρεχόμενος τὰ δὲ καὶ ταῖς ἐξοπλισίαις πρὸς φόβον τῶν ἔξωθεν ἐπιμελῶς γυμνάζων. ἄρξας δ' ἐννεακαίδεκα ἔτη τὸν βίον ἐτελεύτησε.

80. μετὰ τοῦτον δὲ ἕτερος ἐβασίλευσεν τέσσαρα καὶ τεσσαράκοντα ἔτη καλούμενος Βηών. μεθ' ὃν ἄλλος Ἀπαχνὰς ἓξ καὶ τριάκοντα ἔτη καὶ μῆνας ἑπτά. ἔπειτα δὲ καὶ Ἄπωφις ἓν καὶ ἑξήκοντα καὶ Ἰαννὰς πεντήκοντα καὶ μῆνα ἕνα.

81. ἐπὶ πᾶσι δὲ καὶ Ἄσσις ἐννέα καὶ τεσσαράκοντα καὶ μῆνας δύο. καὶ οὗτοι μὲν ἓξ ἐν αὐτοῖς ἐγενήθησαν πρῶτοι ἄρχοντες ποθοῦντες ἀεὶ καὶ μᾶλλον τῆς Αἰγύπτου ἐξᾶραι τὴν ῥίζαν.

78　그런데 그가 세트로이테 구역[57]에서 아주 유익한 위치에 자리 잡은 한 도시를 부바스티스[58]라는 나일강 지류의 동편에서 발견했을 때, ― 이 도시는 고대 신들의 가르침에 따라 '아바리스'라 불렸다 ― 그는 이 도시를 다시 세웠으며 또한 성벽을 이용해 아주 견고하게 만들고, 그 안에 대략 24만 명의 중무장한 병사들의 무리를 전위대로 주둔시켰다.

79　그는 거기에 여름철마다 갔는데, 한편으론 식량 배급과 봉급을 제공하기 위함이며, 다른 한편으론 외부 민족들을 위협하기 위해 무장 훈련을 체계적으로 시키기 위함이었다. 19년 동안 다스린 후에 그는 생을 마감했다.

80　이 사람(살리티스 왕) 이후에 다른 사람이 44년 동안 왕으로 다스렸다. 그의 이름은 '베온'[59]이다. 이 사람 후에 또 다른 사람 아파크나스가 36년과 7개월, 그 후에 아포피스가 61년, 그리고 얀나스가 50년과 1개월,

81　이 모든 사람들 이후에 아시스가 49년과 2개월을 다스렸다. 이 여섯 사람은 그들 가운데 첫 번째 통치자들이었는데, 이들은 언제나 이집트의 뿌리를 잘라내기 위해 더욱더 고심했던 사람들이다.

57　지케르트(II, 72)는 나일강 델타 서쪽에 위치한 세트로이테(sethroite) 구역 대신에 델타 동쪽 타니스 (Tanis) 구역 주변의 saitische 구역으로 바꿔 이해하는 것이 내용상 더 적합하다고 제안한다.
58　부바스토스(Βούβαστος)라고도 불린다.
59　율리우스 아프리카누스에 따르면 '브논'(Βνών)이다.

82.   ἐκαλεῖτο δὲ τὸ σύμπαν αὐτῶν ἔθνος Ὑκσώς, τοῦτο δέ ἐστιν βασιλεῖς ποιμένες· τὸ γὰρ υκ καθ' ἱερὰν γλῶσσαν βασιλέα σημαίνει, τὸ δὲ σὼς ποιμήν ἐστι καὶ ποιμένες κατὰ τὴν κοινὴν διάλεκτον, καὶ οὕτως συντιθέμενον γίνεται Ὑκσώς.

τινὲς δὲ λέγουσιν αὐτοὺς Ἄραβας εἶναι.

83.   ἐν δ' ἄλλῳ ἀντιγράφῳ οὐ βασιλεῖς σημαίνεσθαι διὰ τῆς ὕκ προσηγορίας, ἀλλὰ τοὐναντίον αἰχμαλώτους δηλοῦσθαι ποιμένας· τὸ γὰρ ὗκ πάλιν Αἰγυπτιστὶ καὶ τὸ ᾱκ δασυνόμενον αἰχμαλώτους ῥητῶς μηνύει.

καὶ τοῦτο μᾶλλον πιθανώτερόν μοι φαίνεται καὶ παλαιᾶς ἱστορίας ἐχόμενον.

82   그들 백성 전체는 힉소스라 불렸다. 그것은 곧 '목자 왕들'이란 뜻이다. 왜냐하면 '힉'(hyk)은 제사장 언어로 '왕'을 가리키고, '소스'(sos)는 '목자', 대중 언어로 '목자들'을 뜻하기 때문이다. 그리하여 그것을 전부 합치면, '힉소스'가 된다.

그런데 몇몇 사람들은 그들이 아라비아 사람들이라고 말하고 있습니다.

1:83   부분적인 평행 전승

83   다른 본문사본에는 '힉'이라는 단어가 '왕들'을 나타내지 않고, 그와 정반대로 '포로가 된 목자들'을 나타낸다. 왜냐하면 이집트어로 '힉', 그리고 기식음으로 발음되는[60] '학(힉?)'은 명백히 전쟁포로를 가리키기 때문이다.

이것이 내게는 더욱 설득력 있게 보이고, 또한 옛 역사서술(의 성격)을 더욱 많이 지닌 것으로 보입니다.

---

60 '기식음'이란 무성음이 기식을 동반하고 발음되는 소리를 말하는데, 기식이란 소리가 딱 끊어지지 않고 h-소리를 동반하는 소리로서 우리말의 ㅍ/ㅌ/ㅋ와 같은 거센소리와 유사하다.

84. τούτους τοὺς προκατωνομασμένους βασιλέας καὶ τοὺς τῶν ποιμένων καλουμένων καὶ τοὺς ἐξ αὐτῶν γενομένους κρατῆσαι τῆς Αἰγύπτου φησὶν ἔτη πρὸς τοῖς πεντακοσίοις ἕνδεκα.

85. μετὰ ταῦτα δὲ τῶν ἐκ τῆς Θηβαΐδος καὶ τῆς ἄλλης Αἰγύπτου βασιλέων γενέσθαι φησὶν ἐπὶ τοὺς ποιμένας ἐπανάστασιν καὶ πόλεμον συρραγῆναι μέγαν καὶ πολυχρόνιον.

86. ἐπὶ δὲ βασιλέως, ᾧ ὄνομα εἶναι Μισφραγμούθωσις, ἡττωμένους φησὶ τοὺς ποιμένας ἐκ μὲν τῆς ἄλλης Αἰγύπτου πάσης ἐκπεσεῖν, κατακλεισθῆναι δ' εἰς τόπον ἀρουρῶν ἔχοντα μυρίων τὴν περίμετρον· Αὔαριν ὄνομα τῷ τόπῳ.

87. τοῦτόν φησιν ὁ Μάνεθως ἅπαντα τείχει τε μεγάλῳ καὶ ἰσχυρῷ περιβαλεῖν τοὺς ποιμένας, ὅπως τήν τε κτῆσιν ἅπασαν ἔχωσιν ἐν ὀχυρῷ καὶ τὴν λείαν τὴν ἑαυτῶν.

88. τὸν δὲ Μισφραγμουθώσεως υἱὸν Θούμμωσιν ἐπιχειρῆσαι μὲν αὐτοὺς διὰ πολιορκίας ἑλεῖν κατὰ κράτος ὀκτὼ καὶ τεσσαράκοντα μυριάσι στρατοῦ προσεδρεύσαντα τοῖς τείχεσιν· ἐπεὶ δὲ τὴν πολιορκίαν ἀπέγνω, ποιήσασθαι συμβάσεις, ἵνα τὴν Αἴγυπτον ἐκλιπόντες ὅποι βούλονται πάντες ἀβλαβεῖς ἀπέλθωσι.

1:84-90 힉소스족의 이집트 축출에 대한 마네톤의 보도와 예루살렘의 설립

84 앞에서 거론된 이 왕들은 즉 이른바 '목자들'이며 이들의 후계자들은 ─ 마네톤이 말하길 ─ 511년 동안 이집트를 다스렸습니다.

85 그런데 그 후에, 그가 말하길, 테바이스 출신의 왕들 및 기타 이집트 사람들의 폭동이 그 '목자들'을 대항해서 일어났으며, 그리고 크고 오래 지속되는 전쟁이 터졌습니다.

86 미스프라그무토시스라는 이름을 가진 왕의 시대에, 그가 말하기를, 그 '목자들'은 진압되어 나머지 이집트 전역에서 쫓겨났으나, 수천 헥타르 규모를 가진 장소 안에 포위되었습니다.

87 그 장소의 이름은 아바리스입니다. 마네톤이 말하길, 이곳 전체를 '목자들'은 크고 강력한 성벽들로 둘러쌌습니다. 자신들의 소유 전체와 노략물을 확고한 곳에 두기 위함입니다.

88 미스프라그무토시스의 아들인 툼모시스는 480,000명의 병사로 그 성벽들을 에워싸고, 포위 공격을 통해 그들을 정복하려고 애썼습니다. 하지만 그는 공격을 포기하고, 협정을 맺었습니다. 그래서 모두 이집트를 떠나, 원하는 곳으로 무사히 갈 수 있도록 했습니다.

89. τοὺς δὲ ἐπὶ ταῖς ὁμολογίαις πανοικησίᾳ μετὰ τῶν κτήσεων οὐκ ἐλάττους μυριάδων ὄντας εἴκοσι καὶ τεσσάρων ἀπὸ τῆς Αἰγύπτου τὴν ἔρημον εἰς Συρίαν διοδοιπορῆσαι.

90. φοβουμένους δὲ τὴν Ἀσσυρίων δυναστείαν, τότε γὰρ ἐκείνους τῆς Ἀσίας κρατεῖν, ἐν τῇ νῦν Ἰουδαίᾳ καλουμένῃ πόλιν οἰκοδομησαμένους τοσαύταις μυριάσιν ἀνθρώπων ἀρκέσουσαν Ἱεροσόλυμα ταύτην ὀνομάσαι.

91. ἐν ἄλλῃ δέ τινι βίβλῳ τῶν Αἰγυπτιακῶν Μάνεθως τοῦτό φησιν τὸ ἔθνος τοὺς καλουμένους ποιμένας αἰχμαλώτους ἐν ταῖς ἱεραῖς αὐτῶν βίβλοις γεγράφθαι λέγων ὀρθῶς· καὶ γὰρ τοῖς ἀνωτάτω προγόνοις ἡμῶν τὸ ποιμαίνειν πάτριον ἦν καὶ νομαδικὸν ἔχοντες τὸν βίον οὕτως ἐκαλοῦντο ποιμένες.

92. αἰχμάλωτοί τε πάλιν οὐκ ἀλόγως ὑπὸ τῶν Αἰγυπτίων ἀνεγράφησαν, ἐπειδήπερ ὁ πρόγονος ἡμῶν Ἰώσηπος ἑαυτὸν ἔφη πρὸς τὸν βασιλέα τῶν Αἰγυπτίων αἰχμάλωτον εἶναι, καὶ τοὺς ἀδελφοὺς εἰς τὴν Αἴγυπτον ὕστερον μετεπέμψατο τοῦ βασιλέως ἐπιτρέψαντος. ἀλλὰ περὶ μὲν τούτων ἐν ἄλλοις ποιήσομαι τὴν ἐξέτασιν ἀκριβεστέραν.

89 이들은 협정에 따라서 전체 가족과 소유물을 가지고 ― 240,000명보다 조금 적은 수가 ― 이집트로부터 광야를 거쳐 시리아로 들어갔습니다.

90 그들은 아시리아 사람들의 통치를 두려워하여, ― 저들은 그 당시 아시아를 지배했습니다 ― 오늘날 유대아로 불리는 지역에서 도시를 세우고, 수많은 사람들을 만족시킨 이 도시를 예루살렘이라 불렀습니다.

1:91-92 힉소스족에 대한 마네톤의 또 다른 언급

91 또 다른 책인 『이집트 사람에 대하여』에서 마네톤은 '목자들'로 불리는 이 민족은 이집트 사람들의 성문서들에서는 '포로들'로 기록되어 있다고 말합니다. 이것은 정당하게 말한 것입니다. 왜냐하면 우리의 가장 이른 시기의 조상들에게는 목양하는 일이 전통적이었기 때문입니다. 또한 그들이 유목민의 삶을 살았기 때문에, 그리하여 '목자들'로 불렸던 것입니다.

92 또한 그들이 이집트 사람들에 의해서 이유 없이 포로라고 공문서에 기록된 것도 아닙니다. 왜냐하면 우리의 조상인 요셉은 자기 자신을 이집트 사람들의 왕 앞에서 포로라고 말했기 때문입니다.[61] 그리고 훗날에 그는 자기 형제들을 이집트로 오도록 했습니다. 왕이 그것을 허락한 후에 말이죠.[62] 하지만 이 일들에 관해 나는 다른 곳에서 더욱 상세한 연구를 시도할 것입니다.

---

61 창세기 40:15를 참조하라.
62 이 자리에, 코덱스 E와 S 가운데 누군가 첨가를 했다. "다른 필사본에는 다음과 같다: 그는 그 형제들에 의해 붙잡혀 이집트로 이집트의 왕에게로 끌려갔다. 그리고 훗날 다시 그가 형제들을 자기에게로 오도록 했다. 그 왕이 그것을 허락했을 때 말이죠."

93.   Νυνὶ δὲ τῆς ἀρχαιότητος ταύτης παρατίθεμαι τοὺς Αἰγυπτίους μάρτυρας. πάλιν οὖν τὰ τοῦ Μανέθω πῶς ἔχει πρὸς τὴν τῶν χρόνων τάξιν ὑπογράψω. φησὶ δὲ οὕτως·

94.   „μετὰ τὸ ἐξελθεῖν ἐξ Αἰγύπτου τὸν λαὸν τῶν ποιμένων εἰς Ἱεροσόλυμα ὁ ἐκβαλὼν αὐτοὺς ἐξ Αἰγύπτου βασιλεὺς Τέθμωσις ἐβασίλευσεν μετὰ ταῦτα ἔτη εἰκοσιπέντε καὶ μῆνας τέσσαρας καὶ ἐτελεύτησεν, καὶ παρέλαβεν τὴν ἀρχὴν ὁ αὐτοῦ υἱὸς Χέβρων ἔτη δεκατρία.

95.   μεθ' ὃν Ἀμένωφις εἴκοσι καὶ μῆνας ἑπτά. τοῦ δὲ ἀδελφὴ Ἀμεσσὴς εἰκοσιὲν καὶ μῆνας ἐννέα. τῆς δὲ Μήφρης δώδεκα καὶ μῆνας ἐννέα. τοῦ δὲ Μηφραμούθωσις εἰκοσιπέντε καὶ μῆνας δέκα.

96.   τοῦ δὲ Θμῶσις ἐννέα καὶ μῆνας ὀκτώ. τοῦ δ' Ἀμένωφις τριάκοντα καὶ μῆνας δέκα. τοῦ δὲ Ὧρος τριακονταὲξ καὶ μῆνας πέντε. τοῦ δὲ θυγάτηρ Ἀκεγχερὴς δώδεκα καὶ μῆνα ἕνα τῆς δὲ Ῥάθωτις ἀδελφὸς ἐννέα τοῦ δὲ Ἀκεγχήρης δώδεκα καὶ μῆνας πέντε

1:93-101 이어서 마네톤이 라메시드족에 이르기까지 보도한다

93 이제 나는 (유대아 사람들의) 이러한 고대성과 관련하여 이집트 사람들을 증인들로서 세우려고 합니다. 또한 나는 다시, 마네톤의 문서들이 시간들의 순서에 얼마나 잘 맞는지를 개관하고자 합니다. 즉 그는 다음과 같이 말하고 있습니다:

94 그 목자들의 민족이 예루살렘을 향하여 이집트로부터 탈출한 뒤에, 그들을 이집트에서 추방한 (이집트) 왕인 테트모시스는 25년 4개월을 다스린 다음 사망했다. 그리하여 그의 아들인 케브론이 13년 동안 통치권을 넘겨받았다.

95 그의 뒤를 이어 아메노피스가 20년 7개월, 그의 누이 아메세스[63]가 21년 9개월, 그녀의 아들 메프레스가 12년 9개월, 그의 아들 메프라무토시스가 25년 10개월,

96 그의 아들 트모시스가 9년 8개월, 그의 아들 아메노피스가 30년과 10개월, 그의 아들 오로스가 36년 5개월, 그의 딸 아켕케레스가 12년 1개월, 그녀의 남동생 라토티스가 9년, 그의 아들 아켕케레스가 12년 5개월,

---

63 코덱스 M은 "남자 형제"로 바꾼다.

97.   τοῦ δὲ Ἀκεγχήρης ἕτερος δώδεκα καὶ μῆνας τρεῖς. τοῦ δὲ Ἄρμαϊς τέσσαρα καὶ μῆνα ἕνα. τοῦ δὲ Ῥαμέσσης ἓν καὶ μῆνας τέσσαρας. τοῦ δὲ Ἀρμέσσης Μιαμοῦν ἑξηκονταὲξ καὶ μῆνας δύο. τοῦ δὲ Ἀμένωφις δεκαεννέα καὶ μῆνας ἕξ.

98.   τοῦ δὲ Σέθως ὁ καὶ Ῥαμέσσης ἱππικὴν καὶ ναυτικὴν ἔχων δύναμιν τὸν μὲν ἀδελφὸν Ἄρμαϊν ἐπίτροπον τῆς Αἰγύπτου κατέστησεν καὶ πᾶσαν μὲν αὐτῷ τὴν ἄλλην βασιλικὴν περιέθηκεν ἐξουσίαν, μόνον δὲ ἐνετείλατο διάδημα μὴ φορεῖν μηδὲ τὴν βασιλίδα μητέρα τε τῶν τέκνων ἀδικεῖν, ἀπέχεσθαι δὲ καὶ τῶν ἄλλων βασιλικῶν παλλακίδων.

99.   αὐτὸς δὲ ἐπὶ Κύπρον καὶ Φοινίκην καὶ πάλιν Ἀσσυρίους τε καὶ Μήδους στρατεύσας ἅπαντας τοὺς μὲν δόρατι, τοὺς δὲ ἀμαχητὶ φόβῳ δὲ τῆς πολλῆς δυνάμεως ὑποχειρίους ἔλαβε καὶ μέγα φρονήσας ἐπὶ ταῖς εὐπραγίαις ἔτι καὶ θαρσαλεώτερον ἐπεπορεύετο τὰς πρὸς ἀνατολὰς πόλεις τε καὶ χώρας καταστρεφόμενος.

100.   χρόνου τε ἱκανοῦ γεγονότος Ἄρμαϊς ὁ καταλειφθεὶς ἐν Αἰγύπτῳ πάντα τἄμπαλιν οἷς ἀδελφὸς παρῄνει μὴ ποιεῖν ἀδεῶς ἔπραττεν· καὶ γὰρ τὴν βασιλίδα βιαίως ἔσχεν καὶ ταῖς ἄλλαις παλλακίσιν ἀφειδῶς διετέλει χρώμενος, πειθόμενος δὲ ὑπὸ τῶν φίλων διάδημα ἐφόρει καὶ ἀντῆρε τῷ ἀδελφῷ.

97   그의 아들 아켕케레스가 12년 3개월, 그의 아들 하르마이스가 4
년 1개월, 그의 아들 라메세스가 1년과 4개월, 그의 아들 하르메세스
미아문이 66년과 2개월, 그의 아들 아메노피스가 19년 6개월을 다스
렸다.

98   그의 아들 세토스는[64] 기마병과 함선을 갖고 있었는데, 그의 형제
하르마이스를 이집트의 총독으로 세웠고, 또한 왕의 전권에 속한 모든
것들을 그에게 허락했다. 하지만 왕관을 쓰는 것과 또한 여왕이자 그
들의 자녀들의 어머니에게 불의를 행하는 것은 금했으며, 또한 다른
왕족의 애첩들로부터 거리를 두라고 명했다.

99   그리고나서 세토스 자신은 키프로스와 페니키아에 대해서 또한
게다가 아시리아 사람들과 메디아 사람들에 대해서도 전쟁을 벌였다.
그는 그들 모두를 굴복시켰다. 어떤 이들은 창으로(전쟁을 통해), 다른
이들은 엄청난 군단에 대한 두려움에서 나온 항복을 통해서 말이다.
이러한 대성공들로 인해 그는 대담하고 더욱 과감한 것을 생각하면서
진격하여 동쪽에 있는 도시들과 지역들을 굴복시켰다.

100   한동안 시간이 지나서 이집트에 남겨진 하르마이스는 자기 형
제가 행하지 말라고 권한 모든 것을 부끄러워하지도 않고 정반대로 행
했다. 그는 여왕을 강제로 덮쳤으며, 또한 다른 애첩들을 개의치 않고
즐기는 생활에 빠져 있었다. 또한 그는 친구들의 부추김을 받아 왕관

---

64   니제 본문과 코덱스 아르메니아는 "또한 라메세스라고도 불린다"를 첨가한다. 코덱스 E와 코덱스 S에는
여기 여백에 설명이 달려 있다: "다른 필사본에는 다음과 같다: 그의 뒤를 이어 세토시스와 람세스, 즉 두 형
제가 있었는데, 그들 중 한 사람이 함선을 갖고 있었다. 바다에서 그를 대적하는 자를 종종 막아섰고, 살해했
는데, 얼마 후에 람세스도 그러했다. 그의 또다른 형제인 하르마이스를 이집트의 재상으로 삼았다."

101.   ὁ δὲ τεταγμένος ἐπὶ τῶν ἱερέων τῆς Αἰγύπτου γράψας βιβλίον ἔπεμψε τῷ Σεθώσει δηλῶν αὐτῷ πάντα καὶ ὅτι ἀντῆρεν ὁ ἀδελφὸς αὐτοῦ Ἅρμαϊς. παραχρῆμα οὖν ὑπέστρεψεν εἰς Πηλούσιον καὶ ἐκράτησεν τῆς ἰδίας βασιλείας.

102.   ἡ δὲ χώρα ἐκλήθη ἀπὸ τοῦ αὐτοῦ ὀνόματος Αἴγυπτος· λέγει γάρ, ὅτι ὁ μὲν Σέθως ἐκαλεῖτο Αἴγυπτος, Ἅρμαϊς δὲ ὁ ἀδελφὸς αὐτοῦ Δαναός.

103.   Ταῦτα μὲν ὁ Μάνεθως. δῆλον δέ ἐστιν ἐκ τῶν εἰρημένων ἐτῶν τοῦ χρόνου συλλογισθέντος, ὅτι οἱ καλούμενοι ποιμένες ἡμέτεροι δὲ πρόγονοι τρισὶ καὶ ἐνενήκοντα καὶ τριακοσίοις πρόσθεν ἔτεσιν ἐκ τῆς Αἰγύπτου ἀπαλλαγέντες τὴν χώραν ταύτην ἐπῴκησαν ἢ Δαναὸν εἰς Ἄργος ἀφικέσθαι· καίτοι τοῦτον ἀρχαιότατον Ἀργεῖοι νομίζουσι.

을 썼으며 또 자기 형제에게 대적했다.

101 이집트 성문서 감독관은 보고서를 작성하여 세토스에게 보내
어, 그에게 모든 일들과 그의 형제 하르마이스가 반기를 들었다는 사
실을 알려주었다. 그러자 그는 즉시 펠루시온으로 되돌아가서 자신의
왕권을 차지했다.

1:102 결론의 말

102 그래서 그 땅이 그의 이름을 따라 '이집트'로 불리게 되었습니다. 그런즉
그 뜻은,[65] 세토스가 '이집트'로도 불렸으며, 그의 형제 하르마이스는 '다나오스'
로 불렸다는 사실을 가리킵니다.

1:103-105 마네톤의 보도에 대한 해설

103 여기까지가 마네톤의 보도입니다. 그런데 분명한 것은, 언급된 햇수로부
터 시간을 합치면, 이른바 '목자들', 즉 우리 조상들은 이집트로부터 출발하고 나
서 이 땅(유대아 땅)에 거주하게 된 것은, 다나오스가 아르고스에 도착한 것보다
393년 이전에 일어난 일이었습니다. 그런데 아르고스 사람들은 이 사람을 진정
아주 오래전 사람으로 여겼습니다.

---

65 원래 본문에는 "그가 말하길"로 나오나, 1:250에 의지하여 "그것이 뜻하는 것은"으로 고쳐 번역할 수 있
다.

104. δύο τοίνυν ὁ Μάνεθως ἡμῖν τὰ μέγιστα μεμαρτύρηκεν ἐκ τῶν παρ' Αἰγυπτίοις γραμμάτων, πρῶτον μὲν τὴν ἑτέρωθεν ἄφιξιν εἰς Αἴγυπτον, ἔπειτα δὲ τὴν ἐκεῖθεν ἀπαλλαγὴν οὕτως ἀρχαίαν τοῖς χρόνοις, ὡς ἐγγύς που προτερεῖν αὐτὴν τῶν Ἰλιακῶν ἔτεσι χιλίοις.

105. ὑπὲρ ὧν δ' ὁ Μάνεθως οὐκ ἐκ τῶν παρ' Αἰγυπτίοις γραμμάτων, ἀλλ' ὡς αὐτὸς ὡμολόγηκεν ἐκ τῶν ἀδεσπότως μυθολογουμένων προστέθεικεν, ὕστερον ἐξελέγξω κατὰ μέρος ἀποδεικνὺς τὴν ἀπίθανον αὐτοῦ ψευδολογίαν.

106. Βούλομαι τοίνυν ἀπὸ τούτων ἤδη μετελθεῖν ἐπὶ τὰ παρὰ τοῖς Φοίνιξιν ἀναγεγραμμένα περὶ τοῦ γένους ἡμῶν καὶ τὰς ἐξ ἐκείνων μαρτυρίας παρασχεῖν.

107. ἔστι τοίνυν παρὰ Τυρίοις ἀπὸ παμπόλλων ἐτῶν γράμματα δημοσίᾳ γεγραμμένα καὶ πεφυλαγμένα λίαν ἐπιμελῶς περὶ τῶν παρ' αὐτοῖς γενομένων καὶ πρὸς ἀλλήλους πραχθέντων μνήμης ἀξίων.

104 그러므로 두 가지 아주 중요한 사실을 마네톤은 이집트 문서들로부터 우리에게 증언했습니다. 즉 우선 어떤 곳에서부터 (떠나) 이집트에 도착했고, 그런 다음 아주 이른 시기에 그곳으로부터 출발했다는 사실입니다. 그런즉 그 출발은 트로이아[66] 관련 사건들보다 거의 천년 가까이 앞서 일어났습니다.

105 그런데 이 사건들과 관련하여 마네톤이 이집트 문서들로부터가 아니라, 오히려, 그가 스스로 인정하듯이, 영웅이 빠진 신화자료로부터 덧붙인 것들에 대한 반대 증거를 제가 나중에 상세하게 제시할 것입니다. 그것이 터무니없는 거짓말임을 보여주면서 말이죠.

B) 페니키아

1:106-107　주제 전환

106 그러므로 이제 나는 이러한 것들로부터 페니키아 사람들 가운데 우리 민족에 대해 기록된 것들로 넘어가고, 또한 그것들로부터 나온 증거들을 제시하려고 합니다.

107 티로스 사람들 가운데 수십 년 전부터 문서들이 존재했습니다. 이들은 그들 가운데 일어나고 상호 간에 행해진 일들로 기억할 만하다고 여겨진 일들에 대해 공적으로 기록되고 매우 주의 깊게 보존된 문서들입니다.

66　트로이아는 ἴλιος (라틴어론 illium)이라고도 불리며, 여기선 그 형용사형인 ἰλιακῶν 이 사용되었다.

108. ἐν οἷς γέγραπται, ὅτι ὁ ἐν Ἱεροσολύμοις ᾠκοδομήθη ναὸς ὑπὸ Σολομῶνος τοῦ βασιλέως ἔτεσι θᾶττον ἑκατὸν τεσσαρακοντατρισὶν καὶ μησὶν ὀκτὼ τοῦ κτίσαι Τυρίους Καρχηδόνα.

109. ἀνεγράφη δὲ παρ' ἐκείνοις οὐκ ἀλόγως ἡ τοῦ ναοῦ κατασκευὴ τοῦ παρ' ἡμῖν· Εἴρωμος γὰρ ὁ τῶν Τυρίων βασιλεὺς φίλος ἦν τοῦ βασιλέως ἡμῶν Σολομῶνος πατρικὴν πρὸς αὐτὸν φιλίαν διαδεδεγμένος.

110. οὗτος οὖν συμφιλοτιμούμενος εἰς τὴν τοῦ κατασκευάσματος τῷ Σολομῶνι λαμπρότητα χρυσίου μὲν εἴκοσι καὶ ἑκατὸν ἔδωκε τάλαντα, τεμὼν δὲ καλλίστην ὕλην ἐκ τοῦ ὄρους, ὃ καλεῖται Λίβανος, εἰς τὸν ὄροφον ἀπέστειλεν. ἀντεδωρήσατο δὲ αὐτῷ ὁ Σολομὼν ἄλλοις τε πολλοῖς καὶ δὴ καὶ χώραν τῆς Γαλιλαίας ἐν τῇ Χαβουλῶν λεγομένῃ.

111. μάλιστα δὲ αὐτοὺς εἰς φιλίαν ἡ τῆς σοφίας συνῆγεν ἐπιθυμία· προβλήματα γὰρ ἀλλήλοις ἀνταπέστελλον λύειν κελεύοντες, καὶ κρείττων ἐν τούτοις ἦν ὁ Σολομὼν καὶ τἆλλα σοφώτερος. σώζονται δὲ μέχρι νῦν παρὰ τοῖς Τυρίοις πολλαὶ τῶν ἐπιστολῶν, ἃς ἐκεῖνοι πρὸς ἀλλήλους ἔγραψαν.

1:108-111　티로스 연대기가 히롬과 솔로몬에 대해 보도하다

108　그 가운데 기록되어 있기를, 예루살렘에 있는 성전은 솔로몬 왕에 의해서, 티로스 사람들이 카르케돈(이후 카르타고)을 세운 때보다 143년과 8개월 이전에 지어졌습니다.

109　그들 가운데 우리의 성전 설립이 매우 정확하게 기록되어 있습니다. 왜냐하면 티로스 사람들의 왕인 이로모스[67]는 우리의 왕 솔로몬의 친구였기 때문입니다. 그는 그를 향한 자기 아버지의 우정을 넘겨받았습니다.

110　그런데 이 사람은 솔로몬과 같은 방식으로 (성전 건축의) 화려함을 위해 애썼으며, 금 120 달란트를 주었습니다. 게다가 그는 레바논이라 불리는 산악지대에서 나온 가장 좋은 나무를 자르게 하여 천장을 건축하기 위해 보냈습니다. 솔로몬은 그에게 다른 많은 것들을 가지고 답례를 했습니다.[68] 그리하여 카볼론[69]이라 불리는 곳에 있는 갈릴래아의 땅도 역시 (선사했습니다).

111　지혜를 향한 열정이 그들을 우정으로 특히 강하게 결속시켰습니다. 즉 그들은 서로서로 문제들을 내면서, 풀어보라고 요청했습니다. 거기에서 솔로몬이 더욱 뛰어났습니다. 게다가 그는 더 지혜로웠습니다. 오늘날까지 티로스 사람들 가운데 수많은 편지들이 보존되었는데, 두 왕이 서로에게 작성했던 것들입니다.

67　이로모스는 페니키아어로는 '히롬'이며, 성경에서는 '히람'이라고 나온다. 이후 이로모스를 히롬이라고 표기한다.
68　열왕기상 5:11을 참조하라.
69　열왕기상 9:10-14를 참조하라. '카볼론'은 성경에선 '가불' 혹은 '카불'로 나온다.

112.   ὅτι δ' οὐ λόγος ἐστὶν ὑπ' ἐμοῦ συγκείμενος ὁ περὶ τῶν παρὰ τοῖς Τυρίοις γραμμάτων, παραθήσομαι μάρτυρα Δῖον ἄνδρα περὶ τὴν Φοινικικὴν ἱστορίαν ἀκριβῆ γεγονέναι πεπιστευμένον. οὗτος τοίνυν ἐν ταῖς περὶ Φοινίκων ἱστορίαις γράφει τὸν τρόπον τοῦτον·

113.   Ἀβιβάλου τελευτήσαντος ὁ υἱὸς αὐτοῦ Εἴρωμος ἐβασίλευσεν. οὗτος τὰ πρὸς ἀνατολὰς μέρη τῆς πόλεως προσέχωσεν καὶ μεῖζον τὸ ἄστυ ἐποίησεν καὶ τοῦ Ὀλυμπίου Διὸς τὸ ἱερὸν καθ' ἑαυτὸ ὂν ἐν νήσῳ χώσας τὸν μεταξὺ τόπον συνῆψε τῇ πόλει καὶ χρυσοῖς ἀναθήμασιν ἐκόσμησεν, ἀναβὰς δὲ εἰς τὸν Λίβανον ὑλοτόμησεν πρὸς τὴν τῶν ἱερῶν κατασκευήν.

114.   τὸν δὲ τυραννοῦντα Ἱεροσολύμων Σολομῶνα πέμψαι φασὶ πρὸς τὸν Εἴρωμον αἰνίγματα καὶ παρ' αὐτοῦ λαβεῖν ἀξιοῦν, τὸν δὲ μὴ δυνηθέντα διακρῖναι τῷ λύσαντι χρήματα ἀποτίνειν.

115.   ὁμολογήσαντα δὲ τὸν Εἴρωμον καὶ μὴ δυνηθέντα λῦσαι τὰ αἰνίγματα πολλὰ τῶν χρημάτων εἰς τὸ ἐπιζήμιον ἀναλῶσαι. εἶτα δὲ Ἀβδήμουνόν τινα Τύριον ἄνδρα τά τε προτεθέντα λῦσαι καὶ αὐτὸν ἄλλα προβαλεῖν, ἃ μὴ λύσαντα τὸν Σολομῶνα πολλὰ τῷ Εἰρώμῳ προσαποτῖσαι χρήματα.

1:112-115 히롬과 솔로몬에 대한 디오스의 증언

112 티로스 사람들의 문서들에 대한 나의 보도는 내가 지어낸 것이 아닙니다. 나는 페니키아 역사에 관하여 신뢰할 수 있는 한 완벽한 인물인 디오스[70]를 증인으로 세우고자 합니다. 그런데 이 사람은 자기의 『페니키아 역사』에서 다음과 같이 기록하고 있습니다:

113 아비발로스가 사망하자, 그의 아들 히롬이 왕이 되었다. 이 사람은 그 도시(=티로스)의 동쪽 지역들을 추가했으며, 그리하여 그 도시를 더욱 확장시켰다. 또한 한 섬에 있는 올림포스의 제우스 성전을 그 중간 지역을 흙으로 메꿔 그 도시와 연결시켰으며, 또한 금으로 된 헌물들로 장식했다. 그는 또한 레바논으로 올라가서 성전 건축을 위해 나무를 자르게 하였다.

114 예루살렘의 통치자인 솔로몬은, 사람들이 말하길, 히롬에게 수수께끼를 보냈고, 그로부터 (다른 문제들을) 받기를 요청했고, 그것을 풀 수 없는 자는 그것을 푼 자에게 돈을 지불했다.

115 히롬은 동의했으나, 그 수수께끼들을 풀 수 없었고, 따라서 배상으로 상당한 돈을 지불해야만 했다. 그런 다음 한 티로스 사람 압데무노스가 그 주어진 문제를 해결했다. 그리고 그는 솔로몬이 풀 수 없는 다른 문제들을 제시했는데, 그것들을 솔로몬은 풀 수 없었다. 그래서 솔로몬은 히롬에게 훨씬 더 많은 금액을 갚아야만 했다.

---

70 디오스가 어떤 인물이지 알려져 있지 않다. 그의 작품 『페니키아 역사』는 기원전 2세기에 작성된 것으로 보인다. 요세푸스가 전하는 내용이 이 작품에 관한 유일한 단편이다.

Δῖος μὲν οὕτω περὶ τῶν προειρημένων ἡμῖν μεμαρτύρηκεν.

116. Ἀλλὰ πρὸς τούτῳ παραθήσομαι καὶ Μένανδρον τὸν Ἐφέσιον. γέγραφεν δὲ οὗτος τὰς ἐφ' ἑκάστου τῶν βασιλέων πράξεις τὰς παρὰ τοῖς Ἕλλησι καὶ βαρβάροις γενομένας ἐκ τῶν παρ' ἑκάστοις ἐπιχωρίων γραμμάτων σπουδάσας τὴν ἱστορίαν μαθεῖν.

117. γράφων τοίνυν περὶ τῶν ἐν Τύρῳ βεβασιλευκότων ἔπειτα γενόμενος κατὰ τὸν Εἴρωμον ταῦτά φησι·

τελευτήσαντος δὲ Ἀβιβάλου διεδέξατο τὴν βασιλείαν αὐτοῦ ὁ υἱὸς Εἴρωμος, ὃς βιώσας ἔτη νγ' ἐβασίλευσεν ἔτη λδ'.

118. οὗτος ἔχωσε τὸν Εὐρύχωρον τόν τε χρυσοῦν κίονα τὸν ἐν τοῖς τοῦ Διὸς ἀνέθηκεν, ἐπί τε ὕλην ξύλων ἀπελθὼν ἔκοψεν ἀπὸ τοῦ λεγομένου Λιβάνου ὄρους κέδρινα ξύλα εἰς τὰς τῶν ἱερῶν στέγας, καθελών τε τὰ ἀρχαῖα ἱερὰ καὶ ναοὺς ᾠκοδόμησεν τό τε τοῦ Ἡρακλέους καὶ τῆς Ἀστάρτης,

그리하여 디오스는 앞에서 언급한 사항과 관련하여 우리를 위한 증거를 제공했습니다.

1:116-120 히롬과 솔로몬에 대한 에페소스의 메난드로스의 증거

116 하지만 그것에 더하여 나는 에페소스의 메난드로스[71] 역시 언급하려 합니다. 이 사람은 왕들을 일일이 다루면서 그리스 사람들과 '그밖의 사람들'[72]에게 있었던 사건들을 기록했는데, 그때 그는 자국 내 각각의 문서들을 토대로 역사를 알기 위해 애썼습니다.

117 게다가 티로스 왕들에 대해 서술하면서 히롬을 거론할 시점이 되자, 다음과 같이 말하고 있습니다:

> 아비발로스가 사망하고 난 이후에 그의 아들인 히롬이 통치권을 넘겨 받았는데, 그는 53년을 사는 동안 34년을 왕으로 있었다.

> 118 이 사람은 에우리코로스(광장)를 축조했으며 또한 제우스 신전에 있는 황금 기둥을 세웠다. 그는 나무 숲으로 들어가서 이른바 레바논 산지에서 나온 삼나무를 성전들의 지붕을 위해 자르게 하였으며, 또한 옛 성전들을 허물고는 새로운 성전들을 건축하게 하였다. 또한

---

[71] 그리스 인종학자이다. 아리스타르코스와 에라토스테네스(기원전 2세기)의 제자이다. 요세푸스는 『유대아 고대사』(8:144-146)에서도 거의 같은 내용을 인용한다. 이 보도에 따르면 메난데로스가 티로스 사람들의 기록을 페니키아어에서 그리스어로 번역했다고 한다.

[72] '그밖의 사람들'은 원어로는 'βάρβαροι'이다. 이 단어는 통상적으로 '야만족, 야만인'이라고 번역되나 그리스 사람들이 다른 민족을 나타내는 명칭이었다.

119.   πρῶτόν τε τοῦ Ἡρακλέους ἔγερσιν ἐποιήσατο ἐν τῷ Περιτίῳ μηνί, τοῖς τε Ἰτυκαίοις ἐπεστρατεύσατο μὴ ἀποδιδοῦσι τοὺς φόρους· οὓς καὶ ὑποτάξας ἑαυτῷ πάλιν ἀνέστρεψεν.

120.   ἐπὶ τούτου ἦν Ἀβδήμουνος παῖς νεώτερος, ὃς ἀεὶ ἐνίκα τὰ προβλήματα, ἃ ἐπέταττε Σολομὼν ὁ Ἱεροσολύμων βασιλεύς."

121.   ψηφίζεται δὲ ὁ χρόνος ἀπὸ τούτου τοῦ βασιλέως ἄχρι Καρχηδόνος κτίσεως οὕτως· τελευτήσαντος Εἰρώμου διεδέξατο τὴν βασιλείαν Βαλβάζερος υἱός, ὃς βιώσας ἔτη μγ΄ ἐβασίλευσεν ἔτη ιζ΄.

122.   μετὰ τοῦτον Ἀβδάσταρτος υἱὸς βιώσας ἔτη λθ΄ ἐβασίλευσεν ἔτη θ΄. τοῦτον οἱ τῆς τροφοῦ αὐτοῦ υἱοὶ τέσσαρες ἐπιβουλεύσαντες ἀπώλεσαν, ὧν ὁ πρεσβύτερος ἐβασίλευσεν Μεθουσάσταρτος ὁ Λεαστάρτου, ὃς βιώσας ἔτη νδ΄ ἐβασίλευσεν ἔτη ιβ΄.

헤라클레스와 아스타르테[73]의 신전들도 (건축하게 했다).

119　처음으로 그는 '헤라클레스의 부활'을 페리티오스 달[74]에 거행했다. 게다가 그는 키티온 거주민[75]을 향해 진격했는데, 그들이 조세를 내지 않았기 때문이다. 이들을 정복한 후에 그는 다시 되돌아왔다.

120　그의 통치 기간에 압데무노스라 하는 상당히 젊은 사람이 있었는데, 그는 매번 예루살렘의 왕 솔로몬이 제시하곤 했던 수수께끼 문제들에서 우승한 자였다.

1:121-125　티로스 왕들의 연대기

121　하지만 이 왕의 시대는 카르타고의 설립 때까지 다음과 같이 산출됩니다. 히롬이 사망한 후에 그의 아들 발바제로스가 통치권을 넘겨받았는데, 그는 43년을 살았으며 17년 동안 왕으로 있었습니다.

122　이 사람 뒤에 그의 아들 압다스타르토스가 39년을 살았으며 9년 동안 왕으로 있었습니다. 이 사람을 향해 네 명의 유모의 아들 네 명이 음모를 꾸민 다음 그를 살해했습니다. 그들 중 가장 나이 많은 자인 델레아스타르토스의 아들 메투사스타르토스가 왕이 되었는데, 그는 54년을 살았으며 12년 동안 왕으로 있

73　아스타르테는 고대 근동 여신 아쉬타르트(페니키아어)의 그리스어 명칭이다. 성경에는 아스다롯(아스타롯)이라고 나온다(삿 2:13, 10:6, 삼상 7:2-3, 12:10 등).
74　마케도니아력의 넷째 달 이름이며, 원래는 1월에 해당하지만, 12월부터 4월까지의 편차를 지닌다.
75　코덱스 L에 따라 Τιτυοῖς로 읽고 "키티온 거주민"으로 번역했다. 키티온은 키프로스 남부 해안에 있는도시이다. 니제 본문에는 "우티카 거주민"이라고 나온다. '우티카'는 그리스어로는 '이티케'로 표기되며, 페니키아 사람들이 아프리카 북부에 첫 번째로 세운 식민지였고 카르타고와 동맹과 경쟁관계를 유지했다.

123.   μετὰ τοῦτον ὁ ἀδελφὸς αὐτοῦ Ἀσθάρυμος βιώσας ἔτη νη′
ἐβασίλευσεν ἔτη θ′. οὗτος ἀπώλετο ὑπὸ τοῦ ἀδελφοῦ Φέλλητος, ὃς
λαβὼν τὴν βασιλείαν ἦρξεν μῆνας η′ βιώσας ἔτη ν′. τοῦτον ἀνεῖλεν
Εἰθώβαλος ὁ τῆς Ἀστάρτης ἱερεύς, ὃς βιώσας ἔτη μη′ ἐβασίλευσεν ἔτη
λβ′.

124.   τοῦτον διεδέξατο Βαλέζωρος υἱός, ὃς βιώσας ἔτη με′
ἐβασίλευσεν ἔτη ἕξ. τούτου διάδοχος γέγονε Μέττηνος υἱός, ὃς βιώσας
ἔτη λβ′ ἐβασίλευσεν ἔτη κθ′.

125.   τούτου διάδοχος γέγονεν Πυγμαλίων, ὃς βιώσας ἔτη νη′
ἐβασίλευσεν ἔτη μζ′. ἐν δὲ τῷ ἐπ' αὐτοῦ ἑβδόμῳ ἔτει ἡ ἀδελφὴ αὐτοῦ
φυγοῦσα ἐν τῇ Λιβύῃ πόλιν ᾠκοδόμησεν Καρχηδόνα.

126.   συνάγεται πᾶς ὁ χρόνος ἀπὸ τῆς Εἰρώμου βασιλείας μέχρι
Καρχηδόνος κτίσεως ἔτη ρνε′ μῆνες η′.

었습니다.

123　이 사람 뒤를 그의 형제 아스타리모스가 있었는데, 그는 58년을 살았으며 9년 동안 왕으로 있었습니다. 이 사람은 자기의 형제 펠레스에 의해 살해되었는데, 이 자는 왕권을 넘겨받은 후에 8개월을 다스렸는데(다스렸으며), 50년 동안 살았습니다. 이 사람을 아스타르테의 제사장인 이토발로스가 제거했는데, 이 자는 48년을 살았으며 32년 동안 왕으로 있었습니다.

124　이 사람의 뒤를 그의 아들 발레조로스가 있었는데, 그는 45년을 살았으며 6년 동안 왕으로 있었습니다. 그의 후계자는 그의 아들 메테노스였습니다. 그는 32년을 살았으며 29년 동안 왕으로 있었습니다.

125　이 사람의 후계자는 피그말리온이었습니다. 그는 58년을 살았으며 47년 동안 왕으로 있었습니다. 그의 통치 7년에, 도주했던 그의 누이가 리비아에 카르타고 시를 세웠습니다.

1:126a　소결론

126a　히롬의 통치로부터 카르타고의 설립에 이르는 전체 기간은 155년과 8개월로 집계됩니다.[76]

76　1:108을 참조하라. 당시 셈법을 따르면, 히롬의 통치기는 기원전 969-936년에 해당한다.

ἐπεὶ δὲ δωδεκάτῳ ἔτει τῆς αὐτοῦ βασιλείας ὁ ἐν Ἱεροσολύμοις ᾠκοδομήθη ναός, γέγονεν ἀπὸ τῆς οἰκοδομήσεως τοῦ ναοῦ μέχρι Καρχηδόνος κτίσεως ἔτη ρμγ΄ μῆνες η΄.

127.   τῆς μὲν οὖν παρὰ Φοινίκων μαρτυρίας τί δεῖ προσθεῖναι πλέον; βλέπεται γὰρ τἀληθὲς ἰσχυρῶς ὡμολογημένον καὶ πολὺ δήπου προάγειν τῆς τοῦ νεὼ κατασκευῆς τὴν τῶν προγόνων ἡμῶν εἰς τὴν χώραν ἄφιξιν· ὅτε γὰρ αὐτὴν πᾶσαν πολέμῳ παρέλαβον, τότε τὸν νεὼν κατεσκεύασαν. καὶ ταῦτα σαφῶς ἐκ τῶν ἱερῶν γραμμάτων ὑπ' ἐμοῦ δεδήλωται διὰ τῆς ἀρχαιολογίας.

128.   Λέξω δὲ νῦν ἤδη τὰ παρὰ Χαλδαίοις ἀναγεγραμμένα καὶ ἱστορούμενα περὶ ἡμῶν, ἅπερ ἔχει πολλὴν ὁμολογίαν καὶ περὶ τῶν ἄλλων τοῖς ἡμετέροις γράμμασι.

1:126b 티로스 연대기와 성서 연대기의 일치

126b　그런데 그의 통치 12년에 예루살렘 성전이 설립되었기 때문에 성전 건축부터 카르타고의 설립 때까지 143년과 8개월이 흘렀습니다.

127 이와 관련된 요세푸스의 결론적 설명

127　그러므로 페니키아 사람들 편에서 나온 역사적 증거에 대해 이제 무엇을 더 첨가할 수 있겠습니까? 그런즉 사람들은 알 수 있습니다: 진리는 강력하게 한 목소리로 증거되었다는 사실과 또한 성전 건축보다 우리 조상들이 그 땅에 도착한 것이 명백히 훨씬 앞선다는 사실을 말이죠. 왜냐하면 그들은 전쟁을 통해 완전히 그 땅을 차지했고, 그때야 비로소 성전을 지었기 때문입니다. 그리고 이러한 사실은 내 저서『유대아 고대사』에서 거룩한 문서들을 토대로 내가 입증했습니다

C) 바빌론: 베로소스

1:128-133 베로소스의 소개와 그의 종합적인 보도

128　나는 이제 칼대아 사람들에 의해 우리에 대하여 기록되고 보도된 것에 대하여, 또한 다른 일들에 대해서도 우리의 문서들과 어떠한 상당한 일치가 있는지에 대하여 말하고자 합니다.

129. μάρτυς δὲ τούτων Βηρῶσος ἀνὴρ Χαλδαῖος μὲν τὸ γένος, γνώριμος δὲ τοῖς περὶ παιδείαν ἀναστρεφομένοις, ἐπειδὴ περί τε ἀστρονομίας καὶ περὶ τῶν παρὰ Χαλδαίοις φιλοσοφουμένων αὐτὸς εἰς τοὺς Ἕλληνας ἐξήνεγκε τὰς συγγραφάς.

130. οὗτος τοίνυν ὁ Βηρῶσος ταῖς ἀρχαιοτάταις ἐπακολουθῶν ἀναγραφαῖς περί τε τοῦ γενομένου κατακλυσμοῦ καὶ τῆς ἐν αὐτῷ φθορᾶς τῶν ἀνθρώπων καθάπερ Μωσῆς οὕτως ἱστόρηκεν καὶ περὶ τῆς λάρνακος, ἐν ᾗ Νῶχος ὁ τοῦ γένους ἡμῶν ἀρχηγὸς διεσώθη προσενεχθείσης αὐτῆς ταῖς ἀκρωρείαις τῶν Ἀρμενίων ὀρῶν.

131. εἶτα τοὺς ἀπὸ Νώχου καταλέγων καὶ τοὺς χρόνους αὐτοῖς προστιθεὶς ἐπὶ Ναβοπαλάσσαρον παραγίνεται τὸν Βαβυλῶνος καὶ Χαλδαίων βασιλέα

132. καὶ τὰς τούτου πράξεις ἀφηγούμενος λέγει, τίνα τρόπον πέμψας ἐπὶ τὴν Αἴγυπτον καὶ ἐπὶ τὴν ἡμετέραν γῆν τὸν υἱὸν τὸν ἑαυτοῦ Ναβοκοδρόσορον μετὰ πολλῆς δυνάμεως, ἐπειδήπερ ἀφεστῶτας αὐτοὺς ἐπύθετο, πάντων ἐκράτησεν καὶ τὸν ναὸν ἐνέπρησε τὸν ἐν Ἱεροσολύμοις ὅλως τε πάντα τὸν παρ' ἡμῶν λαὸν ἀναστήσας εἰς Βαβυλῶνα μετῴκισεν, συνέβη δὲ καὶ τὴν πόλιν ἐρημωθῆναι χρόνον ἐτῶν ἑβδομήκοντα μέχρι Κύρου τοῦ Περσῶν βασιλέως.

129　그런즉 이 일들에 대한 증인은 칼대아 사람 베로소스[77]입니다. 그는 교육에 관심 많은 자들에게 잘 알려져 있습니다. 그 자신이 천문학 관련, 또한 칼대아 사람들의 철학적 가르침 관련 문서들을 그리스 사람들에게 전해주었기 때문입니다.

130　따라서 이 베로소스는 대홍수 발생과 그로 인해 일어난 인간의 멸망에 대해 가장 오래된 기록들을 따라가면서 모세처럼 그렇게 보도했습니다. 특히 우리의 조상 노아가 아르메니아 산맥 정상으로 올라감으로써 살아나게 된 방주에 대해서요.

131　그런 다음 그가 노아의 자손들을 열거하며 그들과 관련된 시간 정보들을 첨부하면서 나부팔라사로스, 곧 바빌론과 칼대아 사람들의 왕에게 이릅니다. 또한 그가 이 사람의 행적들에 대해 이야기하는 동안에

132　어떤 방식으로 그가 자기의 아들 나부코드로소로스[78]를 엄청난 군대와 더불어 이집트와 우리의 땅을 향해 보내었는지를 말하기도 했습니다. 그가 그들이 반란을 일으켰다고 들었기 때문입니다. 또한 어떻게 그가 그들 모두를 무찔렀으며 예루살렘 성전을 불태웠으며, 또한 어떻게 그가 우리의 백성 전체를 포로로 잡아 바빌론으로 이주시켰는지에 대해서도 (말했습니다). 그 결과 그 도시 예루살렘은 70년 동안 첫 번째 페르시아왕인 키로스 때까지 폐허가 되었습니다.

77　마네톤과 마찬가지로 이집트인으로 바빌론의 신 벨(Bel)을 섬기는 제사장이다. 헬레니즘 시대 초기에 자기 백성에 대한 거룩한 전승을 그리스어로 기록했다. 안티오코스 1세(기원전 281-261년)를 위해 Babyloniaca(3권)를 집필했다(『아피온 반박』 1:142 참조).

78　바빌론 쐐기문자로는 '나부쿠드리우추르'이며 성경에서는 느부갓네살, 영어로는 네부카드네자르 대왕으로 불린다. 기원전 605년부터 562년 동안 신바빌론제국을 다스렸다.

133. κρατῆσαι δέ φησι τὸν Βαβυλώνιον Αἰγύπτου Συρίας Φοινίκης Ἀραβίας πάντας ὑπερβαλόμενον ταῖς πράξεσι τοὺς πρὸ αὐτοῦ Χαλδαίων καὶ Βαβυλωνίων βεβασιλευκότας.

134. [εἶθ' ἑξῆς ὑποκαταβὰς ὀλίγον ὁ Βηρῶσος πάλιν παρατίθεται ἐν τῇ τῆς ἀρχαιότητος ἱστοριογραφίᾳ.] αὐτὰ δὲ παραθήσομαι τὰ τοῦ Βηρώσου τοῦτον ἔχοντα τὸν τρόπον·

135. „ἀκούσας δ' ὁ πατὴρ αὐτοῦ Ναβοπαλάσαρος, ὅτι ὁ τεταγμένος σατράπης ἔν τε Αἰγύπτῳ καὶ τοῖς περὶ τὴν Συρίαν τὴν κοίλην καὶ τὴν Φοινίκην τόποις ἀποστάτης γέγονεν, οὐ δυνάμενος αὐτὸς ἔτι κακοπαθεῖν συστήσας τῷ υἱῷ Ναβοκοδροσόρῳ ὄντι ἔτι ἐν ἡλικίᾳ μέρη τινὰ τῆς δυνάμεως ἐξέπεμψεν ἐπ' αὐτόν.

136. συμμίξας δὲ Ναβοκοδρόσορος τῷ ἀποστάτῃ καὶ παραταξάμενος αὐτοῦ τ' ἐκράτει καὶ τὴν χώραν ἐξ ἀρχῆς ὑπὸ τὴν αὐτῶν βασιλείαν ἐποιήσατο. τῷ τε πατρὶ αὐτοῦ συνέβη Ναβοπαλασάρῳ κατὰ τοῦτον τὸν καιρὸν ἀρρωστήσαντι ἐν τῇ Βαβυλωνίων πόλει μεταλλάξαι τὸν βίον ἔτη βεβασιλευκότι κα'.

133 이 바빌론 왕은, 베로소스의 말에 의하면, 이집트, 시리아, 페니키아 그리고 아라비아를 굴복시켰으며 또한 그의 행적의 관점에서 그 사람 전에 칼대아 사람들과 바빌론 사람들의 통치자였던 자들 모두를 넘어섰습니다.

134a 그리스 전승에 담긴 저자들의 기록

134a 그런 다음 거기에서 약간 더 나아간 뒤에 베로소스는 다시 한번 (유대교의) 고대성에 대한 역사서술에 등장합니다.

134b-141 나부코드로소로스에 대한 베로소스의 보도

134b 이제 나는 베로소스의 말을 인용할 것입니다. 그는 이렇게 말하고 있습니다:

135 그의 아버지 나부팔라사로스가, 새로 임명된 지방관이 이집트에서뿐만 아니라 코일레시리아와 페니키아 지역들에서도 변절자가 되었다는 사실을 들었을 때, 또한 그 스스로 더 이상 (출정이 주는) 괴로움을 견딜 수 없게 되자, 그는 아직 어린 아들인 나부코드로소로스에게 자기 군단의 몇몇 부대들을 맡기고서는 그를 그 (반란을 일으킨) 지방관에 대항하여 출정하게 했다.

136 나부코드로소로스는 그 변절자와 맞닥뜨려 그와 대적하는 가운데 승리를 쟁취하였고, 또 그 지역을 다시 자기들의 지배 아래에 두었

137. αἰσθόμενος δὲ μετ' οὐ πολὺ τὴν τοῦ πατρὸς τελευτὴν Ναβουχοδρόσορος, καταστήσας τὰ κατὰ τὴν Αἴγυπτον πράγματα καὶ τὴν λοιπὴν χώραν καὶ τοὺς αἰχμαλώτους Ἰουδαίων τε καὶ Φοινίκων καὶ Σύρων καὶ τῶν κατὰ τὴν Αἴγυπτον ἐθνῶν συντάξας τισὶ τῶν φίλων μετὰ τῆς βαρυτάτης δυνάμεως καὶ τῆς λοιπῆς ὠφελείας ἀνακομίζειν εἰς τὴν Βαβυλωνίαν, αὐτὸς ὁρμήσας ὀλιγοστὸς παρεγένετο διὰ τῆς ἐρήμου εἰς Βαβυλῶνα.

138. καταλαβὼν δὲ τὰ πράγματα διοικούμενα ὑπὸ Χαλδαίων καὶ διατηρου μένην τὴν βασιλείαν ὑπὸ τοῦ βελτίστου αὐτῶν, κυριεύσας ὁλοκλήρου τῆς πατρικῆς ἀρχῆς τοῖς μὲν αἰχμαλώτοις παραγενομένοις συνέταξεν [αὐτοῖς] κατοικίας ἐν τοῖς ἐπιτηδειοτάτοις τῆς Βαβυλωνίας τόποις ἀποδεῖξαι,

139. αὐτὸς δὲ ἀπὸ τῶν ἐκ τοῦ πολέμου λαφύρων τό τε Βήλου ἱερὸν καὶ τὰ λοιπὰ κοσμήσας φιλοτίμως τήν τε ὑπάρχουσαν ἐξ ἀρχῆς πόλιν καὶ ἑτέραν ἔξωθεν προσχαρισάμενος καὶ ἀναγκάσας πρὸς τὸ μηκέτι δύνασθαι τοὺς πολιορκοῦντας τὸν ποταμὸν ἀναστρέφοντας ἐπὶ τὴν πόλιν κατασκευάζειν, περιεβάλετο τρεῖς μὲν τῆς ἔνδον πόλεως περιβόλους, τρεῖς δὲ τῆς ἔξω, τούτων δὲ τοὺς μὲν ἐξ ὀπτῆς πλίνθου καὶ ἀσφάλτου, τοὺς δὲ ἐξ αὐτῆς τῆς πλίνθου.

다. 바로 그 시간에 그의 아버지 나부팔라사로스는 바빌론 사람들의 도시에서 병에 걸려 사망하게 되는 일이 일어났다. 그가 21년 동안 왕으로 있은 뒤였다.

137 그로부터 얼마 후에 자기 아버지의 사망 소식을 접한 나부코드로소로스는 이집트와 다른 지역에서의 상황들을 정리했으며, 또한 유대아 사람들과, 페니키아 사람들과 시리아 사람들과 또 이집트 내의 족속들 출신의 전쟁 포로들을 중무장 상태의 부대들과 기타 보급 부대와 함께 바빌로니아로 호송하라는 임무를 몇몇 믿는 자들에게 맡겼다. 그 사람 자신이 광야를 지나 바빌론을 향해 나설 때, 단지 몇 사람만이 동행했을 뿐이다.

138 그는 칼대아 사람들에 의해 업무들이 관리되고 또한 그들 중 최고층 인사에 의해 왕권이 (자신을 위해) 확보되었다는 사실을 확인했다. 아버지의 권세를 온전히 차지한 다음, 그는 전쟁포로들이 도착하자 이들의 거주지들을 바빌로니아의 가장 적합한 지역들에 마련하라고 지시했다.

139 또한 그 자신은 전쟁 노획물로 벨 성전과 나머지 성전들을 화려하게 장식했으며, 또한 원래 있었던 도시를 새롭게 만들었으며, 또 다른 도시를 외부로부터 짓게 했다. 그리하여 포위군들이 더 이상 강을 돌려 그 도시에 접근할 수 없도록 했다. 또한 그는 그 내부 도시를 에워싼 3중 성벽과 또 외부 도시를 에워싼 3중 성벽을 세웠는데, 그 가운데 내부 성벽은 불에 탄 벽돌들과 아스팔트를 사용하고, 외부 성벽은 오직 벽돌들만 사용했다.

140.　καὶ τειχίσας ἀξιολόγως τὴν πόλιν καὶ τοὺς πυλῶνας κοσμήσας ἱεροπρεπῶς προσκατεσκεύασεν τοῖς πατρικοῖς βασιλείοις ἕτερα βασίλεια ἐχόμενα ἐκείνων, [ὑπὲρ] ὧν ἀνάστημα καὶ τὴν λοιπὴν πολυτέλειαν μακρὸν ἴσως ἔσται ἐὰν τις ἐξηγῆται, πλὴν ὄντα γε ὑπερβολὴν ὡς μεγάλα καὶ ὑπερήφανα συνετελέσθη ἡμέραις δεκαπέντε.

141.　ἐν δὲ τοῖς βασιλείοις τούτοις ἀναλήμματα λίθινα ὑψηλὰ ἀνοικοδομήσας καὶ τὴν ὄψιν ἀποδοὺς ὁμοιοτάτην τοῖς ὄρεσι, καταφυτεύσας δένδρεσι παντοδαποῖς ἐξειργάσατο καὶ κατεσκεύασε τὸν καλούμενον κρεμαστὸν παράδεισον διὰ τὸ τὴν γυναῖκα αὐτοῦ ἐπιθυμεῖν τῆς ὀρείας διαθέσεως τεθραμμένην ἐν τοῖς κατὰ τὴν Μηδίαν τόποις."

142.　Ταῦτα μὲν οὕτως ἱστόρηκεν περὶ τοῦ προειρημένου βασιλέως καὶ πολλὰ πρὸς τούτοις ἐν τῇ τρίτῃ βίβλῳ τῶν Χαλδαϊκῶν, ἐν ᾗ μέμφεται τοῖς Ἑλληνικοῖς συγγραφεῦσιν ὡς μάτην οἰομένοις ὑπὸ Σεμιράμεως τῆς Ἀσσυρίας κτισθῆναι τὴν Βαβυλῶνα καὶ τὰ θαυμάσια κατασκευασθῆναι περὶ αὐτὴν ὑπ' ἐκείνης ἔργα ψευδῶς γεγραφόσι.

143.　καὶ κατὰ ταῦτα τὴν μὲν τῶν Χαλδαίων ἀναγραφὴν ἀξιόπιστον ἡγητέον· οὐ μὴν ἀλλὰ κἀν τοῖς ἀρχείοις τῶν Φοινίκων σύμφωνα τοῖς ὑπὸ Βηρώσου λεγομένοις ἀναγέγραπται περὶ τοῦ τῶν Βαβυλωνίων βασιλέως, ὅτι καὶ τὴν Συρίαν καὶ τὴν Φοινίκην ἅπασαν ἐκεῖνος κατεστρέψατο.

140 그가 그 도시를 특이한 방식으로 성벽으로 둘러싸고 또한 성벽 대문들을 성전에 걸맞게 장식하게 한 후에, 그는 자기 아버지의 왕궁들에 더하여 또 다른 왕궁을 세우게 했는데, 이 왕궁은 저것들과 견줄 만했다. 그것의 높이와 기타 화려함을 제시할 경우 너무 장황할 것 같다. 다만 그것의 크기와 장엄함이 어떻게 15일 만에 완성되었는지 경이롭다는 사실은 예외다.

141 그가 이 왕궁에 돌로 된 높은 건축물들을 세우게 했으며 또한 그 외양을 산지와 매우 유사하게 만들었으며, 많은 정원수들을 거기에 심었고, 그리하여 이른바 '매달린 정원'을 조성했다. 이는 산지의 분위기를 원했던 그의 아내를 위한 것인데, 그녀가 메디아 지방에서 자랐기 때문이다.

1:142-144 베로소스와 관련된 기타 사항들

142 이러한 것들을 베로소스는 방금 언급된 왕에 대하여 보도하고 있으며, 또한 그것과 완전히 다른 내용을 『칼대아 사람 이야기』 제3권에서 보도했습니다. 여기서 그는 그 그리스 저술가들을 비판했는데, 그들은 아시리아 여인인 '세미라미스'가 바빌론을 세웠으며 또한 바빌론 둘레에 있는 경이로운 건축물들을 왜곡되게 그녀에 의해 설립된 것으로 잘못 파악했다고 합니다.

143 칼대아 사람들의 보도 역시 신뢰할만하다고 간주해야만 합니다. 더욱이 페니키아 사람들의 고문서실에서 문서들이 발견되는데, 이것들은 바빌론 사람들의 왕과 관련해서 베로소스에 의해 언급된 것들과 일치합니다. 곧 시리아뿐만

144. περὶ τούτων γοῦν συμφωνεῖ καὶ Φιλόστρατος ἐν ταῖς ἱστορίαις μεμνημένος τῆς Τύρου πολιορκίας, καὶ Μεγασθένης ἐν τῇ τετάρτῃ τῶν Ἰνδικῶν, δι' ἧς ἀποφαίνειν πειρᾶται τὸν προειρημένον βασιλέα τῶν Βαβυλωνίων Ἡρακλέους ἀνδρείᾳ καὶ μεγέθει πράξεων διενηνοχέναι· καταστρέψασθαι γὰρ αὐτόν φησι καὶ Λιβύης τὴν πολλὴν καὶ Ἰβηρίαν.

145. τὰ δὲ περὶ τοῦ ναοῦ προειρημένα τοῦ ἐν Ἱεροσολύμοις, ὅτι κατεπρήσθη μὲν ὑπὸ τῶν Βαβυλωνίων ἐπιστρατευσάντων, ἤρξατο δὲ πάλιν ἀνοικοδομεῖσθαι Κύρου τῆς Ἀσίας τὴν βασιλείαν παρειληφότος, ἐκ τῶν Βηρώσου σαφῶς ἐπιδειχθήσεται παρατεθέντων· λέγει γὰρ οὕτως διὰ τῆς τρίτης·

146. Ναβοκοδρόσορος μὲν οὖν μετὰ τὸ ἄρξασθαι τοῦ προειρημένου τείχους ἐμπεσὼν εἰς ἀρρωστίαν μετήλλαξε τὸν βίον βεβασιλευκὼς ἔτη μγ', τῆς δὲ βασιλείας κύριος ἐγένετο ὁ υἱὸς αὐτοῦ Εὐειλμαράδουχος.

147. οὗτος προστὰς τῶν πραγμάτων ἀνόμως καὶ ἀσελγῶς ἐπιβουλευθεὶς ὑπὸ τοῦ τὴν ἀδελφὴν ἔχοντος αὐτοῦ Νηριγλισάρου ἀνῃρέθη βασιλεύσας ἔτη β'. μετὰ δὲ τὸ ἀναιρεθῆναι τοῦτον διαδεξάμενος τὴν ἀρχὴν ὁ ἐπιβουλεύσας αὐτῷ Νηριγλίσαρος ἐβασίλευσεν ἔτη δ'.

아니라 페니키아도 그 왕이 완전히 정복했다는 것입니다.

144　그런데 이러한 내용들에 대해서 필로스트라토스 역시 일치합니다. 그는 역사서술에서 티로스 공략을 언급합니다. 또한 메가스테네스가『인도의 역사』제4권에서, 앞서 언급된 바빌론 사람들의 왕이 용맹함과 행위의 위대함에서 헤라클레스를 넘어선다는 사실을 묘사하려고 노력할 때도 그렇습니다. 즉 그는 그 왕이 리비아의 비교적 넓은 지역과 이베리아를 정복했다고 말합니다.

1:145-153　예루살렘 성전 멸망에 대한 베로소스의 증거

145　예루살렘 성전에 대해 앞에서 말한 것, 즉 그 성전이 바빌론 사람들의 공략이 있고 나서 그들에 의해 불태워졌으나, 키로스가 아시아에 대한 통치를 거머쥐었을 때 다시 건축되기 시작되었다는 사실은 베로소스의 (다음) 인용문에서 명확히 입증되었습니다. 즉 그는 제3권에서 다음과 같이 말하고 있습니다:

> 146　나부코드로소로스는 앞서 언급된 성벽 건축의 시작 이후에 병에 걸렸고 그리하여 43년 동안 왕으로 있다가 생을 달리했다. 왕권의 주인은 그의 아들 에빌마라두코스였다.

> 147　이 사람은 통치행위들을 불법적이며 무절제하게 행한 뒤에, 그의 누이의 남편인 네리글리사로스에 의해 공격을 받아 살해되었다. 그는 2년 동안 왕으로 있었다.[79] 그가 살해되고 나서 그에 대한 공격을 감

79　기원전 562년~560년을 말한다.

148. τούτου υἱὸς Λαβοροσοάρδοχος ἐκυρίευσε μὲν τῆς βασιλείας παῖς ὢν μῆνας θ΄, ἐπιβουλευθεὶς δὲ διὰ τὸ πολλὰ ἐμφαίνειν κακοήθη ὑπὸ τῶν φίλων ἀπετυμπανίσθη.

149. ἀπολομένου δὲ τούτου συνελθόντες οἱ ἐπιβουλεύσαντες αὐτῷ κοινῇ τὴν βασιλείαν περιέθηκαν Ναβοννήδῳ τινὶ τῶν ἐκ Βαβυλῶνος ὄντι ἐκ τῆς αὐτῆς ἐπισυστάσεως. ἐπὶ τούτου τὰ περὶ τὸν ποταμὸν τείχη τῆς Βαβυλωνίων πόλεως ἐξ ὀπτῆς πλίνθου καὶ ἀσφάλτου κατεκοσμήθη.

150. οὔσης δὲ τῆς βασιλείας αὐτοῦ ἐν τῷ ἑπτακαιδεκάτῳ ἔτει προεξεληλυθὼς Κῦρος ἐκ τῆς Περσίδος μετὰ δυνάμεως πολλῆς καταστρεψάμενος τὴν λοιπὴν βασιλείαν πᾶσαν ὥρμησεν ἐπὶ τῆς Βαβυλωνίας.

151. αἰσθόμενος δὲ Ναβόννηδος τὴν ἔφοδον αὐτοῦ, ἀπαντήσας μετὰ τῆς δυνάμεως καὶ παραταξάμενος, ἡττηθεὶς τῇ μάχῃ καὶ φυγὼν ὀλιγοστὸς συνεκλείσθη εἰς τὴν Βορσιππηνῶν πόλιν,

행했던 네리글리사로스가 통치권을 넘겨받아 4년 동안 왕으로 있었다.

148 그의 아들 라보로소아르도코스가 아직 젊은이로서 9개월 동안 왕권의 주인이었다. 그러나 그는 여러 사악함을 드러냈으므로 공격을 받아, 그의 심복들에 의해 살해되었다.

149 이 사람이 죽고 나서, 그 자에 맞서 음모를 꾸민 자들이 모여 공동으로 그 왕권을 나본네도스에게 넘겼다.[80] 이 자는 바빌론 출신의 사람으로서 바로 그 음모에 가담한 자였다. 이 사람의 통치 시기에 바빌론 사람들 도시의 강 둘레에 있는 성벽들이 불에 탄 벽돌들과 아스팔트로 꾸며졌다.

150 그의 통치 17년에[81] 키로스가 엄청난 군대와 함께 페르시아에서 나왔고, 나머지 왕국을 정복한 후에 바빌로니아를 향해 출정했다.

151 나본네도스가 그의 진격을 알아차리고, 자기 군대와 함께 키로스에게 맞서 겨루며 전열을 갖췄다. 그는 전투에서 열세에 놓였고 소수의 사람들과 함께 탈출했으나 보르시페 사람들[82]의 도시에서 포위되었다.

---

80 기원전 556년~539년 동안 다스렸다.
81 기원전 539년이다.
82 수메르의 고대 도시로 보르시파(Borsippa) 또는 비르스 니므룻(Birs Nimrud)라고 알려져 있다.

152. Κῦρος δὲ Βαβυλῶνα καταλαβόμενος καὶ συντάξας τὰ
ἔξω τῆς πόλεως τείχη κατασκάψαι διὰ τὸ λίαν αὐτῷ
πραγματικὴν καὶ δυσάλωτον φανῆναι τὴν πόλιν ἀνέζευξεν ἐπὶ
Βορσίππων ἐκπολιορκήσων τὸν Ναβόννηδον.

153. τοῦ δὲ Ναβοννήδου οὐχ ὑπομείναντος τὴν πολιορκίαν,
ἀλλ' ἐγχειρίσαντος αὐτὸν πρότερον, χρησάμενος Κῦρος
φιλανθρώπως καὶ δοὺς οἰκητήριον αὐτῷ Καρμανίαν ἐξέπεμψεν
ἐκ τῆς Βαβυλωνίας. Ναβόννηδος μὲν οὖν τὸ λοιπὸν τοῦ χρόνου
διαγενόμενος ἐν ἐκείνῃ τῇ χώρᾳ κατέστρεψε τὸν βίον.

154. Ταῦτα σύμφωνον ἔχει ταῖς ἡμετέραις βίβλοις τὴν ἀλήθειαν·
γέγραπται γὰρ ἐν αὐταῖς, ὅτι Ναβουχοδονόσορος ὀκτωκαιδεκάτῳ τῆς
αὐτοῦ βασιλείας ἔτει τὸν παρ' ἡμῖν ναὸν ἠρήμωσεν καὶ ἦν ἀφανὴς ἐπ'
ἔτη πεντήκοντα, δευτέρῳ δὲ τῆς Κύρου βασιλείας ἔτει τῶν θεμελίων
ὑποβληθέντων δευτέρῳ πάλιν τῆς Δαρείου βασιλείας ἀπετελέσθη.

152 그러나 키로스는 우선 바빌론을 점령했고, 그런 다음 그 도시의 외곽 성벽들을 무너뜨리라고 명했다. 왜냐하면 그 도시가 너무 견고하여 차지하지 못할 것처럼 보였기 때문이다. 그는 보르시페를 향해 계속 진격했고, 나본네도스에게 항복을 강요했다.

153 나본네도스는 포위 공략에 저항하지 않았고, 오히려 미리 항복했다. 그러자 키로스는 아량을 베풀었으며 그에게 카르마니아를 거주지로 준 다음, 바빌로니아에서 추방했다. 그리하여 나본네도스는 그의 여생을 저 땅에서 보낸 다음 거기서 생을 마쳤다.

1:154 바빌론 연대기를 성서 연대기와 비교

154 이러한 보도는 우리의 책들과 일치하는 진리를 담고 있습니다: 즉 거기에 기록되어 있기를, 나부코도노소로스는 그의 통치 18년에[83] 우리의 성전을 황폐화시켰으며 그리하여 이 성전은 50년 동안 (더 이상) 볼 수 없었다는 것입니다.[84] 이 성전은 키로스의 통치 2년에 기초들이 새로 놓여진(놓인) 후, 다리오스의 통치 2년에 다시 완성되었습니다.[85]

---

83 열왕기하 25:8과 예레미야 52:12에 따르면 나부코드노소로스(느부갓네살) 제19년에 느부사라단에 의해 성전이 불태워졌다. 제18년은 예루살렘이 점령 당해(점령되어) 유대아 백성이 포로로 쫓겨난 해이다(렘 52:29).
84 예루살렘이 함락되고 시드기야 왕이 패배한 해(기원전 587년)부터 키로스 원년(기원전 538년)까지는 49년이다.
85 다리오스 통치 제2년은 중단된 성전 재건 공사가 다시 시작된 해이며(스 4:24), 다리오스 통치 제4년에야 완성되었다(스 6:15).

155. προσθήσω δὲ καὶ τὰς τῶν Φοινίκων ἀναγραφάς· οὐ γὰρ παραλειπτέον τῶν ἀποδείξεων τὴν περιουσίαν· ἔστι δὲ τοιαύτη τῶν χρόνων ἡ καταρίθμησις·

156. ἐπ' Ἰθωβάλου τοῦ βασιλέως ἐπολιόρκησε Ναβουχοδονόσορος τὴν Τύρον ἐπ' ἔτη δεκατρία. μετὰ τοῦτον ἐβασίλευσε Βαὰλ ἔτη δέκα.

157. μετὰ τοῦτον δικασταὶ κατεστάθησαν, καὶ ἐδίκασαν Ἐκνίβαλος Βασλήχου μῆνας β', Χέλβης Ἀβδαίου μῆνας ι', Ἄββαρος ἀρχιερεὺς μῆνας γ', Μύττυνος καὶ Γεράστρατος τοῦ Ἀβδηλίμου δικασταὶ ἔτη ς', ὧν μεταξὺ ἐβα σίλευσε Βαλάτορος ἐνιαυτὸν ἕνα.

158. τούτου τελευτήσαντος ἀποστείλαντες μετεπέμψαντο Μέρβαλον ἐκ τῆς Βαβυλῶνος, καὶ ἐβασίλευσεν ἔτη δ'. τούτου τελευτήσαντος μετεπέμψαντο τὸν ἀδελφὸν αὐτοῦ Εἴρωμον, ὃς ἐβασίλευσεν ἔτη εἴκοσιν. ἐπὶ τούτου Κῦρος Περσῶν ἐδυνάστευσεν.

159. οὐκοῦν ὁ σύμπας χρόνος ἔτη νδ' καὶ τρεῖς μῆνες πρὸς αὐτοῖς· ἑβδόμῳ μὲν γὰρ ἔτει τῆς Ναβουχοδονοσόρου βασιλείας ἤρξατο πολιορκεῖν Τύρον, τεσσαρεσκαιδεκάτῳ δ' ἔτει τῆς Εἰρώμου Κῦρος ὁ Πέρσης τὸ κράτος παρέλαβεν.

1:155-158   페니키아 연대기에서도 입증

155   그리고 나는 페니키아 사람들의 문서들도 첨가하려고 합니다. 왜냐하면 절대로 그 엄청난 양의 증거들이 간과되어서는 안되기 때문입니다. 거기에서 시대들의 셈법은 다음과 같습니다:

156   이토발로스 왕의 시대에 나부코도노소로스는 13년 동안 티로스를 포위 공략했다. 이 사람 다음에 바알이 10년 동안 왕으로 있었다.

157   이 사람 다음에는 심판관들이 세워졌고, 그가 판결을 내렸는데, 바슬레코스의 아들 에크니발로스는 2개월, 압다이오스의 아들 켈베스는 10개월, 대제사장 아바로스는 3개월, 압델리모스의 아들들인 미티노스와 게라스트라토스는 심판관으로서 6년, 이들의 뒤를 이어 발라토로스는 1년 동안 왕으로 있었다.

158   이 사람이 죽고 나서 파견된 자들이 메르발로스를 바빌론에서 데려오게 하였으며, 그리하여 그는 4년 동안 다스렸다. 그가 죽고 나서 그들은 그의 형제 히롬을 데려오게 했고, 그가 20년 동안 다스렸다. 그의 시대에 키로스가 페르시아를 통치했다.

1:159-160   언급된 연대기들의 일치

159   그러므로 전체 기간은 54년과 그에 더하여 3개월이 됩니다. 그런즉 바부코도노소로스의 통치 7년에 그가 티로스를 포위 공략하기 시작했고, 히롬의 통

160.　καὶ σύμφωνα μὲν ἐπὶ τοῦ ναοῦ τοῖς ἡμετέροις γράμμασι τὰ Χαλδαίων καὶ Τυρίων, ὡμολογημένη δὲ καὶ ἀναντίρρητος ἡ περὶ τῶν εἰρημένων μοι μαρτυρία τῆς τοῦ γένους ἡμῶν ἀρχαιότητος.

치 14년에 페르시아 사람 키로스가 권세를 넘겨받았습니다.

160   그러므로 성전과 관련하여 칼대아 사람들과 티로스 사람들의 문서들은 우리의 문서들과 조화를 이루고 있습니다. 그러나 저에 의해 거론된 자들 편에서 나오는 우리 민족의 고대성에 대한 증거는 전적으로 인정되며 반박될 수 없습니다. 그러므로 철저하게 논쟁적이지 않은 사람들에게 있어서 이제껏 언급한 것이면 충분하리라 생각됩니다.

161.   τοῖς μὲν οὖν μὴ σφόδρα φιλονείκοις ἀρκέσειν ὑπολαμβάνω τὰ προειρημένα. Δεῖ δ' ἄρα καὶ τῶν ἀπιστούντων μὲν τοῖς βαρβάροις ἀναγραφαῖς μόνοις δὲ τοῖς Ἕλλησι πιστεύειν ἀξιούντων ἀποπληρῶσαι τὴν ἐπιζήτησιν καὶ παρασχεῖν πολλοὺς καὶ τούτων ἐπισταμένους τὸ ἔθνος ἡμῶν καὶ καθ' ὃ καιρὸς ἦν αὐτοῖς μνημονεύοντας παραθέσθαι ἐν ἰδίοις αὐτῶν συγγράμμασι.

162.   Πυθαγόρας τοίνυν ὁ Σάμιος ἀρχαῖος ὤν, σοφίᾳ δὲ καὶ τῇ περὶ τὸ θεῖον εὐσεβείᾳ πάντων ὑπειλημμένος διενεγκεῖν τῶν φιλοσοφησάντων, οὐ μόνον ἐγνωκὼς τὰ παρ' ἡμῖν δῆλός ἐστιν, ἀλλὰ καὶ ζηλωτὴς αὐτῶν ἐκ πλείστου γεγενημένος.

163.   αὐτοῦ μὲν οὖν οὐδὲν ὁμολογεῖται σύγγραμμα, πολλοὶ δὲ τὰ περὶ αὐτὸν ἱστορήκασι, καὶ τούτων ἐπισημότατός ἐστιν Ἕρμιππος ἀνὴρ περὶ πᾶσαν ἱστορίαν ἐπιμελής.

제2장
유대교에 대한 그리스 사람들의 증언

1:161-165 제자들의 보도에 따른 피타고라스

161 그러므로 이제 필요한 것은, 그리스 밖의 사람들 관련 기록들을 신뢰하지 않고, 오직 그리스 사람들만을 믿을 만하다고 여기는 자들의 요구를 들어주는 것이며, 또한 이들 중에서도 많은 이들이 우리 민족을 알고 있으며 또 어떻게 그들 고유의 문서들 가운데서 그것을 그들에게 언급할 기회가 있는지를 제시하는 것입니다.

162 아무튼 사모스의 피타고라스는 아주 옛사람 중 하나로서 지혜에서 또 신적인 것에 대한 경외심에서 일찍이 철학적 성찰을 한 모든 이들보다 뛰어나다고 생각하는 자인데, 우리 고유의 전승들에 대해 잘 알고 있을 뿐만 아니라, 매우 많은 점에서 그들의 모방자가 되었음이 밝혀졌습니다.

163 그의 문서가 어느 것도 서로 일치하지 않음에도, 그 사람에 대한 것들을 많은 이들이 심층 보도했습니다. 이들 중 가장 잘 알려진 사람은 헤르미포스[86]인데, 모든 연구 분야에서 꼼꼼한 사람입니다.

---

86 스미르나의 헤르미포스(Hermippos, 기원전 3세기)는 칼리마코스의 제자로서 문법학자와 전기 작가로 알려져 있다. 요세푸스는 그의 작품에서 피타고라스에 관한 부분을 인용한다. 헤르미포스는 요세푸스의 입맛에 맞게 피타고라스를 유대아 사람들의 제자라고 한다.

164. λέγει τοίνυν ἐν τῷ πρώτῳ τῶν περὶ Πυθαγόρου βιβλίων, ὅτι Πυθαγόρας ἑνὸς αὑτοῦ τῶν συνουσιαστῶν τελευτήσαντος τοὔνομα Καλλιφῶντος τὸ γένος Κροτωνιάτου τὴν ἐκείνου ψυχὴν ἔλεγε συνδιατρίβειν αὑτῷ καὶ νύκτωρ καὶ μεθ' ἡμέραν· καὶ ὅτι παρεκελεύετο μὴ διέρχεσθαι τόπον, ἐφ' ὃν ὄνος ὀκλάσῃ, καὶ τῶν διψίων ὑδάτων ἀπέχεσθαι καὶ πάσης ἀπέχειν βλασφημίας.

165. εἶτα προστίθησι μετὰ ταῦτα καὶ τάδε·

ταῦτα δὲ ἔπραττεν καὶ ἔλεγε τὰς Ἰουδαίων καὶ Θρᾳκῶν δόξας μιμούμενος καὶ μεταφέρων εἰς ἑαυτόν.

λέγεται γὰρ ὡς ἀληθῶς ὁ ἀνὴρ ἐκεῖνος πολλὰ τῶν παρὰ Ἰουδαίοις νομίμων εἰς τὴν αὑτοῦ μετενεγκεῖν φιλοσοφίαν.

166. ἦν δὲ καὶ κατὰ πόλεις οὐκ ἄγνωστον ἡμῶν πάλαι τὸ ἔθνος, καὶ πολλὰ τῶν ἐθῶν εἴς τινας ἤδη διαπεφοιτήκει καὶ ζήλου παρ' ἐνίοις ἠξιοῦτο. δηλοῖ δὲ ὁ Θεόφραστος ἐν τοῖς περὶ νόμων·

164　이제 그가 그의 첫 번째 저서 『피타고라스에 대하여』에서 말합니다. 피타고라스의 생의 동반자들 가운데 한 사람이 사망했는데, 이름은 칼리폰이며 크로톤 출신입니다. 피타고라스는 그의 영혼에 대해 그가 말하길, 그 영혼이 밤낮으로 자기 주변에 머물고 있으며, 또한 나귀가 웅크리고 있는 어떤 장소도 넘어가지 말며 또한 갈증을 일으키는 물을 피하고 […][87] 또한 모든 신성모독을 멀리하라고 권면한답니다.

165a　그런 다음 그는 다음과 같은 것도 첨가하고 있습니다:

　　그러한 것을 그는 행하였으며 또 말했다. 그가 유대아 사람들과 트라케 사람들[88]에 대한 견해들을 모방하고 자기 자신에게 적용하면서 말이다.

165b　그런즉 그 사람(=피타고라스)이 유대아 사람들의 율법들에 대해 많은 것을 자기 고유의 철학에 적용하는 것은 정당하다고 사람들은 말하고 있습니다.

1:166-167　테오프라스토스

166　하지만 도시들에게도 우리 민족은 옛적부터 알려지지 않은 것은 아니며, 또한 우리의 관습들 중 많은 것이 그 몇몇 도시들 안으로 이미 확산되었으며 또한 몇몇 경우에는 모방할 만하다고 간주되었습니다. 그것을 테오프라스토스[89]는

87　전승되는 과정에 일부 본문이 손상된 것으로 보인다.

88　트라케 사람들이 거주하는 지역은 그리스어로는 트라케로 불렸고, 로마식으로는 트라키아로 표기되었다.

89　테오프라스토스(Theophrastos)는 그리스 철학자이다. 기원전 4세기 후반에서 3세기 초엽에 활동했다

167.   λέγει γάρ, ὅτι κωλύουσιν οἱ Τυρίων νόμοι ξενικοὺς ὅρκους ὀμνύειν, ἐν οἷς μετά τινων ἄλλων καὶ τὸν καλούμενον ὅρκον κορβὰν καταριθμεῖ. παρ' οὐδενὶ δ' ἂν οὗτος εὑρεθείη πλὴν μόνοις Ἰουδαίοις, δηλοῖ δ' ὡς ἂν εἴποι τις ἐκ τῆς Ἑβραίων μεθερμηνευόμενος διαλέκτου δῶρον θεοῦ.

168.   καὶ μὴν οὐδὲ Ἡρόδοτος ὁ Ἁλικαρνασεὺς ἠγνόηκεν ἡμῶν τὸ ἔθνος, ἀλλὰ τρόπῳ τινὶ φαίνεται μεμνημένος·

169.   περὶ γὰρ Κόλχων ἱστορῶν ἐν τῇ δευτέρᾳ βίβλῳ φησὶν οὕτως·

μοῦνοι δὲ πάντων, φησί, Κόλχοι καὶ Αἰγύπτιοι καὶ Αἰθίοπες περιτέμνονται ἀπ' ἀρχῆς τὰ αἰδοῖα. Φοίνικες δὲ καὶ Σύριοι οἱ ἐν τῇ Παλαιστίνῃ καὶ οὗτοι ὁμολογοῦσι παρ' Αἰγυπτίων μεμαθηκέναι.

자기의 작품『규례들에 대하여』에서 분명히 밝히고 있습니다.

167 즉 티로스 사람들의 규례들은 이국적인 맹세들을 하는 것을 금했다고 그가 말하고 있습니다. 그것들 가운데 그는 몇몇 다른 것들 외에도 이른바 코르반 맹세를 열거하고 있습니다. 그런데 이 맹세는 오직 유대아 사람들을 제하면 어느 누구에게서도 찾아볼 수 없습니다. 말하자면 그것은, 어떤 이가 말하듯이, 히브리 사람의 언어로 번역하면 '하나님의 선물'(하나님께 드리는 선물)을 뜻합니다.

1:168-171 헤로도토스

168 할리카르나소스의 헤로도토스 역시 우리 민족을 결코 무시하지 않았으며, 오히려 간접적인 형태로 명확히 언급하고 있습니다.

169 그의 두 번째 책에 담긴 콜키스 사람들[90]에 대한 보도에서 그는 이처럼 말하고 있습니다:

> 모든 민족들 중에 ― 그가 말한다 ― 유독 콜키스 사람들, 이집트 사람들, 그리고 에티오피아 사람들만이 예부터 성기를 자르는 자들이다. 그러나 페니키아 사람들과 팔레스티나에 있는 시리아 사람들, 이들 역시 (그것을) 이집트 사람들로부터 배웠다고 고백한다.

(기원전 287년경 사망). 아리스토텔레스의 제자이며, 아리스토텔레스가 설립한 페리파토스 학파의 리더가 된다.
90 콜키스는 흑해 해변에 위치한 에그리시의 조지아 국가를 가리킨다.

170.   Σύριοι δὲ οἱ περὶ Θερμώδοντα καὶ Παρθένιον ποταμὸν
καὶ Μάκρωνες οἱ τούτοισιν ἀστυγείτονες ὄντες ἀπὸ Κόλχων
φασὶ νεωστὶ μεμαθηκέναι· οὗτοι γάρ εἰσιν οἱ περιτεμνόμενοι
ἀνθρώπων μοῦνοι καὶ οὗτοι Αἰγυπτίοισι φαίνονται ποιοῦντες
κατὰ ταὐτά. αὐτῶν δὲ Αἰγυπτίων καὶ Αἰθιόπων οὐκ ἔχω
εἰπεῖν ὁπότεροι παρὰ τῶν ἑτέρων ἐξέμαθον.

171.   οὐκοῦν εἴρηκε Σύρους τοὺς ἐν τῇ Παλαιστίνῃ περιτέμνεσθαι·
τῶν δὲ τὴν Παλαιστίνην κατοικούντων μόνοι τοῦτο ποιοῦσιν Ἰουδαῖοι·
τοῦτο ἄρα γιγνώσκων εἴρηκεν περὶ αὐτῶν.

172.   καὶ Χοιρίλος δὲ ἀρχαιότερος γενόμενος ποιητὴς μέμνηται τοῦ
ἔθνους ἡμῶν, ὅτι συνεστράτευται Ξέρξῃ τῷ Περσῶν βασιλεῖ ἐπὶ τὴν
Ἑλλάδα· καταριθμησάμενος γὰρ πάντα τὰ ἔθνη τελευταῖον καὶ τὸ
ἡμέτερον ἐνέταξε λέγων·

170 하지만 테르모돈 강[91]과 파르테니오스 강[92] 주변에 […] 거주하는 시리아 사람들 및 이들의 이웃인 마크로네스 사람들[93]은 (그것을) 얼마 전에 콜키스 사람들로부터 배웠다고 말한다. 그런데 이들은 인류 중 유일하게 할례를 행하는 자들이며, 또한 이들은 분명히 이집트 사람들을 따라서 그것을 행하고 있다. 하지만 이집트 사람들 자신들이나 에티오피아 사람들, 둘 중 어느 쪽이 그것을 다른 이들로부터 배웠는지 나는 말할 수 없다.

171 그러므로 그는 팔레스티나에 있는 시리아 사람들이 스스로 할례를 행했을 것이라고 말했습니다. 하지만 팔레스티나에 거주하는 사람들 중에는 오직 유대아 사람들만이 그것을 행합니다. 따라서 그는 이러한 사정을 알고서 그들에 대해 말했던 것입니다.

1:172-174 사모스의 코이릴로스

172 게다가 더욱 옛 시인 코이릴로스[94] 역시 우리 민족에 대해 말합니다. 즉 우리 민족이 페르시아의 왕 크세륵세스와 함께 그리스를 향한 전쟁에 투입되었다고 언급했습니다. 모든 민족들을 열거하고 나서, 그는 마지막으로 우리 민족을 배열했습니다. 다음과 같이 말하면서:

---

91 폰토스 지역의 강으로 흑해로 흘러 들어간다.
92 파플라고니아 지역의 강으로 흑해로 흘러 들어간다.
93 마크로네스 사람들(Macrones)은 폰토스 동부에 사는 고대 콜키스 부족이었다.
94 코이릴로스(Choerilos): 사모스 출신으로 기원전 5세기 후반에 살았다. 헤로도토스의 친구로 페르시아 전쟁에 대해 서술했다.

173. τῶν δ' ὄπιθεν διέβαινε γένος θαυμαστὸν ἰδέσθαι,
γλῶσσαν μὲν Φοίνισσαν ἀπὸ στομάτων ἀφιέντες, ᾤκεον δ' ἐν
Σολύμοις ὄρεσι πλατέῃ παρὰ λίμνῃ αὐχμαλέοι κορυφὰς
τροχοκουράδες, αὐτὰρ ὕπερθεν ἵππων δαρτὰ πρόσωπ' ἐφόρουν
ἐσκληκότα καπνῷ.

174. δῆλον οὖν ἐστιν, ὡς οἶμαι, πᾶσιν ἡμῶν αὐτὸν μεμνῆσθαι τῷ καὶ
τὰ Σόλυμα ὄρη ἐν τῇ ἡμετέρᾳ εἶναι χώρᾳ, ἃ κατοικοῦμεν, καὶ τὴν
Ἀσφαλτῖτιν λεγομένην λίμνην· αὕτη γὰρ πασῶν τῶν ἐν τῇ Συρίᾳ
[λίμνη] πλατυτέρα καὶ μείζων καθέστηκεν.

175. καὶ Χοιρίλος μὲν οὖν οὕτω μέμνηται ἡμῶν. ὅτι δὲ οὐ μόνον
ἠπίσταντο τοὺς Ἰουδαίους, ἀλλὰ καὶ ἐθαύμαζον ὅσοις αὐτῶν ἐντύχοιεν
οὐχ οἱ φαυλότατοι τῶν Ἑλλήνων, ἀλλ' οἱ ἐπὶ σοφίᾳ μάλιστα
τεθαυμασμένοι, ῥᾴδιον γνῶναι·

173 그들 뒤로 기괴하게 보이는 한 민족이 진군했다. 그들은 비록 페니키아 사람의 언어를 입에서 내뱉으나, 드넓은 호수 옆 솔리미아 산지에 거주했다. 그들은 둥글게 자른 덥수룩한 머리를 했으며, 그 위에 연기에 말린 말머리 피부를 걸쳤다.

174 그때 내가 생각하는 대로 그가 우리를 언급했다는 것이 모든 이에게 분명합니다. 왜냐하면 우리가 거주하는 솔리미아 산지가 우리 땅에 존재할 뿐만 아니라,[95] 또한 이른바 아스팔트호(=사해)도 존재하기 때문입니다. 이 호수는 진정 시리아에 있는 모든 호수들에 비해 더 넓고 길게 뻗쳐 있기 때문입니다.

1:175 연결 단락

175 아무튼 코이릴로스는 이러한 방식으로 우리를 언급합니다. 그런데 유대아 사람들을 이해하고 있을 뿐만 아니라, 또한 그들과 마주친 모든 사람들의 경우 그들을 놀라워했다는 것은 — 그들은 그리스 사람들로부터 가장 경멸을 받은 자들이 아니라, 그들의 지혜로 인해 가장 커다란 경탄을 받은 자들입니다. — 쉽게 인식할 수 있습니다.

---

95 솔리미아 산지와 이 산지에 사는 사람들은 호메로스에 의해 언급되었다(『오딧세이아』 5:283). 타키투스 등은 이 백성을 유대아 사람들이라고 보았다(『역사』 5:2,3). 하지만 코이릴로스는 호메로스의 솔리미아 산지를 유대아 산지로 생각하지는 않은 듯하다.

176.   Κλέαρχος γὰρ ὁ Ἀριστοτέλους ὢν μαθητὴς καὶ τῶν ἐκ τοῦ περιπάτου φιλοσόφων οὐδενὸς δεύτερος ἐν τῷ πρώτῳ περὶ ὕπνου βιβλίῳ φησὶν Ἀριστοτέλην τὸν διδάσκαλον αὐτοῦ περί τινος ἀνδρὸς Ἰουδαίου ταῦτα ἱστορεῖν, αὐτῷ τε τὸν λόγον Ἀριστοτέλει παρατιθείς· ἔστι δὲ οὕτω γεγραμμένον·

177.   „ἀλλὰ τὰ μὲν πολλὰ μακρὸν ἂν εἴη λέγειν, ὅσα δ' ἔχει τῶν ἐκείνου θαυμασιότητά τινα καὶ φιλοσοφίαν ὁμοίως διελθεῖν οὐ χεῖρον. σαφῶς δ' ἴσθι, εἶπεν, Ὑπεροχίδη, θαυμαστὸν ὀνείροις ἴσα σοι δόξω λέγειν. καὶ ὁ Ὑπεροχίδης εὐλαβούμενος, δι' αὐτὸ γάρ, ἔφη, τοῦτο καὶ ζητοῦμεν ἀκοῦσαι πάντες.

178.   οὐκοῦν, εἶπεν ὁ Ἀριστοτέλης, κατὰ τὸ τῶν ῥητορικῶν παράγγελμα τὸ γένος αὐτοῦ πρῶτον διέλθωμεν, ἵνα μὴ ἀπειθῶμεν τοῖς τῶν ἀπαγγελιῶν διδασκάλοις. λέγε, εἶπεν ὁ Ὑπεροχίδης, εἴ τί σοι δοκεῖ.

1:176-182   아리스토텔레스가 한 유대아 현자를 만나다

176   왜냐하면 아리스토텔레스의 제자인 클레아르코스는 페리파토스[96]의 철학자들 가운데 누구에게도 뒤떨어지지 않는 자로서 그의 첫 번째 저서『꿈에 대하여』에서 말하길, 그의 스승인 아리스토텔레스가 한 유대아 사람에 대해 다음과 같은 것을 보도했다고 말하기 때문입니다.[97] 그에 대해 그가 아리스토텔레스에게 이런 말을 하는 가운데 말입니다. 이와 같이 기록되었습니다:

177   이제 그 모든 것을 말한다는 것은 너무 장황할 것 같다. 하지만 저 사람에게 어떤 경이로운 것과 철학적인 것이 있는지, 그것을 공평하게 기술한다는 것이 어찌 더 나쁠 수 있을까! 그런데 너는 분명히 알아야 한다. ─ 그가 말했다 ─ "히페로키데스는 [...], 내가 너에게 말하게 될 것이 아마도 꿈과 같이 경이로울 것이다." 그러자 히페로키데스는 경외하는 마음으로 말한다: "바로 그 때문에 우리 모두가 듣기를 열망한다."

178   "그러므로", 아리스토텔레스가 말했다 ─ "수사학의 규정에 따라 먼저 그의 유래를 기술해봅시다! 언급된 진술의 스승들에게 불순종하지 않도록 말이죠." 히페로키데스가 대답했다: "말하라, 무엇이든지 네가 옳다고 여기는 것을."

---

96   '페리파토스'는 아테네에 있는 지명인데, 거기에 설립된 학파를 가리켜 '페리파토스 학파'라 부른다. 이 학파는 아리스텔레스의 철학을 추종하는 학파를 뜻한다.

97   이 아리스토텔레스와 유대아 사람과의 만남에 대한 기록은 사실에 기초한 보도라기보다는 허구적인 보도일 것이다.

179.   κἀκεῖνος τοίνυν τὸ μὲν γένος ἦν Ἰουδαῖος ἐκ τῆς κοίλης Συρίας. οὗτοι δέ εἰσιν ἀπόγονοι τῶν ἐν Ἰνδοῖς φιλοσόφων, καλοῦνται δέ, ὥς φασιν, οἱ φιλόσοφοι παρὰ μὲν Ἰνδοῖς Καλανοί, παρὰ δὲ Σύροις Ἰουδαῖοι τοὔνομα λαβόντες ἀπὸ τοῦ τόπου· προσαγορεύεται γὰρ ὃν κατοικοῦσι τόπον Ἰουδαία. τὸ δὲ τῆς πόλεως αὐτῶν ὄνομα πάνυ σκολιόν ἐστιν· Ἱερουσαλήμην γὰρ αὐτὴν καλοῦσιν.

180.   οὗτος οὖν ὁ ἄνθρωπος ἐπιξενούμενός τε πολλοῖς κἀκ τῶν ἄνω τόπων εἰς τοὺς ἐπιθαλαττίους ὑποκαταβαίνων Ἑλληνικὸς ἦν οὐ τῇ διαλέκτῳ μόνον, ἀλλὰ καὶ τῇ ψυχῇ.

181.   καὶ τότε διατριβόντων ἡμῶν περὶ τὴν Ἀσίαν παραβαλὼν εἰς τοὺς αὐτοὺς τόπους ἄνθρωπος ἐντυγχάνει ἡμῖν τε καί τισιν ἑτέροις τῶν σχολαστικῶν πειρώμενος αὐτῶν τῆς σοφίας. ὡς δὲ πολλοῖς τῶν ἐν παιδείᾳ συνῳκείωτο, παρεδίδου τι μᾶλλον ὧν εἶχεν.

182.   ταῦτ' εἴρηκεν ὁ Ἀριστοτέλης παρὰ τῷ Κλεάρχῳ καὶ προσέτι πολλὴν καὶ θαυμάσιον καρτερίαν τοῦ Ἰουδαίου ἀνδρὸς ἐν τῇ διαίτῃ καὶ σωφροσύνην διεξιών. ἔνεστι δὲ τοῖς βουλομένοις ἐξ αὐτοῦ τὸ πλέον γνῶναι τοῦ βιβλίου· φυλάττομαι γὰρ ἐγὼ [τὰ] πλείω τῶν ἱκανῶν παρατίθεσθαι.

179 "저 사람은 아무튼 그의 유래에 따르면 코일레 시리아 출신의 유대아 사람이었다. 하지만 이 사람들은 인도 철학자들의 후손이다. 즉 사람들이 말하듯이, 인도 사람들의 경우 철학자들은 '칼라노스파'[98] 라고 불리나, 시리아 사람들의 경우에는 '유대아 사람들'로 불린다. 그 장소로 인해 그런 이름을 갖게 된 것이다. 왜냐하면 그들이 거주하는 장소가 '유대아'로 불리기 때문이다. 그들의 도시 이름은 아주 기이하다: 그들은 그것을 예루살렘이라 부른다."

180 그런데 이 사람은 많은 사람들에게 손님으로 머물렀으며 또한 내륙에서 해안지역으로 내려왔는데, 그의 언어에서 그리스적이었을 뿐만 아니라 그 정서에 있어서도 그러했다.

181 그런데 우리가 아시아에 머물고 있는 시점에 이 사람은 바로 그 지역을 방문했다. 그는 우리와 교양인들 중 몇몇 다른 사람들을 만났으며, 그리하여 그들의 지혜를 시험했다. 그는 여러 교양인들과 친분이 있었기 때문에, 자기의 소유 중 뭔가를 우리에게 주었다.

182 그와 같은 것을 클레아르코스와 함께 있던 아리스토텔레스가 말했습니다. 또한 그 밖에도 그는 인생에서 유대아 사람으로서의 엄청나고 경이로운 훈련과 자기 절제를 수행하고 있습니다. 원하는 자는 그 나머지를 그 책 자체에서 알 수 있습니다. 아무튼 나는 이에 대해 필요한 것 이상을 말하는 것을 조심하려 합니다.

---

98 칼라노스는 유명한 브라만 현인의 이름이다. 그는 페르시아로 알렉산드로스 대왕을 따라갔으며, 군대 앞에서 자신을 불태웠다고 전해진다.

183.   Κλέαρχος μὲν οὖν ἐν παρεκβάσει ταῦτ' εἴρηκεν, τὸ γὰρ προκείμενον ἦν αὐτῷ καθ' ἕτερον, οὕτως ἡμῶν μνημονεῦσαι. Ἑκαταῖος δὲ ὁ Ἀβδηρίτης, ἀνὴρ φιλόσοφος ἅμα καὶ περὶ τὰς πράξεις ἱκανώτατος, Ἀλεξάνδρῳ τῷ βασιλεῖ συνακμάσας καὶ Πτολεμαίῳ τῷ Λάγου συγγενόμενος, οὐ παρέργως ἀλλὰ περὶ αὐτῶν Ἰουδαίων συγγέγραφε βιβλίον, ἐξ οὗ βούλομαι κεφαλαιωδῶς ἐπιδραμεῖν ἔνια τῶν εἰρημένων.

184.   καὶ πρῶτον ἐπιδείξω τὸν χρόνον· μνημονεύει γὰρ τῆς Πτολεμαίου περὶ Γάζαν πρὸς Δημήτριον μάχης· αὕτη δὲ γέγονεν ἑνδεκάτῳ μὲν ἔτει τῆς Ἀλεξάνδρου τελευτῆς, ἐπὶ δὲ ὀλυμπιάδος ἑβδόμης καὶ δεκάτης καὶ ἑκατοστῆς, ὡς ἱστορεῖ Κάστωρ.

185.   προσθεὶς γὰρ ταύτην τὴν ὀλυμπιάδα φησίν·

ἐπὶ ταύτης Πτολεμαῖος ὁ Λάγου ἐνίκα κατὰ Γάζαν μάχῃ Δημήτριον τὸν Ἀντιγόνου τὸν ἐπικληθέντα Πολιορκητήν.

183-185 헤카타이오스의 표상; 카스토르의 도표에 근거한 동시성

183　그러므로 클레아르코스는 보충 설명에서 자기의 의도가 다른 방향을 향하고 있다는 사실을 말했습니다. 이와 같이 그는 우리 유대아 사람들을 언급했습니다. 하지만 압데라의 헤카타이오스[99]는 철학자이면서 동시에 실천에 매우 탁월한 자로서 알렉산드로스 왕과 함께 활동했으며, 또한 라고스의 아들인 프톨레마이오스의 동행자로서 유대아 사람들 자체에 관해 별도로 다루지 않고 한 권의 책을 기록했습니다. 그 책을 토대로 나는 언급된 것들 중에서 몇 가지를 요약해서 다루고자 합니다.

184　그래서 나는 제일 먼저 날짜를 분명히 하고자 합니다. 즉 그는 프톨레마이오스가 가자에서 벌인 데메트리오스에 대한 전투를 언급하고 있습니다. 이 전투는 알렉산드로스 사후 10년에 또한 117번째 올림피아드[100] 때 일어났습니다. 카스토르[101]가 전해주듯이요.

185　이 올림피아드를 언급하면서 그는 이렇게 말하고 있습니다:

> 이 올림피아드 때 라고스의 아들 프톨레마이오스가 가자에서 안티고노스의 아들이자 폴리오르케테스라는 별명으로 불리는 데메트리오스와의 전투에서 승리했다.

99　압데라 출신 고대 그리스 역사서술가로서 알렉산드로스 대왕과 동시대인이다. 프톨레마이오스 1세 소테르 시기(기원전 305-283)에 활동했다. 값진 문화사적 정보를 담고 있는 『이집트의 역사』가 그의 주저에 속한다. 이 작품은 프톨레마이오스 1세의 명에 따라 집필된 것으로 보인다. 여기에서 저자는 모든 문화가 이집트에 기원을 두었다고 주장한다.

100　그리스어로는 올림피아스라고 불리며, 고대 올림픽이 열리는 4년 단위의 시간 단위이다.

101　연대기 작가로 보이나, 그에 대해 알려진 게 없다.

Ἀλέξανδρον δὲ τεθνάναι πάντες ὁμολογοῦσιν ἐπὶ τῆς ἑκατοστῆς τεσσαρεσκαιδεκάτης ὀλυμπιάδος. δῆλον οὖν, ὅτι καὶ κατ' ἐκεῖνον καὶ κατὰ Ἀλέξανδρον ἤκμαζεν ἡμῶν τὸ ἔθνος.

186. λέγει τοίνυν ὁ Ἑκαταῖος πάλιν τάδε, ὅτι μετὰ τὴν ἐν Γάζῃ μάχην ὁ Πτολεμαῖος ἐγένετο τῶν περὶ Συρίαν τόπων ἐγκρατής, καὶ πολλοὶ τῶν ἀνθρώπων πυνθανόμενοι τὴν ἠπιότητα καὶ φιλανθρωπίαν τοῦ Πτολεμαίου συναπαίρειν εἰς Αἴγυπτον αὐτῷ καὶ κοινωνεῖν τῶν πραγμάτων ἠβουλήθησαν.

187.   ὧν εἷς ἦν, φησίν, Ἐζεκίας ἀρχιερεὺς τῶν Ἰουδαίων, ἄνθρωπος τὴν μὲν ἡλικίαν ὡς ἑξηκονταὲξ ἐτῶν, τῷ δ' ἀξιώματι τῷ παρὰ τοῖς ὁμοέθνοις μέγας καὶ τὴν ψυχὴν οὐκ ἀνόητος, ἔτι δὲ καὶ λέγειν δυνατὸς καὶ τοῖς περὶ τῶν πραγμάτων, εἴπερ τις ἄλλος, ἔμπειρος.

188.   καίτοι, φησίν, οἱ πάντες ἱερεῖς τῶν Ἰουδαίων οἱ τὴν δεκάτην τῶν γινομένων λαμβάνοντες καὶ τὰ κοινὰ διοικοῦντες περὶ χιλίους μάλιστα καὶ πεντακοσίους εἰσίν.

189.   πάλιν δὲ τοῦ προειρημένου μνημονεύων ἀνδρός

알렉산드로스가 114번째 올림피아드에서 사망했다고 모두가 한목소리로 말했습니다. 그러므로 그의 때뿐만 아니라 알렉산드로스 가문의 때에도 우리 (유대아) 민족은 전성기에 있었다는 점이 명백합니다.

1:186-189 한 유대아 사람 대제사장에 관한 헤카타이오스의 보도

186 그러므로 이제 헤카타이오스는 다시 말합니다. 가자에서의 전투 후에 프톨레마이오스는 시리아 영토를 차지하게 되었으며, 또한 프톨레마이오스의 온화함과 인간애를 체험한 많은 사람들은 그와 함께 이집트로 동행하고 또 그의 행적들에 동참하고자 했습니다:

> 187 이들 가운데 한 사람이 ─ 그는 말한다 ─ 유대아 사람들의 대제사장 에제키야(=히스기야)인데, 대략 66세의 인물로서 자기 백성들 가운데 크게 존경을 받았으며, 이성이 없지 않은 영력의 소유자였으며, 게다가 달변가였고 […][102] 실천 사안들에 있어서는 다른 누구보다도 경험을 많이 한 사람이었다.

> 188 그런데 생산물의 십일조를 받으며 공동의 관심사들을 관리하는 유대아 제사장은 모두 대략 1,500명이다.

189 그런데 다시 방금 언급한 인물에게로 돌아가지요. 그는 말합니다:

---

102 여기에 사람을 묘사하는 요소가 빠져 있다. 그 대신에 문장 구조에 불필요한 τοῖς περί가 나온다. 라틴어 텍스트는 이를 삭제했다.

οὗτος, φησίν, ὁ ἄνθρωπος τετευχὼς τῆς τιμῆς ταύτης καὶ συνήθης ἡμῖν γενόμενος, παραλαβών τινας τῶν μεθ' ἑαυτοῦ τήν τε διαφορὰν ἀνέγνω πᾶσαν αὐτοῖς· εἶχεν γὰρ τὴν κατοίκησιν αὐτῶν καὶ τὴν πολιτείαν γεγραμμένην.

190.   εἶτα Ἑκαταῖος δηλοῖ πάλιν, πῶς ἔχομεν πρὸς τοὺς νόμους, ὅτι πάντα πάσχειν ὑπὲρ τοῦ μὴ παραβῆναι τούτους προαιρούμεθα καὶ καλὸν εἶναι νομίζομεν.

191.   τοιγαροῦν, φησί, καὶ κακῶς ἀκούοντες ὑπὸ τῶν ἀστυγειτόνων καὶ τῶν εἰσαφικνουμένων πάντες καὶ προπηλακιζόμενοι πολλάκις ὑπὸ τῶν Περσικῶν βασιλέων καὶ σατραπῶν οὐ δύνανται μεταπεισθῆναι τῇ διανοίᾳ, ἀλλὰ γεγυμνωμένως περὶ τούτων καὶ αἰκίαις καὶ θανάτοις δεινοτάτοις μάλιστα πάντων ἀπαντῶσι μὴ ἀρνούμενοι τὰ πάτρια.

이러한 영예를 받았으며 또 우리와 가깝게 된 이 사람은 자기 동행자들 중 몇몇을 데리고 가면서 그들에게 그 전체 분류[103]를 읽어주었다. 이 분류는 그들의 거주지 및 기록된 나라 법을 담고 있었다.

1:190-191 헤카타이오스가 유대아 사람의 율법을 향한 충실함에 대하여 말하다

190   그 후에 헤카타이오스는 분명히 밝히기를, 우리가 (우리) 율법들에 대해 어떠한 태도를 취하고 있는지를 분명히 밝힙니다. 즉 그 율법들을 범하지 않기 위해 모든 것을 견디기를 우리가 선호하고 있으며 또한 (그 안에) 선한 것이 있다고 믿고 있다는 것입니다. 그는 이렇게 말하고 있습니다:

191   결국 그들은 주변인들 및 그 땅으로 오는 모든 이들로부터 비방을 받거나 혹은 페르시아 왕들과 총독들 편으로부터 자주 일어나는 학대들을 받더라도 흔들리지 않았다. 오히려 벌거벗겨진 가운데 그들은 고문들뿐만 아니라 온갖 참혹한 죽음의 형태들을 견디어 내면서, 조상들의 유업을 부인하지 않았다.

103   이 단어의 의미가 확실하지 않다.

192.   παρέχεται δὲ καὶ τεκμήρια τῆς ἰσχυρογνωμοσύνης τῆς περὶ τῶν νόμων οὐκ ὀλίγα·

φησὶ γάρ, Ἀλεξάνδρου ποτὲ ἐν Βαβυλῶνι γενομένου καὶ προελομένου τὸ τοῦ Βήλου πεπτωκὸς ἱερὸν ἀνακαθᾶραι καὶ πᾶσιν αὐτοῦ τοῖς στρατιώταις ὁμοίως φέρειν τὸν χοῦν προστάξαντος, μόνους τοὺς Ἰουδαίους οὐ προσσχεῖν, ἀλλὰ καὶ πολλὰς ὑπομεῖναι πληγὰς καὶ ζημίας ἀποτῖσαι μεγάλας, ἕως αὐτοῖς συγγνόντα τὸν βασιλέα δοῦναι τὴν ἄδειαν.

193.   ἔτι γε μὴν τῶν εἰς τὴν χώραν, φησί, πρὸς αὐτοὺς ἀφικνουμένων νεὼς καὶ βωμοὺς κατασκευασάντων ἅπαντα ταῦτα κατέσκαπτον, καὶ τῶν μὲν ζημίαν τοῖς σατράπαις ἐξέτινον, περί τινων δὲ καὶ συγγνώμης μετελάμβανον.

καὶ προσεπιτίθησιν,

ὅτι δίκαιον ἐπὶ τούτοις αὐτούς ἐστι θαυμάζειν.

1:192-193   헤카타이오스가 바빌론 유대아 사람들의 태도에 대하여 말하다

192   그는 (우리의) 율법들과 관련한 불굴의 투지에 대한 증거들을 적지 않게 제공하고 있습니다. 그리하여 그는 이렇게 말합니다.

알렉산드로스가 일찍이 바빌론에 머물면서 붕괴된 벨 신전을 다시 정결하게 하려고 시도하였고, 그래서 모든 그의 병사들에게 그 잔해를 걷어내라는 명령을 내렸으나, 오직 유대아 사람들만 경청하지 않고 오히려 수많은 채찍질을 참아내며 커다란 형벌도 견뎌냈다. 그 왕이 그들에게 관용을 베풀고 형벌면제를 허락할 때까지.

193   게다가 ― 그는 말합니다 ― 그 땅 안으로 그들에게 온 사람들이 성전과 제단들을 세웠을 때, 그들은 그 모든 것들을 넘어뜨렸다. 그로 인해 그들은 한편으론 총독들로부터 형벌을 받아야만 했으나, 다른 한편으론 용서도 받았다.

그리고 그는 또 다음과 같이 첨가합니다:

이 모든 것에 대해 경탄하는 것이 당연하다.

194.   λέγει δὲ καὶ περὶ τοῦ πολυανθρωπότατον γεγονέναι ἡμῶν τὸ ἔθνος·

πολλὰς μὲν γὰρ ἡμῶν, φησίν, ἀνασπάστους εἰς Βαβυλῶνα Πέρσαι πρότερον αὐτῶν ἐποίησαν μυριάδας, οὐκ ὀλίγαι δὲ καὶ μετὰ τὸν Ἀλεξάνδρου θάνατον εἰς Αἴγυπτον καὶ Φοινίκην μετέστησαν διὰ τὴν ἐν Συρίᾳ στάσιν.

195.   ὁ δὲ αὐτὸς οὗτος ἀνὴρ καὶ τὸ μέγεθος τῆς χώρας ἣν κατοικοῦμεν καὶ τὸ κάλλος ἱστόρηκεν·

τριακοσίας γὰρ μυριάδας ἀρουρῶν σχεδὸν τῆς ἀρίστης καὶ παμφορωτάτης χώρας νέμονται, φησίν· ἡ γὰρ Ἰουδαία τοσαύτη πλῆθός ἐστιν.

196.   ἀλλὰ μὴν ὅτι καὶ τὴν πόλιν αὐτὴν τὰ Ἱεροσόλυμα καλλίστην τε καὶ μεγίστην ἐκ παλαιοτάτου κατοικοῦμεν καὶ περὶ πλήθους ἀνδρῶν καὶ περὶ τῆς τοῦ νεὼ κατασκευῆς οὕτως αὐτὸς διηγεῖται.

197.   ἔστι γὰρ τῶν Ἰουδαίων τὰ μὲν πολλὰ ὀχυρώματα κατὰ τὴν χώραν καὶ κῶμαι, μία δὲ πόλις ὀχυρὰ πεντήκοντα μάλιστα σταδίων τὴν περίμετρον, ἣν οἰκοῦσι μὲν ἀνθρώπων περὶ δώδεκα μυριάδες, καλοῦσι δ' αὐτὴν Ἱεροσόλυμα.

1:194-195　헤카타이오스에게서 나온 기타 흔적들

194　그는 또한 우리 민족의 매우 놀라운 증가에 대해서도 말하고 있습니다.

왜냐하면 우리들 중 많은 이들, ― 이렇게 그가 말한다 ― 수만 명을 일찍이 페르시아 사람들이 강제로 바빌론으로 이주시켰는데, 적지 않은 수가 알렉산드로스가 죽고 나서 시리아 폭동 때문에 이집트와 페니키아로 떠나갔다.

195　바로 그 동일한 인물이 우리가 거주하고 있는 땅의 크기뿐만 아니라 그 아름다움에 대해서도 보도했습니다. 그는 이렇게 말하고 있습니다:

거의 삼백만 헥타르에 달하는, 최상의 또 온갖 과실이 풍성한 땅에 그들이 거주한다. 이처럼 유대아는 광대하기 때문이다.

1:196-199　헤카타이오스가 예루살렘과 성전에 대하여 말하다

196　우리가 아주 멋지고 장대한 바로 그 도시 예루살렘에서 옛적부터 살고 있으며, 그 밖에도 사람들의 넘쳐남과 그 성전의 장식에 대하여 바로 그 사람이 다음과 같이 진술하고 있습니다:

197　유대아 사람들은 수많은 성곽들을 그 땅 도처에 갖고 있으며, 또한 마을들 및 하나의 견고한 도시, 50스타디아[104]의 규모로서 대략 12만 명이 거주한다. 그들은 그 도시를 '예루살렘'이라 부른다.

198. ἐνταῦθα δ' ἐστὶ κατὰ μέσον μάλιστα τῆς πόλεως περίβολος λίθινος μῆκος ὡς πεντάπλεθρος, εὖρος δὲ πηχῶν ρ', ἔχων διπλᾶς πύλας, ἐν ᾧ βωμός ἐστι τετράγωνος ἀτμήτων συλλέκτων ἀργῶν λίθων οὕτως συγκείμενος, πλευρὰν μὲν ἑκάστην εἴκοσι πηχῶν, ὕψος δὲ δεκάπηχυ. καὶ παρ' αὐτὸν οἴκημα μέγα, οὗ βωμός ἐστι καὶ λυχνίον ἀμφότερα χρυσᾶ δύο τάλαντα τὴν ὁλκήν.

199. ἐπὶ τούτων φῶς ἐστιν ἀναπόσβεστον καὶ τὰς νύκτας καὶ τὰς ἡμέρας. ἄγαλμα δὲ οὐκ ἔστιν οὐδὲ ἀνάθημα τὸ παράπαν οὐδὲ φύτευμα παντελῶς οὐδὲν οἷον ἀλσῶδες ἤ τι τοιοῦτον. διατρίβουσι δ' ἐν αὐτῷ καὶ τὰς νύκτας καὶ τὰς ἡμέρας ἱερεῖς ἁγνείας τινὰς ἁγνεύοντες καὶ τὸ παράπαν οἶνον οὐ πίνοντες ἐν τῷ ἱερῷ.

200. ἔτι γε μὴν ὅτι καὶ Ἀλεξάνδρῳ τῷ βασιλεῖ συνεστρατεύσαντο καὶ μετὰ ταῦτα τοῖς διαδόχοις αὐτοῦ μεμαρτύρηκεν. οἷς δ' αὐτὸς παρατυχεῖν φησιν ὑπ' ἀνδρὸς Ἰουδαίου κατὰ τὴν στρατείαν γενομένοις, τοῦτο παραθήσομαι.

198 거기에 거의 그 도시 중앙에 한 돌로 된 성벽이 있는데, 길이가 대략 5플레트로스[105]이고 너비가 100엘레[106]이다. 이중의 대문을 갖고 있는데, 그 안에 네모난 제단이 놓여 있다. 가공하지 않고 수집된 자연 석들을 단순히 짜맞춘 것으로 각 면은 20엘레가 부족하나, 높이는 10엘레이다. 그리고 그 옆에 한 큰 건축물이 있는데, 거기에 제단이 있으며 또한 2달란트 무게를 가진 두 개의 금 촛대가 있다.

199 이것들 위에서 꺼지지 않는 불빛이 밤낮으로 비친다. 하지만 어떠한 입상도 없고, 헌물도 전혀 없고, 작은 숲이나 그러한 종류의 어떠한 거룩한 식물도 없다. 그러나 그 안에 밤낮으로 제사장이 머물면서 정해진 정결 예식들을 거행한다. 또한 그들은 성전에서 포도주를 결코 마시지 아니 한다.

1:200-204 헤카타이오스의 기타 증언: 모솔라모스 에피소드

200 게다가 우리도 역시 알렉산드로스 왕과 함께 또한 그 이후에 그의 장군들 (디아도코스)과 함께 전장터에 나갔다는 것을 그가 증언하고 있습니다. 그는 원정길에서 한 유대아 사람이 일으킨 사건 현장에 있었다고 말하는데, 그 일을 제가 인용하고자 합니다.

---

104 1스타디온은 6플레트라이며, 대략 600(그리스)피트이고, 606 3/4(영국)피트이고, 약 1/8마일에 해당한다.
105 1플레트론은 100피트이며, 27미터에서 35미터 사이에 해당된다.
106 '엘레'는 그리스어로는 'πῆχυς'이고 팔꿈치 끝에서 가운데 손가락 끝까지의 길이를 말하며 37~55센티미터에 해당한다.

201.   λέγει δ' οὕτως·

ἐμοῦ γοῦν ἐπὶ τὴν Ἐρυθρὰν θάλασσαν βαδίζοντος συνηκολούθει τις μετὰ τῶν ἄλλων τῶν παραπεμπόντων ἡμᾶς ἱππέων Ἰουδαίων ὄνομα Μοσόλλαμος, ἄνθρωπος ἱκανῶς κατὰ ψυχὴν εὔρωστος καὶ τοξότης δὴ πάντων ὁμολογουμένως καὶ τῶν Ἑλλήνων καὶ τῶν βαρβάρων ἄριστος.

202.   οὗτος οὖν ὁ ἄνθρωπος διαβαδιζόντων πολλῶν κατὰ τὴν ὁδὸν καὶ μάντεώς τινος ὀρνιθευομένου καὶ πάντας ἐπισχεῖν ἀξιοῦντος ἠρώτησε, διὰ τί προσμένουσι.

203.   δείξαντος δὲ τοῦ μάντεως αὐτῷ τὸν ὄρνιθα καὶ φήσαντος, ἐὰν μὲν αὐτοῦ μένῃ προσμένειν συμφέρειν πᾶσιν, ἂν δ' ἀναστὰς εἰς τοὔμπροσθεν πέτηται προάγειν, ἐὰν δὲ εἰς τοὔπισθεν ἀναχωρεῖν αὖθις, σιωπήσας καὶ παρελκύσας τὸ τόξον ἔβαλε καὶ τὸν ὄρνιθα πατάξας ἀπέκτεινεν.

204.   ἀγανακτούντων δὲ τοῦ μάντεως καί τινων ἄλλων καὶ καταρωμένων αὐτῷ, „τί μαίνεσθε, ἔφη, κακοδαίμονες;" εἶτα τὸν ὄρνιθα λαβὼν εἰς τὰς χεῖρας, „πῶς γάρ, ἔφη, οὗτος τὴν αὐτοῦ σωτηρίαν οὐ προϊδὼν περὶ τῆς ἡμετέρας πορείας ἡμῖν ἄν τι ὑγιὲς ἀπήγγελλεν; εἰ γὰρ ἠδύνατο προγιγνώσκειν τὸ μέλλον, εἰς τὸν τόπον τοῦτον οὐκ ἂν ἦλθε φοβούμενος, μὴ τοξεύσας αὐτὸν ἀποκτείνῃ Μοσόλλαμος ὁ Ἰουδαῖος.

201   그는 이와 같이 말하고 있습니다:

그런데 이제 내가 홍해로 진격할 때, 우리를 동행하는 유대아 기병대의 무리 가운데 모솔라모스란 이름을 가진 한 사람이 나를 따랐다. 그는 매우 강력한 영력을 가진 사람이며, 또한 그리스 사람들이나 그밖의 사람들을 통틀어 최고의 궁수로 인정되었다.

202   이 사람은 — 많은 사람들이 길을 따라가고 있었는데 어떤 점쟁이가 새 점을 보고서 모두 정지하라고 요청했다 — 물었다: 어찌하여 그들이 기다렸는지를.

203   그 점쟁이가 그에게 새를 보이며 말했다. 그 새가 그 자리에 있으면 모두에게 좋지만, 그 새가 앞으로 날아오르면 나아가고, 뒤로 날아가면 되돌아가라고 말했다. 그때 그는 더 이상 말을 하지 않고 단지 활을 잡아당겨 쏘았고, (화살로) 적중시켜 그 새를 죽였다.

204   그 점쟁이와 다른 몇몇 사람들이 흥분하여 그를 저주할 때, 그가 응답했다: '왜 너희는 미쳐 날뛰는가? 얼빠진 자들아!' 그런 다음 그는 그 새를 두 손에 잡고서 말했다: '어찌 이 미물이, 자기 구원도 예견하지 못하는데, 우리의 진격을 위해 우리에게 뭔가 유용한 것을 알릴 수 있겠는가? 그가 미래를 예견할 수 있었다면, 여기로 오지 않았을 텐데. 유대아 사람 모솔라모스가 활을 쏘아서 그를 죽일 것을 두려워해서 말이다.'

205.   ἀλλὰ τῶν μὲν Ἑκαταίου μαρτυριῶν ἅλις· τοῖς γὰρ βουλομένοις πλείω μαθεῖν τῷ βιβλίῳ ῥᾴδιόν ἐστιν ἐντυχεῖν. οὐκ ὀκνήσω δὲ καὶ τὸν ἐπ' εὐηθείας διασυρμῷ, καθάπερ αὐτὸς οἴεται, μνήμην πεποιημένον ἡμῶν Ἀγαθαρχίδην ὀνομάσαι·

206.   διηγούμενος γὰρ τὰ περὶ Στρατονίκην, ὃν τρόπον ἦλθεν μὲν εἰς Συρίαν ἐκ Μακεδονίας καταλιποῦσα τὸν ἑαυτῆς ἄνδρα Δημήτριον, Σελεύκου δὲ γαμεῖν αὐτὴν οὐ θελήσαντος, ὅπερ ἐκείνη προσεδόκησεν, ποιουμένου [δὲ] τὴν ἀπὸ Βαβυλῶνος στρατείαν αὐτοῦ τὰ περὶ τὴν Ἀντιόχειαν ἐνεωτέρισεν.

207.   εἶθ' ὡς ἀνέστρεψεν ὁ βασιλεύς, ἁλισκομένης τῆς Ἀντιοχείας εἰς Σελεύκειαν φυγοῦσα, παρὸν αὐτῇ ταχέως ἀποπλεῖν ἐνυπνίῳ κωλύοντι πεισθεῖσα ἐλήφθη καὶ ἀπέθανεν.

208.   ταῦτα προειπὼν ὁ Ἀγαθαρχίδης καὶ ἐπισκώπτων τῇ Στρατονίκῃ τὴν δεισιδαιμονίαν παραδείγματι χρῆται τῷ περὶ ἡμῶν λόγῳ καὶ γέγραφεν οὕτως·

1:205-207   킨도스에 대한 아가타르키데스의 표상

205   이로써 헤카타이오스의 증거들은 충분합니다. 그런즉 더 많은 것을 알려고 하는 사람들은 간단히 그 책을 들여다볼 수 있습니다. 이제 나는 주저하지 않고, 자신의 생각대로 어리석음을 조롱하기 위해 우리 유대아 사람들을 언급한 자, 곧 아가타르키데스[107]를 호명하겠습니다.

206   즉 그는 스트라토니케[108] 관련 사건에 대해 보도했는데, 어떻게 그녀가 그녀의 남편 데메트리오스를 떠나간 뒤에 마케도니아에서 시리아로 왔는지를, 또한 어떻게 셀레우코스가 그녀의 기대와 달리 그녀와 결혼하는 것을 거절하고 오히려 바빌론에서 출정을 시도할 때, 그녀는 안티오키아 주변 지역에서 반란을 일으켰는지를 알려줍니다.

207   그런 다음 그 왕이 귀환하고, 안티오키아가 점령된 후에 그녀는 셀레우키아로 도피했습니다. 그녀는 재빨리 배로 떠나갈 수 있었지만, 이를 가로막는 꿈에 순종하여, 체포되어 죽었습니다.

1:208-212   아가타르키데스가 유대아 사람의 관습에 대해 말하다

208   아가타르키데스가 그것을 먼저 말하고 또한 스트라토니케 관련 미신을 비웃고 나서, 그는 실례로 우리 유대아 사람들에 대한 말을 하고 있습니다. 다음

---

107   소아시아 크니도시 출신의 고대 그리스 역사서술가. 프톨레마이오스 6세의 통치기(기원전 180-145)에 활동했다. 아시아(Asiatika)와 유럽(Europika)의 역사를 다룬 방대한 작품을 남겼다.
108   셀레우코스 왕국의 공주로서 안티오코스 1세 소테르(기원전 281-261년 재위)의 딸이다.

209. οἱ καλούμενοι Ἰουδαῖοι πόλιν οἰκοῦντες ὀχυρωτάτην πασῶν, ἣν καλεῖν Ἱεροσόλυμα συμβαίνει τοὺς ἐγχωρίους, ἀργεῖν εἰθισμένοι δι' ἑβδόμης ἡμέρας καὶ μήτε τὰ ὅπλα βαστάζειν ἐν τοῖς εἰρημένοις χρόνοις μήτε γεωργίας ἅπτεσθαι μήτε ἄλλης ἐπιμελεῖσθαι λειτουργίας μηδεμιᾶς, ἀλλ' ἐν τοῖς ἱεροῖς ἐκτετακότες τὰς χεῖρας εὔχεσθαι μέχρι τῆς ἑσπέρας,

210. εἰσιόντος εἰς τὴν πόλιν Πτολεμαίου τοῦ Λάγου μετὰ τῆς δυνάμεως καὶ τῶν ἀνθρώπων ἀντὶ τοῦ φυλάττειν τὴν πόλιν διατηρούντων τὴν ἄνοιαν, ἡ μὲν πατρὶς εἰλήφει δεσπότην πικρόν, ὁ δὲ νόμος ἐξηλέγχθη φαῦλον ἔχων ἐθισμόν.

211. τὸ δὲ συμβὰν πλὴν ἐκείνων τοὺς ἄλλους πάντας δεδίδαχε τηνικαῦτα φυγεῖν εἰς ἐνύπνια καὶ τὴν περὶ τοῦ νόμου παραδεδομένην ὑπόνοιαν, ἡνίκα ἂν τοῖς ἀνθρωπίνοις λογισμοῖς περὶ τῶν διαπορουμένων ἐξασθενήσωσιν.

212. τοῦτο μὲν Ἀγαθαρχίδῃ καταγέλωτος ἄξιον δοκεῖ, τοῖς δὲ μὴ μετὰ δυσμενείας ἐξετάζουσι φαίνεται μέγα καὶ πολλῶν ἄξιον ἐγκωμίων, εἰ καὶ σωτηρίας καὶ πατρίδος ἄνθρωποί τινες νόμων φυλακὴν καὶ τὴν πρὸς θεὸν εὐσέβειαν ἀεὶ προτιμῶσιν.

과 같은 것을 그가 기록했습니다:

209   도시에 거주하고 있는 이른바 유대아 사람들은 모든 것들로부터 매우 안전한 상태에 있다. 그 도시는 토착민들에 의해 '예루살렘'이라 불린다. 그들은 일곱 번째 날에는 일을 하지 않으며, 또한 앞서 말한 때에 무기를 들지도 않을 뿐만 아니라 경작 일을 하지도 않으며 또한 어떠한 공적인 일도 염려하지 않고, 오히려 그들의 성소들에서 양손을 펼친 채 저녁때까지 기도하는 습관이 있다.

210   그런데 라고스의 아들 프톨레마이오스가 자기 군대와 더불어 그 도시에 들어가고 이 사람들은 그 도시를 지키는 대신에 자신들의 어리석은 행위를 고집했다. 그때 그들의 고향 땅은 한 거친 통치자를 맞이했으며, 또 법이 나쁜 관행을 지니고 있다고 입증되었다.

211   당시 일어난 일은 저들 이외에 다른 모든 백성들을 가르쳤다: 꿈속으로, 또한 법에 대해 전통적으로 받아들인 공상으로 도피하는 것은 곤경에 대한 온갖 인간적 생각들로 좌절되었을 바로 그때에만 해당된다고 말이다.

212   이러한 행위는 아가타르키데스에게 조롱받을만한 것처럼 보입니다. 하지만 악의 없이 검증하는 자들에게는 그 행위는 위대하며 많은 칭송을 받을만하다고 드러납니다. 어떤 사람들이 살아남는 일보다 또 고향 도시보다도 율법들의 보존과 신에 대한 경건을 언제나 더 중요하게 여긴다면 말입니다.

213.   Ὅτι δὲ οὐκ ἀγνοοῦντες ἔνιοι τῶν συγγραφέων τὸ ἔθνος ἡμῶν, ἀλλ' ὑπὸ φθόνου τινὸς ἢ δι' ἄλλας αἰτίας οὐχ ὑγιεῖς τὴν μνήμην παρέλιπον, τεκμήριον οἶμαι παρέξειν· Ἱερώνυμος γὰρ ὁ τὴν περὶ τῶν διαδόχων ἱστορίαν συγγεγραφὼς κατὰ τὸν αὐτὸν μὲν ἦν Ἑκαταίῳ χρόνον, φίλος δ' ὢν Ἀντιγόνου τοῦ βασιλέως τὴν Συρίαν ἐπετρόπευεν·

214.   ἀλλ' ὅμως Ἑκαταῖος μὲν καὶ βιβλίον ἔγραψεν περὶ ἡμῶν, Ἱερώνυμος δ' οὐδαμοῦ κατὰ τὴν ἱστορίαν ἐμνημόνευσε καίτοι σχεδὸν ἐν τοῖς τόποις διατετριφώς· τοσοῦτον αἱ προαιρέσεις τῶν ἀνθρώπων διήνεγκαν. τῷ μὲν γὰρ ἐδόξαμεν καὶ σπουδαίας εἶναι μνήμης ἄξιοι, τῷ δὲ πρὸς τὴν ἀλήθειαν πάντως τι πάθος οὐκ εὔγνωμον ἐπεσκότησεν.

215.   ἀρκοῦσι δὲ ὅμως εἰς τὴν ἀπόδειξιν τῆς ἀρχαιότητος αἵ τε Αἰγυπτίων καὶ Χαλδαίων καὶ Φοινίκων ἀναγραφαὶ πρὸς ἐκείναις τε τοσοῦτοι τῶν Ἑλλήνων συγγραφεῖς·

1:213-217 다른 그리스 저자들 가운데 나오는 유대아 사람들에 대한 언급들

213 하지만 몇몇 작가들은 우리 민족을 알지 못해서가 아니라, 오히려 어떠한 질투나 혹은 다른 건전하지 못한 이유들 때문에 (우리에 대한) 언급을 빠뜨렸다는 사실을 제가 입증할 수 있다고 생각합니다. 예컨대 히에로니모스[109]는 (알렉산드로스의) 후계자들에 관한 역사를 저술한 자로서 헤카타이오스와 동일한 시기에 살았으며, 또한 안티고노스 왕과 친분이 있는 자로서 시리아의 총독이었습니다.

214 그렇지만 비록 헤카타이오스가 우리에 관한 책을 집필했으나, 히에로니모스는 자기 역사서에서 (우리를) 전혀 언급하지 않았습니다. 비록 그가 거의 우리의 지역들에 머물렀음에도 불구하고 말이죠. 그처럼 이 두 사람의 선호도가 달랐습니다. 한 사람에게는 우리가 진지하게 거론될 가치가 있다고 보였으나, 다른 사람에게는 자기의 반감이 진리에 대한 고귀한 정감을 전적으로 흐리게 했습니다.

215 그러나 (유대교의) 고대성을 증명하기 위한 이집트 사람들과 칼데아 사람들 또 페니키아 사람들의 기록들은 실로 넘쳐납니다. 그에 더하여 그리스 작가들도 상당히 많습니다.

---

109 기원전 4세기 후반에서 3세기 초반에 활동한 고대 그리스 역사서술가. 알렉산드로스 대왕의 후계자들 간에 전개된 전쟁사(기원전 323-272년)를 다룬 저서를 집필했다. 단지 단편들만 전해진다.

216.　ἔτι δὲ πρὸς τοῖς εἰρημένοις Θεόφιλος καὶ Θεόδοτος καὶ Μνασέας καὶ Ἀριστοφάνης καὶ Ἑρμογένης Εὐήμερός τε καὶ Κόνων καὶ Ζωπυρίων καὶ πολλοί τινες ἄλλοι τάχα, οὐ γὰρ ἔγωγε πᾶσιν ἐντετύχηκα τοῖς βιβλίοις, οὐ παρέργως ἡμῶν ἐμνημονεύκασιν.

217.　οἱ πολλοὶ δὲ τῶν εἰρημένων ἀνδρῶν τῆς μὲν ἀληθείας τῶν ἐξ ἀρχῆς πραγμάτων διήμαρτον, ὅτι μὴ ταῖς ἱεραῖς ἡμῶν βίβλοις ἐνέτυχον, κοινῶς μέντοι περὶ τῆς ἀρχαιότητος ἅπαντες μεμαρτυρήκασιν, ὑπὲρ ἧς τὰ νῦν λέγειν προεθέμην.

218.　ὁ μέντοι Φαληρεὺς Δημήτριος καὶ Φίλων ὁ πρεσβύτερος καὶ Εὐπόλεμος οὐ πολὺ τῆς ἀληθείας διήμαρτον. οἷς συγγιγνώσκειν ἄξιον· οὐ γὰρ ἐνῆν αὐτοῖς μετὰ πάσης ἀκριβείας τοῖς ἡμετέροις γράμμασι παρακολουθεῖν.

216 끝으로 언급된 자들 외에도 테오필로스와 테오도토스 또한 므나세아스와 아리스토파네스 및 헤르모게네스 또한 유헤메로스와 코논, 그리고 조피리온과 아마도 다른 많은 이들은 ― 나는 직접 그들의 모든 책들을 접하지는 못했습니다 ― 우리를 피상적이지 않게 언급했습니다.

217 언급된 사람들 중 많은 사람들은 우리의 기원과 관련된 사항들의 진리를 놓쳤습니다. 그들이 실로 우리의 거룩한 책들을 접하지 못했기 때문입니다. 하지만 그들 모두는 공통적으로 우리의 고대성에 대해 증거했습니다. 이것에 대해 내가 이제 제시하고자 합니다.

1:218 세 그리스 사람의 추천

218 그래도 팔레론의 데메트리오스, 선대 필론 그리고 에우폴레모스[110]는 진리를 많이 놓치지는 않았습니다. 그들을 봐줄 수 있습니다. 왜냐하면 그들은 우리의 문서를 정확하게 이해할 수 없었기 때문입니다.

---

110 세 사람이 누구인지는 확실하지 않다. 팔레론의 데메트리오스(Demetrios of Phaleron, 기원전 345-283년)는 유명한 아리토스텔레스의 제자요 알렉산드리아의 도서관 사서로 『70인역』 번역을 주관했다. 하지만 요세푸스는 프톨레마이오스 4세 시대(기원전 221-204년)에 활동했던 유대아 주석가를 염두에 두었을 수도 있다. 선대 필론(Philo the elder)는 기원전 2세기경 성경 주제에 대해 글을 쓴 유대아 작가이며, 에우폴레모스(Eupolemos)는 역사가였다.

219. Ἕν ἔτι μοι κεφάλαιον ὑπολείπεται τῶν κατὰ τὴν ἀρχὴν προτεθέντων τοῦ λόγου, τὰς διαβολὰς καὶ τὰς λοιδορίας, αἷς κέχρηνταί τινες κατὰ τοῦ γένους ἡμῶν, ἀποδεῖξαι ψευδεῖς καὶ τοῖς γεγραφόσι ταύτας καθ' ἑαυτῶν χρήσασθαι μάρτυσιν.

220. ὅτι μὲν οὖν καὶ ἑτέροις τοῦτο πολλοῖς συμβέβηκε διὰ τὴν ἐνίων δυσμένειαν, οἶμαι γιγνώσκειν τοὺς πλέον ταῖς ἱστορίαις ἐντυγχάνοντας· καὶ γὰρ ἐθνῶν τινες καὶ τῶν ἐνδοξοτάτων πόλεων ῥυπαίνειν τὴν εὐγένειαν καὶ τὰς πολιτείας ἐπεχείρησαν λοιδορεῖν,

221. Θεόπομπος μὲν τὴν Ἀθηναίων, τὴν δὲ Λακεδαιμονίων Πολυκράτης, ὁ δὲ τὸν Τριπολιτικὸν γράψας, οὐ γὰρ δὴ Θεόπομπός ἐστιν ὡς οἴονταί τινες, καὶ τὴν Θηβαίων πόλιν προσέλαβεν, πολλὰ δὲ καὶ Τίμαιος ἐν ταῖς ἱστορίαις περὶ τῶν προειρημένων καὶ περὶ ἄλλων βεβλασφήμηκεν.

제3장
특히 마네톤과 카이레몬과 리시마코스에게 나타나는 반유대적 서술에 대한 논박

1:219-222 민족들과 도시들에 대한 편견에 대한 도입부

219   나에게는 (나의) 진술의 시작 부분에서 제시했던 것들 중 주요한 주제 하나가 아직 남아 있습니다. 즉 몇몇 사람들이 우리 민족에 대해 사용한 비방들과 험담들을 거짓이라고 입증하는 것과 또한 그것들을 기록한 사람들에게 자가당착적인 증인으로서 사용하는 것입니다.

220   먼저, 다른 많은 사람들에게도 몇몇 사람들의 악의 때문에 그와 같은 일이 일어났다는 것, 그것을 역사서들을 접한 대다수 사람들은 알고 있다고 생각됩니다. 민족들 및 심지어 가장 유명한 도시들과 관련하여, 몇몇 사람들이 그 고귀한 기원을 더럽히고 그 제도들을 비방하려고 시도했습니다.

221   테오폼포스는 아테네 사람들의 제도에 대하여, 또한 폴리크라테스는 라케다이몬 사람들의 제도에 대하여 (기록했습니다). 또한 『세 도시의 책』[111]을 쓴 자는 — 몇몇 사람들이 생각하듯이, 확실히 테오폼포스는 아닙니다 — 테바이 사람들[112]의 도시를 신랄하게 다루었습니다. 그런데 티마이오스 역시 자기 역사서에

---

111   아테네, 스파르타, 테바이, 세 도시를 공격하는 책으로 테오폼포스의 이름으로 출판되었지만, 그의 적수인 람프사코스의 아낙시메네스에 의해 작성되었다.

112   테바이(Thebai)는 보이오티아의 폴리스 중 하나로 '테베'(Thebes)라고도 일컬어진다.

222. μάλιστα δὲ τοῦτο ποιοῦσι τοῖς ἐνδοξοτάτοις προσπλεκόμενοι, τινὲς μὲν διὰ φθόνον καὶ κακοήθειαν, ἄλλοι δὲ διὰ τοῦ καινολογεῖν μνήμης ἀξιωθήσεσθαι νομίζοντες. παρὰ μὲν οὖν τοῖς ἀνοήτοις ταύτης οὐ διαμαρτάνουσι τῆς ἐλπίδος, οἱ δ' ὑγιαίνοντες τῇ κρίσει πολλὴν αὐτῶν μοχθηρίαν καταδικάζουσι.

223. Τῶν δὲ εἰς ἡμᾶς βλασφημιῶν ἤρξαντο μὲν Αἰγύπτιοι· βουλόμενοι δ' ἐκείνοις τινὲς χαρίζεσθαι παρατρέπειν ἐπεχείρησαν τὴν ἀλήθειαν, οὔτε τὴν εἰς Αἴγυπτον ἄφιξιν ὡς ἐγένετο τῶν ἡμετέρων προγόνων ὁμολογοῦντες, οὔτε τὴν ἔξοδον ἀληθεύοντες.

224. αἰτίας δὲ πολλὰς ἔλαβον τοῦ μισεῖν καὶ φθονεῖν τὸ μὲν ἐξ ἀρχῆς, ὅτι κατὰ τὴν χώραν αὐτῶν ἐδυνάστευσαν ἡμῶν οἱ πρόγονοι κἀκεῖθεν ἀπαλλαγέντες ἐπὶ τὴν οἰκείαν πάλιν εὐδαιμόνησαν, εἶθ' ἡ τούτων ὑπεναντιότης πολλὴν αὐτοῖς ἐνεποίησεν ἔχθραν, τοσοῦτον τῆς ἡμετέρας διαφερούσης εὐσεβείας πρὸς τὴν ὑπ' ἐκείνων νενομισμένην, ὅσον θεοῦ φύσις ζῴων ἀλόγων διέστηκε.

서 앞서 언급한 도시들과 또 다른 도시들을 심하게 비방했습니다.

222 대체로 그들은 이러한 일을 가장 유명한 도시들을 공격하면서 행하고 있습니다. 어떤 이들은 질투와 악의 때문에 행하나, 다른 이들은 자신들의 진술이 새롭기 때문에 기억될 만하다고 여겨지리라 생각하면서 이렇게 행하고 있습니다. 어리석은 사람들 가운데서는 그들의 이러한 기대가 어긋나지 않았습니다. 하지만 건전한 판단의 소유자들은 그들의 전적인 저급함을 정죄합니다.

1:223-226 유별나게 유대아 사람을 적대시한 이집트 사람들

223 이집트 사람들이 우리에 대한 비난들을 시작했습니다. 또한 저들에게 잘 보이려고 저마다 진리를 왜곡시키기를 시도했습니다. 그들은 우리의 조상들의 이집트 도착을 일어난 그대로 인정하지도 않고, 또한 그 탈출(=출애굽)에 대해서도 진리를 말하지도 않습니다.

224 그들은 증오와 질투를 위한 수많은 이유들을 지니고 있었습니다. 무엇보다도 그들의 땅을 우리 선조들이 지배했고 또한 거기에서부터 고향으로 떠나가서 다시 평안을 누렸습니다. 그런 다음 관습들의[113] 차이가 그들에게 수많은 적대감을 초래했습니다. 정말이지 우리의 종교가 그들의 종교보다 훨씬 우월하며, 또한 하나님의 본질은 이성이 결핍된 동물들과 다릅니다.

---

113 ἡ τούτων 대신 "ἡ τῶν εθῶν" 으로 수정.

제2부 아피온 반박 원문 및 역주

165

225. κοινὸν μὲν γὰρ αὐτοῖς ἐστι πάτριον τὸ ταῦτα θεοὺς νομίζειν, ἰδίᾳ δὲ πρὸς ἀλλήλους ἐν ταῖς τιμαῖς αὐτῶν διαφέρονται. κοῦφοι δὲ καὶ ἀνόητοι παντάπασιν ἄνθρωποι κακῶς ἐξ ἀρχῆς εἰθισμένοι δοξάζειν περὶ θεῶν μιμήσασθαι μὲν τὴν σεμνότητα τῆς ἡμετέρας θεολογίας οὐκ ἐχώρησαν, ὁρῶντες δὲ ζηλουμένους ὑπὸ πολλῶν ἐφθόνησαν.

226. εἰς τοσοῦτον γὰρ ἦλθον ἀνοίας καὶ μικροψυχίας ἔνιοι τῶν παρ' αὐτοῖς, ὥστ' οὐδὲ ταῖς ἀρχαίαις αὐτῶν ἀναγραφαῖς ὤκνησαν ἐναντία λέγειν, ἀλλὰ καὶ σφίσιν αὐτοῖς ἐναντία γράφοντες ὑπὸ τυφλότητος τοῦ πάθους ἠγνόησαν.

227. Ἐφ' ἑνὸς δὲ πρώτου στήσω τὸν λόγον, ᾧ καὶ μάρτυρι μικρὸν ἔμπροσθεν τῆς ἀρχαιότητος ἐχρησάμην.

228. ὁ γὰρ Μανεθὼς οὗτος ὁ τὴν Αἰγυπτιακὴν ἱστορίαν ἐκ τῶν ἱερῶν γραμμάτων μεθερμηνεύειν ὑπεσχημένος, προειπὼν τοὺς ἡμετέρους προγόνους πολλαῖς μυριάσιν ἐπὶ τὴν Αἴγυπτον ἐλθόντας κρατῆσαι τῶν ἐνοικούντων, εἶτ' αὐτὸς ὁμολογῶν χρόνῳ πάλιν ὕστερον ἐκπεσόντας τὴν νῦν Ἰουδαίαν κατασχεῖν καὶ κτίσαντας Ἱεροσόλυμα τὸν νεὼ κατασκευάσασθαι, μέχρι μὲν τούτων ἠκολούθησε ταῖς ἀναγραφαῖς.

225 그들이 공유하는 조상들의 관습이 있는데, 이 동물들을 신들로 여긴다는 것입니다. 하지만 그것들을 공경하는 양태에 있어서 그들은 저마다 서로 간에 차이가 있습니다. 경솔하며 생각이 없는 사람들로서 — 그들은 본래 그러하며 또한 신들에 대한 고약한 견해들 갖는 데 예부터 익숙해 있지요 — 그들은 우리 신학의 경건한 양식을 수용할만한 처지에 있지 못했습니다. 하지만 그들은 많은 이들이 우리를 흉내 내고 있다는 사실을 알았기 때문에 시기하게 되었습니다.

226 그처럼 비이성적이며 저급한 생각에 그들 중 몇몇은 빠져들었고, 그리하여 주저함이 없이 그들 고유의 태고적 기록들에 모순될 뿐만 아니라 자기들 스스로도 모순되는 것을 기록했는데, 맹목적인 열성 때문에 그 점을 깨닫지도 못했습니다.

A) 마네톤의 다양한 보도들

1:227-229   출애굽에 대한 마네톤의 보도

227 무엇보다도 나는 한 사람에게 머물고자 합니다. 조금 전에 언급한 부분에서 나는 그 사람을 (우리의) 고대성의 증인으로 이용했습니다.

228 그런데 이 마네톤은 그 거룩한 문서들에서 나온 이집트 역사를 번역하기로 약속한 사람인데, 우리 조상들이 수많은 무리와 함께 이집트로 가서 그 토착민들을 다스렸다고 앞에서 말했습니다. 그런 다음 그가 스스로 인정하길, 그들이 다시 한동안 시간이 지난 후에 (그 땅에서) 추방되어, 지금의 유대아 땅을 차지

229. ἔπειτα δὲ δοὺς ἐξουσίαν αὐτῷ διὰ τοῦ φάναι γράψειν τὰ μυθευόμενα καὶ λεγόμενα περὶ τῶν Ἰουδαίων λόγους ἀπιθάνους παρενέβαλεν, ἀναμῖξαι βουλόμενος ἡμῖν πλῆθος Αἰγυπτίων λεπρῶν καὶ ἐπὶ ἄλλοις ἀρρωστήμασιν, ὥς φησι, φυγεῖν ἐκ τῆς Αἰγύπτου καταγνωσθέντων.

230. Ἀμένωφιν γὰρ βασιλέα προσθεὶς ψευδὲς ὄνομα καὶ διὰ τοῦτο χρόνον αὐτοῦ τῆς βασιλείας ὁρίσαι μὴ τολμήσας, καίτοι γε ἐπὶ τῶν ἄλλων βασιλέων ἀκριβῶς τὰ ἔτη προστιθείς, τούτῳ προσάπτει τινὰς μυθολογίας ἐπιλαθόμενος σχεδόν, ὅτι πεντακοσίοις ἔτεσι καὶ δεκαοκτὼ πρότερον ἱστόρηκε γενέσθαι τὴν τῶν ποιμένων ἔξοδον εἰς Ἱεροσόλυμα.

231. Τέθμωσις γὰρ ἦν βασιλεὺς ὅτε ἐξήεσαν, ἀπὸ δὲ τούτων μεταξὺ τῶν βασιλέων κατ' αὐτόν ἐστι τριακόσια ἐνενηκοντατρία ἔτη μέχρι τῶν δύο ἀδελφῶν Σέθω καὶ Ἑρμαίου, ὧν τὸν μὲν Σέθων Αἴγυπτον, τὸν δὲ Ἕρμαιον Δαναὸν μετονομασθῆναί φησιν, ὃν ἐκβαλὼν ὁ Σέθως ἐβασίλευσεν ἔτη νθ' καὶ μετ' αὐτὸν ὁ πρεσβύτερος τῶν υἱῶν αὐτοῦ Ῥάμψης ξϛ'.

했으며 또한 예루살렘을 세운 후에 성전을 건축했다는 것입니다. 거기까지 그는 그 기록들을 따르고 있습니다.

229　그러나 그런 다음 그는 주제 넘게도 유대아 사람들에 대한 전설들과 이야기들을 적는다고 언급함으로써 믿을 수 없는 주장들을 끼워 넣었습니다. 그러면서 그는 우리들을 이집트 한센병 환자들과 그의 말대로라면 다른 병들 때문에 이집트에서 추방되도록 판결을 받은 사람들과 섞기를 원합니다.

1:230-231　불일치의 흔적들

230　아메노피스 왕을 첨가한 후에 ― 이것은 가상의 이름이며, 그 때문에 그는 (=마네톤) 그의 통치 기간을 확정하려 하지 않았습니다. 비록 그가 다른 왕들의 경우에는 정확히 그 통치 연대를 첨가했지만 말입니다 ― 이 사람에게 몇 가지 전설들을 붙여 놓았습니다. 이때 그는 자기 자신이 예루살렘을 향한 '목자들'의 출정을 518년 전에 일어난 것으로 이야기한 것을 거의 잊은 것 같습니다.

231　왜냐하면 그들이 떠날 때, 테트모시스가 왕이었으며, 또한 이 사람[114]으로부터 두 형제들인 세토스와 헤르마이오스 때까지 그 사이 393년 동안 그의 뒤를 이은 왕들이 있었습니다. 그런데 그 두 형제 중 세토스는 '이집트'로 또한 헤르마이오스는 '다나오스'로 이름이 바뀌었다고 말합니다. 이 자를 세토스가 몰아내고서 59년 동안 다스렸습니다. 그의 뒤를 이어 그의 두 아들 중 연장자인 람프세스가 66년 동안 (다스렸습니다).

114　단수형으로 보는 것이 문맥에 맞다.

232.   τοσούτοις οὖν πρότερον ἔτεσιν ἀπελθεῖν ἐξ Αἰγύπτου τοὺς πατέρας ἡμῶν ὡμολογηκὼς εἶτα τὸν Ἀμένωφιν εἰσποιήσας ἐμβόλιμον βασιλέα φησὶν τοῦτον ἐπιθυμῆσαι θεῶν γενέσθαι θεατὴν ὥσπερ Ὧρ εἷς τῶν πρὸ αὐτοῦ βεβασιλευκότων, ἀνενεγκεῖν δὲ τὴν ἐπιθυμίαν ὁμωνύμῳ μὲν αὐτῷ Ἀμενώφει πατρὸς δὲ Πάπιος ὄντι, θείας δὲ δοκοῦντι μετεσχηκέναι φύσεως κατά τε σοφίαν καὶ πρόγνωσιν τῶν ἐσομένων.

233.   εἰπεῖν οὖν αὐτῷ τοῦτον τὸν ὁμώνυμον, ὅτι δυνήσεται θεοὺς ἰδεῖν, εἰ καθαρὰν ἀπό τε λεπρῶν καὶ τῶν ἄλλων μιαρῶν ἀνθρώπων τὴν χώραν ἅπασαν ποιήσειεν.

234.   ἡσθέντα δὲ τὸν βασιλέα πάντας τοὺς τὰ σώματα λελωβημένους ἐκ τῆς Αἰγύπτου συναγαγεῖν γενέσθαι δὲ τοῦ πλήθους μυριάδας ὀκτώ·

235.   καὶ τούτους εἰς τὰς λιθοτομίας τὰς ἐν τῷ πρὸς ἀνατολὴν μέρει τοῦ Νείλου ἐμβαλεῖν αὐτόν, ὅπως ἐργάζοιντο καὶ τῶν ἄλλων Αἰγυπτίων οἱ ἐγκεχωρισμένοι. εἶναι δέ τινας ἐν αὐτοῖς καὶ τῶν λογίων ἱερέων φησὶ λέπρᾳ συγκεχυμένους.

1:232-236　이집트를 떠나간 자들의 한센병에 관한 소문

232　그처럼 여러 해 전에 우리 조상들이 이집트에서 나왔다는 사실을 그가 인정한 다음에, 그는 아메노피스를 추가된 왕으로 끌어들입니다. 그러면서 말하기를, 이 사람이 ― 그 사람 이전의 왕들이었던 사람들 중의 하나인 호로스와 같이 ― 신들의 감독자가 되기를 열망했으며, 또한 그 열망을 역시 아메노피스라고 불린 자에게 전했다고 합니다. 그런데 이 사람의 아버지는 파아피스[115]로서 지혜와 미래의 예지에서 신적인 본성에 참여한 자로 여겨졌습니다.

233　그런데 그와 동일한 이름을 가진 이 사람이 자기에게 말하기를, 그 땅 전체를 한센병 환자들과 또한 다른 전염병을 가진 사람들로부터 정결하게 하면, 신들을 둘러볼 수 있다고 합니다.

234　그러자 그 왕은 기뻐하는 가운데 육체적인 장애를 가진 자들을 모두 이집트에서 불러 모았는데, 그 무리가 8만 명에 달한다고 합니다.

235　그리고 이 사람들을 그가 나일 강 동쪽 지역에 있는 채석장 안으로 쳐넣었다고 합니다. 그들이 일을 하도록 하고, 또한 다른 이집트 사람들과 구분하기 위함입니다. 그러나 그들 가운데 전통의 전문가들[116] 일부가 한센병에 걸렸다고 그가 말합니다.

115　원문에는 파피오스와 파아피스가 모두 나온다. 지케르트에 따라 파아피스로 읽었다(참고. 본문 1.243).
116　"제사장들의 말씀들"(τῶν λογίων ἱερέων)은 문맥상 이해하기 어려워서 여러 학자들은 수정을 제안한다. 지케르트는 "Traditionskundigen"(=전통에 해박한 자들)으로 번역한다.

236.   τὸν δὲ Ἀμένωφιν ἐκεῖνον, τὸν σοφὸν καὶ μαντικὸν ἄνδρα, ὑποδεῖσαι πρὸς αὐτόν τε καὶ τὸν βασιλέα χόλον τῶν θεῶν, εἰ βιασθέντες ὀφθήσονται. καὶ προσθέμενον εἰπεῖν, ὅτι συμμαχήσουσί τινες τοῖς μιαροῖς καὶ τῆς Αἰγύπτου κρατήσουσιν ἐπ' ἔτη δεκατρία, μὴ τολμῆσαι μὲν αὐτὸν εἰπεῖν ταῦτα τῷ βασιλεῖ, γραφὴν δὲ καταλιπόντα περὶ πάντων ἑαυτὸν ἀνελεῖν, ἐν ἀθυμίᾳ δὲ εἶναι τὸν βασιλέα.

237.   κἄπειτα κατὰ λέξιν οὕτως γέγραφεν·

τῶν δ' ἐν ταῖς λατομίαις ὡς χρόνος ἱκανὸς διῆλθεν ταλαιπωρούντων, ἀξιωθεὶς ὁ βασιλεύς, ἵνα [πρὸς] κατάλυσιν αὐτοῖς καὶ σκέπην ἀπομερίσῃ, τὴν τότε τῶν ποιμένων ἐρημωθεῖσαν πόλιν Αὔαριν συνεχώρησεν· ἔστι δ' ἡ πόλις κατὰ τὴν θεολογίαν ἄνωθεν Τυφώνιος.

238.   οἱ δὲ εἰς ταύτην εἰσελθόντες καὶ τὸν τόπον τοῦτον [εἰς] ἀπόστασιν ἔχοντες ἡγεμόνα αὐτῶν λεγόμενόν τινα τῶν Ἡλιοπολιτῶν ἱερέων Ὀσάρσηφον ἐστήσαντο καὶ τούτῳ πειθαρχήσοντες ἐν πᾶσιν ὠρκωμότησαν.

236 그런데 현자며 예지자인 그 다른 아메노피스는 자기 자신뿐만 아니라 그 왕에 대한 신들의 진노를 두려워했다고 합니다. 그들이 (노동에) 강제로 내몰렸음이 드러나게 될 경우에 말이죠. 또한 그는 첨가하여 말하기를, 몇몇 사람들이 전염병에 걸린 환자들과 연합하여 13년 동안 이집트를 다스릴 것이라고 합니다. 그는 이러한 내용을 그 왕에게 감히 말하지 못했지만, 이 모든 일들에 대한 기록을 남겨둔 채 스스로 목숨을 끊었고, 그 왕은 절망에 빠져 있었다고 합니다.

1:237-249 전염된 자들의 추방에 대해 마네톤이 계속해서 보도하다

237 그 후에 글자 그대로 다음의 내용이 기록되어 있습니다:

그 채석장에 있는 사람들이 시간이 많이 지나면서 고통을 겪었고, 자기들에게 숙소와 피난처의 용도로 당시 그 '목자들'이 이미 떠나가 버린 도시인 아바리스를 떼어 달라고 그 왕에게 청하자, 그가 허락했다. 이 도시는 (이집트의) 신학에 따라 예부터 티폰에게 봉헌되었다.

238 이제 그들은 거기로 들어갔고, 이 장소를 봉기의 근거지로 삼고 그들의 인도자로서 헬리오폴리스의 제사장 출신인 한 전통의 전문가[117]를 세웠다. 오사르세프란 사람이다. 그리고는 이 자에게 모든 일에 순종하리라고 맹세했다.

---

117 각주 117의 λογίων의 의미와 연관시켜 이렇게 번역할 수 있다.

239. ὁ δὲ πρῶτον μὲν αὐτοῖς νόμον ἔθετο μήτε προσκυνεῖν θεοὺς μήτε τῶν μάλιστα ἐν Αἰγύπτῳ θεμιστευομένων ἱερῶν ζῴων ἀπέχεσθαι μηδενός, πάντα δὲ θύειν καὶ ἀναλοῦν, συνάπτεσθαι δὲ μηδενὶ πλὴν τῶν συνομωμοσμένων.

240. τοιαῦτα δὲ νομοθετήσας καὶ πλεῖστα ἄλλα μάλιστα τοῖς Αἰγυπτίοις ἐθισμοῖς ἐναντιούμενα ἐκέλευσεν πολυχειρίᾳ τὰ τῆς πόλεως ἐπισκευάζειν τείχη καὶ πρὸς πόλεμον ἑτοίμους γίνεσθαι τὸν πρὸς Ἀμένωφιν τὸν βασιλέα.

241. αὐτὸς δὲ προσλαβόμενος μεθ' ἑαυτοῦ καὶ τῶν ἄλλων ἱερέων καὶ συμμεμιαμμένων ἔπεμψε πρέσβεις πρὸς τοὺς ὑπὸ Τεθμώσεως ἀπελαθέντας ποιμένας εἰς πόλιν τὴν καλουμένην Ἱεροσόλυμα, καὶ τὰ καθ' ἑαυτὸν καὶ τοὺς ἄλλους τοὺς συνατιμασθέντας δηλώσας ἠξίου συνεπιστρατεύειν ὁμοθυμαδὸν ἐπ' Αἴγυπτον.

242. ἐπάξειν μὲν οὖν αὐτοὺς ἐπηγγείλατο πρῶτον μὲν εἰς Αὔαριν τὴν προγονικὴν αὐτῶν πατρίδα καὶ τὰ ἐπιτήδεια τοῖς ὄχλοις παρέξειν ἀφθόνως, ὑπερμαχήσεσθαι δὲ ὅτε δέοι καὶ ῥᾳδίως ὑποχείριον αὐτοῖς τὴν χώραν ποιήσειν.

243. οἱ δὲ ὑπερχαρεῖς γενόμενοι πάντες προθύμως εἰς κ΄ μυριάδας ἀνδρῶν συνεξώρμησαν καὶ μετ' οὐ πολὺ ἧκον εἰς Αὔαριν. Ἀμένωφις δ' ὁ τῶν Αἰγυπτίων βασιλεὺς ὡς ἐπύθετο

239 이 자가 제일 먼저 그들에게 계명을 주었는데, 어떤 신들도 섬기지 말며 또한 이집트에서 가장 강하게 금지된 제사 동물들 중 어떤 것도 삼가지 말고 오히려 그 모두를 도살하여 먹을 것이며, 또한 함께 맹세한 자들 외에는 아무하고도 상종하지 말라는 것이었다.

240 그가 그러한 것들과 또한 이집트 관습들에 심히 역행하는 심히 많은 다른 계명들을 제정한 다음, 온 힘을 합하여 그 도시의 성벽을 다시 정비하고 아메노피스 왕에 대한 전쟁을 준비하라고 명했다.

241 그리고 그는 자신과 나머지 제사장들 및 함께 전염된 자들과 협의하여 대표자들을 테트모시스에 의해 추방된 '목자들'에게로 예루살렘이라 불리는 도시로 보내서 그 사람 자신과 나머지 굴욕적 취급을 당한 사람들에게 일어난 일을 그들에게 알렸다. 그리고 이집트에 대항하는 전투행렬에 한 마음으로 동참할 것을 그들에게 요청했다.

242 그는 약속했다. 곧, 그들을 먼저 그들의 조상들의 도시인 아바리스로 데려가고 또 그 무리에게 생필품을 풍족하게 전달하고, 그런 다음 필요한 때에 함께 싸우며, 또한 손쉽게 그 지역을 그들에게 예속되게 한다는 것이다.

243 목자들은 크게 기뻐하고, 용감하게도 모두 2만 명이나 함께 출발을 했고, 얼마 후에 아바리스에 도착했다. 반면 이집트의 왕인 아메노피스는, 그들의 진격에 대해 듣고, 파아피스의 아들 아메노피스가 예고하였던 것을 기억하면서 적지 않게 동요했다.

τὰ κατὰ τὴν ἐκείνων ἔφοδον, οὐ μετρίως συνεχύθη τῆς παρὰ Ἀμενώφεως τοῦ Παάπιος μνησθεὶς προδηλώσεως.

244.   καὶ πρότερον συναγαγὼν πλῆθος Αἰγυπτίων καὶ βουλευσάμενος μετὰ τῶν ἐν τούτοις ἡγεμόνων τά τε ἱερὰ ζῷα τὰ [πρῶτα] μάλιστα ἐν τοῖς ἱεροῖς τιμώμενα ὥς γ' ἑαυτὸν μετεπέμψατο καὶ τοῖς κατὰ μέρος ἱερεῦσι παρήγγελλεν ὡς ἀσφαλέστατα τῶν θεῶν συγκρύψαι τὰ ξόανα.

245.   τὸν δὲ υἱὸν Σέθω τὸν καὶ Ῥαμεσσῆ ἀπὸ Ῥαψηοῦς τοῦ πατρὸς ὠνομασμένον πενταέτη ὄντα ἐξέθετο πρὸς τὸν ἑαυτοῦ φίλον. αὐτὸς δὲ διαβὰς τοῖς ἄλλοις Αἰγυπτίοις οὖσιν εἰς τριάκοντα μυριάδας ἀνδρῶν μαχιμωτάτων καὶ τοῖς πολεμίοις ἀπαντήσας οὐ συνέβαλεν,

246.   ἀλλὰ μέλλειν θεομαχεῖν νομίσας παλινδρομήσας ἧκεν εἰς Μέμφιν ἀναλαβών τε τόν τε Ἆπιν καὶ τὰ ἄλλα τὰ ἐκεῖσε μεταπεμφθέντα ἱερὰ ζῷα εὐθὺς εἰς Αἰθιοπίαν σὺν ἅπαντι τῷ στόλῳ καὶ πλήθει τῶν Αἰγυπτίων ἀνήχθη· χάριτι γὰρ ἦν αὐτῷ ὑποχείριος ὁ τῶν Αἰθιόπων βασιλεύς.

247.   ὃς ὑποδεξάμενος καὶ τοὺς ὄχλους πάντας ὑπολαβὼν οἷς ἔσχεν ἡ χώρα τῶν πρὸς ἀνθρωπίνην τροφὴν ἐπιτηδείων, καὶ πόλεις καὶ κώμας πρὸς τὴν τῶν πεπρωμένων τρισκαίδεκα ἐτῶν ἀπὸ τῆς ἀρχῆς αὐτοῦ [εἰς τὴν] ἔκπτωσιν αὐτάρκεις, οὐχ

244   그리하여 그는 우선 한 무리의 이집트 사람들을 불러 모아서, 그들의 지도자들과 함께 회합을 가졌고, 성소들에서 가장 많은 경배를 받는 거룩한 동물들을 자기에게로 보내오게 하고서, 또한 담당하고 있는 제사장들에게 신들의 입상들을 가장 안전하게 숨겨놓으라고 지시했다.

245   그 아들 세토스를 ― 자기 아버지를 따라서 람프세스라는 별명으로 불렸으며 다섯 살이었다 ― 그는 자기의 지인에게 위탁했다. 하지만 자기 자신은 다른 이집트 사람들과 함께 (나일 강을) 건너서, 30만 명의 매우 잘 훈련된 병사들에게로 갔다. 그런데 그는 원수들과 마주쳤지만 전투를 벌이지는 않았다.

246   오히려 그는 신들과 싸우는 것이 금지되었다고 여겼기 때문에, 다시 멤피스로 되돌아갔다. 그는 아피스[118]와 또 거기로 보내어진 다른 거룩한 짐승들을 취하고, 그의 전투 병력 전체와 이집트 사람들의 무리와 함께 곧장 에티오피아로 갔다. 그러자 감사하는 마음에서 그 에티오피아 사람들의 왕이 그에게 복종했다.

247   이 사람이 그를 영접했고 또 그의 무리 전체를 손님으로 받아들였다, 또한 그들에게는 사람의 양식을 위해 필요한 소산물의 땅이 허락되었다.[119] 그는 13년이 걸릴 왕국에서의 추방 기간을 (지내기에) 충분한 도시들과 마을들을 나누어주었고, 무엇보다도 그는 아메노피스 왕과 함께 있는 사람들의 보호를 위해 이집트 국경에 에티오피아 군대를 주둔시켰다.

118 '아피스'는 이집트인들이 경배한 거룩한 황소를 가리킨다.
119 이 부분의 텍스트가 불완전하다.

ἧττον δὲ καὶ στρατόπεδον Αἰθιοπικὸν πρὸς φυλακὴν ἐπέταξε τοῖς παρ' Ἀμενώφεως τοῦ βασιλέως ἐπὶ τῶν ὁρίων τῆς Αἰγύπτου.

248.   καὶ τὰ μὲν κατὰ τὴν Αἰθιοπίαν τοιαῦτα. οἱ δὲ Σολυμῖται κατελθόντες σὺν τοῖς μιαροῖς τῶν Αἰγυπτίων οὕτως ἀνοσίως καὶ τοῖς ἀνθρώποις προσηνέχθησαν, ὥστε τὴν τῶν προειρημένων κράτησιν χρυσὸν φαίνεσθαι τοῖς τότε τὰ τούτων ἀσεβήματα θεωμένοις·

249.   καὶ γὰρ οὐ μόνον πόλεις καὶ κώμας ἐνέπρησαν οὐδὲ ἱεροσυλοῦντες οὐδὲ λυμαινόμενοι ξόανα θεῶν ἠρκοῦντο, ἀλλὰ καὶ τοῖς αὐτοῖς ὀπτανίοις τῶν σεβαστευομένων ἱερῶν ζῴων χρώμενοι διετέλουν καὶ θύτας καὶ σφαγεῖς τούτων ἱερεῖς καὶ προφήτας ἠνάγκαζον γίνεσθαι καὶ γυμνοὺς ἐξέβαλλον.

250.   λέγεται δέ, ὅτι τὴν πολιτείαν καὶ τοὺς νόμους αὐτοῖς καταβαλόμενος ἱερεὺς τὸ γένος Ἡλιοπολίτης ὄνομα Ὀσαρσὶφ ἀπὸ τοῦ ἐν Ἡλιουπόλει θεοῦ Ὀσίρεως, ὡς μετέβη εἰς τοῦτο τὸ γένος, μετετέθη τοὔνομα καὶ προσηγορεύθη Μωυσῆς.

248   에티오피아에서의 상황은 그와 같았다. 그런데 솔림인들은[120] 전염된 이집트 사람들과 함께 내려와서 거주민들을 매우 흉악무도하게 대했다. 그 결과 앞에서 언급된 자들(=목자들)의 통치는 이 사람들의 성물 훼손을 마냥 바라보아야만 한 사람들에게는 황금시대처럼[121] 보였다.

249   그들은 도시들과 마을들을 불태웠으며, 성전을 노략하고 신들의 조각상들을 훼손하는 일에 만족하지 않았을 뿐만 아니라, 오히려 성소들을 경배되는 신성한 동물들을 굽는 부엌들로 줄곧 이용했다. 그들은 그 자들의 제사장들과 예언자들을 강요하여 이 동물들의 도살자와 살륙자가 되게 했으며, 그런 다음 그들을 발가벗긴 채 밖으로 내던졌다.

1:250   마네톤 단락을 마감하는 설명

250   그런데 그들에게 통치 제도와 법들을 제정한 제사장은 혈통으로는 헬리오폴리스 출신이고, 이름은 헬리오폴리스의 신 오시리스를 따라 오사르세프[122]입니다. 그가 이 백성으로 옮겨갔을 때, 다른 이름을 갖게 되었고, 그리하여 '모세'라고 불리게 되었습니다.

---

120   예루살렘의 거주민들을 가리킨다.
121   문자적으로는 '금'이다.
122   원문에는 '오사르시프'라고 나온다.

251. Ἃ μὲν οὖν Αἰγύπτιοι φέρουσι περὶ τῶν Ἰουδαίων ταῦτ' ἐστὶ καὶ ἕτερα πλείονα, ἃ παρίημι συντομίας ἕνεκα. λέγει δὲ ὁ Μανεθὼς πάλιν, ὅτι μετὰ ταῦτα ἐπῆλθεν ὁ Ἀμένωφις ἀπὸ Αἰθιοπίας μετὰ μεγάλης δυνάμεως καὶ ὁ υἱὸς αὐτοῦ Ῥάμψης καὶ αὐτὸς ἔχων δύναμιν, καὶ συμβαλόντες οἱ δύο τοῖς ποιμέσι καὶ τοῖς μιαροῖς ἐνίκησαν αὐτοὺς καὶ πολλοὺς ἀποκτείναντες ἐδίωξαν αὐτοὺς ἄχρι τῶν ὁρίων τῆς Συρίας.

252. ταῦτα μὲν καὶ τὰ τοιαῦτα Μανεθὼς συνέγραψεν. ὅτι δὲ ληρεῖ καὶ ψεύδεται περιφανῶς, ἐπιδείξω προδιαστειλάμενος ἐκεῖνο τῶν ὕστερον πρὸς ἄλλους λεχθησομένων ἕνεκα· δέδωκε γὰρ οὗτος ἡμῖν καὶ ὡμολόγηκεν ἐξ ἀρχῆς τε μὴ εἶναι τὸ γένος Αἰγυπτίους, ἀλλ' αὐτοὺς ἔξωθεν ἐπελθόντας κρατῆσαι τῆς Αἰγύπτου καὶ πάλιν ἐξ αὐτῆς ἀπελθεῖν.

253. ὅτι δ' οὐκ ἀνεμίχθησαν ἡμῖν ὕστερον τῶν Αἰγυπτίων οἱ τὰ σώματα λελωβημένοι, καὶ ὅτι ἐκ τούτων οὐκ ἦν Μωυσῆς ὁ τὸν λαὸν ἀγαγών, ἀλλὰ πολλαῖς ἐγεγόνει γενεαῖς πρότερον, ταῦτα πειράσομαι διὰ τῶν ὑπ' αὐτοῦ λεγομένων ἐλέγχειν.

1:251　마네톤의 보도에 나오는 기타 내용

251　이것이 이집트 사람들이 유대아 사람들에 대해 전하는 것입니다. 더 이상의 다른 것들은 간결함을 위해 건너뛰고자 합니다. 그런데 마네톤은 재차 말하기를, 그 후에 아메노피스가 에티오피아로부터 엄청난 군대와 더불어 진격했다고 합니다. 또한 그의 아들 람프세스도 자기 군대를 갖고 (진격했습니다). 그 두 사람이 '목자들' 및 전염병 걸린 자들과의 전투에서 승리했습니다. 그들은 많은 사람들을 죽이고 나서, 시리아 국경까지 그들을 추격했습니다.

1:252-253　답변으로 넘어감

252　이러한 일들과 이와 유사한 많은 일들을 마네톤은 기록했습니다. 그가 명백히 어리석고 거짓을 말한다는 사실을 저는 보여줄 것입니다. 하지만 저는 나중에 다른 사람들에게도 말하게 될 것을 고려하여 먼저 다음을 구분해서 말합니다. 이 사람(=마네톤)이 그것을 우리에게 인정했고 또한 처음부터 동의했기 때문입니다. 즉 우리가 출신상 이집트 사람들이 아니고, 오히려 외부에서 공격하여 이집트를 지배하였고, 그리고 다시 거기에서부터 떠나갔다는 것입니다.

253　하지만 훗날 이집트 사람들 중에 신체 장애를 입은 자들은 우리와 절대로 섞이지 아니했으며, 또한 이들로부터 민족을 이끈 모세가 나온 것이 아니라, 오히려 그는 이미 오랜 세대 전에 태어났습니다. 바로 이 점을 제가 마네톤 자신의 말들을 통해 입증하려고 시도할 것입니다.

254. Πρώτην δὴ τὴν αἰτίαν τοῦ πλάσματος ὑποτίθεται καταγέλαστον· ὁ βασιλεὺς γάρ φησιν Ἀμένωφις ἐπεθύμησε τοὺς θεοὺς ἰδεῖν. ποίους; εἰ μὲν τοὺς παρ' αὐτοῖς νενομοθετημένους τὸν βοῦν καὶ τράγον καὶ κροκοδείλους καὶ κυνοκεφάλους, ἑώρα.

255. τοὺς οὐρανίους δὲ πῶς ἐδύνατο; καὶ διὰ τί ταύτην ἔσχε τὴν ἐπιθυμίαν; ὅτι νὴ Δία καὶ πρότερος αὐτοῦ βασιλεὺς ἄλλος ἑωράκει. παρ' ἐκείνου τοίνυν ἐπέπυστο, ποταποί τινές εἰσι καὶ τίνα τρόπον αὐτοὺς εἶδεν, ὥστε καινῆς αὐτῷ τέχνης οὐκ ἔδει.

256. ἀλλὰ σοφὸς ἦν ὁ μάντις, δι' οὗ τοῦτο κατορθώσειν ὁ βασιλεὺς ὑπελάμβανε. καὶ πῶς οὐ προέγνω τὸ ἀδύνατον αὐτοῦ τῆς ἐπιθυμίας; οὐ γὰρ ἀπέβη. τίνα δὲ καὶ λόγον εἶχε διὰ τοὺς ἠκρωτηριασμένους ἢ λεπρῶντας ἀφανεῖς εἶναι τοὺς θεούς; ὀργίζονται γὰρ ἐπὶ τοῖς ἀσεβήμασιν, οὐκ ἐπὶ τοῖς ἐλαττώμασι τῶν σωμάτων.

257. ὀκτὼ δὲ μυριάδας τῶν λεπρῶν καὶ κακῶς διακειμένων πῶς οἷόν τε μιᾷ σχεδὸν ἡμέρᾳ συλλεγῆναι; πῶς δὲ παρήκουσεν τοῦ μάντεως ὁ βασιλεύς; ὁ μὲν γὰρ αὐτὸν ἐκέλευσεν ἐξορίσαι τῆς Αἰγύπτου τοὺς λελωβημένους, ὁ δ' αὐτοὺς εἰς τὰς λιθοτομίας ἐνέβαλεν, ὥσπερ τῶν ἐργασομένων δεόμενος, ἀλλ' οὐχὶ καθᾶραι τὴν χώραν προαιρούμενος.

1:254-259　아메노피스와 휙소스족에 대한 마네톤의 보도에 관하여 답하다

254　그는 자신의 허구적인 이야기의 첫 번째 동기를 우스꽝스럽게 제시합니다. 즉 그가 말하길, 아메노피스 왕이 신들을 보기를 열망했다고 합니다. 어떤 신들일까요? 그들 가운데 법적으로 규정된 신들의 경우라면, 곧 황소, 숫양, 악어들과 원숭이들이라면, 그는 이미 보았습니다.

255　하지만 하늘에 있는 신들은 어떻게 볼 수 있겠습니까? 또한 어찌하여 그가 이런 열망을 갖게 되었을까요? 왜냐하면, 제우스에 맹세컨대,[123] 과거의 다른 왕도 그들을 보았기 때문입니다! 따라서 그는 그의 전임자에게서 어떻게 그 신들이 만들어졌으며 또 어떤 방식으로 그들을 보았는지를 배웠습니다. 그리하여 그에게는 새로운 기술이 필요하지 않았습니다.

256　정말이지 그 점술가는 지혜로웠습니다. 그 사람을 통해 그 왕이 이것을 온전히 행할 수 있다고 믿었으니 말이죠! 그렇다면 어찌 그가 사전에 자기의 열망의 불가능성을 알지 못했을까요? 왜냐하면 이 일은 일어나지 않았기 때문입니다. 그런데 그 장애인들과 한센병 환자들 때문에 신들이 보이지 않는다는 사실에 대해 그는 어떤 근거를 가졌나요? 신들의 진노는 무도한 자들에게나 해당되지, 신체 장애인들에게는 해당되지 않기 때문입니다.

257　8만 명의 한센병 환자와 나쁜 병에 걸린자들이 거의 하루 만에 모였다는 것이 어떻게 가능했을까요? 또한 어찌 그 왕이 그 점술가의 말에 순종하지 않았습니까? 점술가는 그에게 그 장애인들을 이집트의 경계 너머로 끌어내라고 지

123　요세푸스는 이러한 아이러니한 감탄사를 제2권(2:263)에서도 사용한다. 2:263의 경우 단어 띄어쓰기를 통해 그와 같은 사실을 알 수 있다.

258. φησὶ δὲ τὸν μὲν μάντιν αὐτὸν ἀνελεῖν τὴν ὀργὴν τῶν θεῶν προορώμενον καὶ τὰ συμβησόμενα περὶ τὴν Αἴγυπτον, τῷ δὲ βασιλεῖ γεγραμμένην τὴν πρόρρησιν καταλιπεῖν. εἶτα πῶς οὐκ ἐξ ἀρχῆς ὁ μάντις τὸν αὐτοῦ θάνατον προηπίστατο;

259. πῶς δὲ οὐκ εὐθὺς ἀντεῖπεν τῷ βασιλεῖ βουλομένῳ τοὺς θεοὺς ἰδεῖν; πῶς δ' εὔλογος ὁ φόβος τῶν μὴ παρ' αὐτὸν συμβησομένων κακῶν; ἢ τι χεῖρον ἔδει παθεῖν οὐδ' ἂν ἑαυτὸν ἔσπευδεν.

260. τὸ δὲ δὴ πάντων εὐηθέστατον ἴδωμεν· πυθόμενος γὰρ ταῦτα καὶ περὶ τῶν μελλόντων φοβηθεὶς τοὺς λελωβημένους ἐκείνους, ὧν αὐτῷ καθαρεῦσαι προείρητο τὴν Αἴγυπτον, οὐδὲ τότε τῆς χώρας ἐξήλασεν, ἀλλὰ δεηθεῖσιν αὐτοῖς ἔδωκε πόλιν, ὥς φησι, τὴν πάλαι μὲν οἰκηθεῖσαν ὑπὸ τῶν ποιμένων, Αὔαριν δὲ καλουμένην.

261. εἰς ἣν ἀθροισθέντας αὐτοὺς ἡγεμόνα φησὶν ἐξελέσθαι τῶν ἐξ Ἡλιουπόλεως πάλαι γεγονότων ἱερέων, καὶ τοῦτον αὐτοῖς εἰσηγήσασθαι μήτε θεοὺς προσκυνεῖν μήτε τῶν ἐπ' Αἰγύπτῳ θρησκευομένων ζῴων ἀπέχεσθαι, πάντα δὲ θύειν καὶ κατεσθίειν, συνάπτεσθαι δὲ μηδενὶ πλὴν τῶν συνομωμοσμένων, ὅρκοις τε τὸ πλῆθος ἐνδησάμενον, ἦ μὴν τούτοις ἐμμενεῖν τοῖς νόμοις, καὶ τειχίσαντα τὴν Αὔαριν πρὸς τὸν βασιλέα πόλεμον ἐξενεγκεῖν.

시했지만, 왕은 그들을 채석장으로 보냈습니다. 마치 그가 그들의 인력을 필요로 한 것처럼, 또한 그 땅을 정결하게 만드는 것에는 관심이 없는 것처럼 말이죠.

258 마네톤은 계속해서 말합니다. 그 점술가가 자살을 했다고 합니다. 그가 신들의 진노와 이집트에 덮칠 일을 미리 보았기 때문입니다. 게다가 그가 그 왕에게 그 예언을 기록하여 남겼다고 합니다. 그렇다면 어떻게 그 점술가가 자기 자신의 죽음을 미리 알았을까요?

259 어떻게 그는 왕이 그 신들을 보기를 원했을 때, 그 왕에게 곧장 반대하지 않았는지요? 그가 없이는 일어날 수 없는 불행에 대한 두려움이 어떻게 합리적이었겠습니까? 혹은 그 자신이 그렇게도 서둘러 추진한 자살보다도 더 나쁜 어떤 것을 견뎌야 했겠습니까?

1:260-266 마네톤의 보도에 대한 보충 설명

260 그런데 무엇보다도 가장 단순한 것을 보도록 합시다. 즉 그는(=아메노피스) 이러한 정보를 접하고서 미래 때문에 걱정에 빠졌습니다. 하지만 이제 그는 저 쇠약한 자들을 — 이들로부터 예언에 따라 그가 이집트를 정화시켜야만 했는데 — 그 땅에서부터 추방하지 않고, 오히려 그들의 청에 따라 그들에게 한 도시를 선사했습니다. 마네톤이 말하듯이. 예전에 그 '목자들'이 살았던 도시인데, 아바리스라는 이름으로 불렸습니다.

261 그가 말하길, 거기로 그들이 모여서, 헬리오폴리스의 옛 제사장들 중에서 한 지도자를 선출했다고 합니다. 그런데 이 사람이 그들 가운데 도입한 것이 있

262.   καὶ προστίθησιν, ὅτι ἔπεμψεν εἰς Ἱεροσόλυμα παρακαλῶν ἐκείνους αὐτοῖς συμμαχεῖν καὶ δώσειν αὐτοῖς τὴν Αὔαριν ὑπισχνούμενος, εἶναι γὰρ αὐτὴν τοῖς ἐκ τῶν Ἱεροσολύμων ἀφιξομένοις προγονικήν, ἀφ' ἧς ὁρμωμένους αὐτοὺς πᾶσαν τὴν Αἴγυπτον καθέξειν.

263.   εἶτα τοὺς μὲν ἐπελθεῖν εἴκοσι στρατοῦ μυριάσι λέγει, τὸν βασιλέα δὲ τῶν Αἰγυπτίων Ἀμένωφιν οὐκ οἰόμενον δεῖν θεομαχεῖν εἰς τὴν Αἰθιοπίαν εὐθὺς ἀποδρᾶναι, τὸν δὲ Ἆπιν καί τινα τῶν ἄλλων ἱερῶν ζώων παρατεθεικέναι τοῖς ἱερεῦσι διαφυλάττεσθαι κελεύσαντα.

264.   εἶτα τοὺς Ἱεροσολυμίτας ἐπελθόντας τάς τε πόλεις ἀνιστάναι καὶ τὰ ἱερὰ κατακαίειν καὶ τοὺς ἱππέας ἀποσφάττειν, ὅλως τε μηδεμιᾶς ἀπέχεσθαι παρανομίας μηδὲ ὠμότητος.

265.   ὁ δὲ τὴν πολιτείαν καὶ τοὺς νόμους αὐτοῖς καταβαλόμενος ἱερεύς, φησίν, ἦν τὸ γένος Ἡλιοπολίτης, ὄνομα δ' Ὀσαρσὴφ ἀπὸ τοῦ ἐν Ἡλιουπόλει θεοῦ Ὀσίρεως, μεταθέμενος δὲ Μωυσῆν αὐτὸν προσηγόρευσε.

었는데, 신들을 경배하지도 말고 또 이집트에서 제의적으로 숭배받던 동물들도 멀리하며, 오히려 모든 것을 도살하여 먹으며 또한 함께 맹세한 자들 외에는 아무하고도 교제하지 말라는 것입니다. 그는 그 무리가 맹세를 통해 진정 이 법들을 지키겠다고 다짐하게 하고 아바리스를 성벽으로 둘러싼 후에 그 왕과 싸우러 전장에 나갔습니다.

262   그리고 그가 첨가합니다: 그가 예루살렘으로 보내어, 저들이 자기들과 함께 싸우기를 요청했고 또 그들에게 아바리스 시를 넘겨줄 것이며 ― 왜냐하면 그 도시는 진정 예루살렘에서 오는 자들에게는 그들의 조상들의 도시이기 때문입니다. ― 여기서부터 출발해서 그들은 온 이집트를 점령할 것이라고 약속했습니다.

263   그런 다음 그들은 20만 명의 군사와 더불어 이리로 왔다고 마네톤은 말합니다. 그러나 이집트 사람들의 왕인 아메노피스는 신들과 싸워서는 안 된다는 생각을 갖고 있었으므로, 즉시 에티오피아로 도주했습니다. 그러면서 아피스 및 다른 신성한 동물들 중 몇몇을 제사장들에게 맡기면서 정성껏 보호해주라고 명했습니다.

264   그런 다음 예루살렘을 떠나온 자들은 그 도시들의 주민을 쫓아내고, 성전들을 불태웠으며 또 제사장들을 살해했습니다. 그들은 어떠한 불법에서도 전혀 물러서지 않았으며 또한 어떠한 야만적 행위에서도 그러했습니다.

265   그런데 제도와 율법들을 그들에게 전달해준 저 제사장은 ― 마네톤은 말하기를 ― 혈통으로는 헬리오폴리스 출신이고, 이름은 헬리오폴리스의 신 오시리스를 따라서 오사르세프이랍니다. 하지만 다른 이름을 가져 그를 '모세'라 불

266. τρισκαιδεκάτῳ δέ φησιν ἔτει τὸν Ἀμένωφιν, τοσοῦτον γὰρ αὐτῷ χρόνον εἶναι τῆς ἐκπτώσεως πεπρωμένον, ἐξ Αἰθιοπίας ἐπελθόντα μετὰ πολλῆς στρατιᾶς καὶ συμβαλόντα τοῖς ποιμέσι καὶ τοῖς μιαροῖς νικῆσαί τε τῇ μάχῃ καὶ κτεῖναι πολλοὺς ἐπιδιώξαντα μέχρι τῶν τῆς Συρίας ὅρων.

267. Ἐν τούτοις πάλιν οὐ συνίησιν ἀπιθάνως ψευδόμενος· οἱ γὰρ λεπροὶ καὶ τὸ μετ' αὐτῶν πλῆθος, εἰ καὶ πρότερον ὠργίζοντο τῷ βασιλεῖ καὶ τοῖς τὰ περὶ αὐτοὺς πεποιηκόσι κατὰ [τε] τὴν τοῦ μάντεως προαγόρευσιν, ἀλλ' ὅτε τῶν λιθοτομιῶν ἐξῆλθον καὶ πόλιν παρ' αὐτοῦ καὶ χώραν ἔλαβον, πάντως ἂν γεγόνεισαν πρᾳότεροι πρὸς αὐτόν.

268. εἰ δὲ δὴ κἀκεῖνον ἐμίσουν, ἰδίᾳ μὲν ἄνω ἐπεβούλευον, οὐκ ἂν δὲ πρὸς ἅπαντας ἤραντο πόλεμον, δῆλον ὅτι πλείστας ἔχοντες συγγενείας τοσοῦτοί γε τὸ πλῆθος ὄντες.

269. ὅμως δὲ καὶ τοῖς ἀνθρώποις πολεμεῖν διεγνωκότες οὐκ ἂν εἰς τοὺς αὐτῶν θεοὺς πολεμεῖν ἐτόλμησαν οὐδ' ὑπεναντιωτάτους ἔθεντο νόμους τοῖς πατρίοις αὐτῶν καὶ οἷς ἐνετράφησαν.

렀답니다.

266   그런데 그가 말하길, 아메노피스는 13년 째에, 곧 그에게 추방 기간이 된 그만큼의 기간이 되자, 에티오피아에서 많은 군대와 더불어 다가와서는 그 '목자들'과 또 그 전염병 걸린 자들과 싸워 승리했고, 수많은 이들을 살해하고 시리아 경계지역까지 추적했다고 합니다.

1:267-270   이에 대한 답변

267   그 모든 것에서 그는 자기가 설득력이 없이 거짓말을 하고 있는지를 재차 깨닫지 못하고 있습니다. 왜냐하면 그 한센병 환자들 및 그들과 동행하는 무리는 그 왕에 대해, 또한 그 점술가의 예언에 따라 그들에 관한 일을 행한 사람들에 대해 이전에는 증오했지만, 그들이 채석장으로부터 나오고 왕으로부터 도시와 마을을 받았을 때, 확실히 그에 대해 더욱 관대하게 되었을 수 있기 때문입니다.

268   그런데 그들이 그 사람을 증오했더라도, 직접 그에게[124] 해를 가했을 것이지, 모든 이집트 사람들을 상대로 전쟁을 일으키지 않았을 것입니다. 왜냐하면 그들은 (수가) 아주 많기 때문에 저 사람들과 아주 많은 친족관계를 갖고 있음이 분명하기 때문입니다.

269   마찬가지로 사람들과 싸우기로 결정해 놓고, 감히 그들의 신들에 맞서 싸우지 않았을 것입니다. 또한 그들 자신도 성장한 조상들의 관행들에 대립되는

---

124   ἄνω를 수정할 필요가 있다. 지게르트는 αὐτῷ로 읽을 것을 제안한다.

270.   δεῖ δὲ ἡμᾶς τῷ Μανεθῶνι χάριν ἔχειν, ὅτι ταύτης τῆς παρανομίας οὐχὶ τοὺς ἐξ Ἱεροσολύμων ἐλθόντας ἀρχηγοὺς γενέσθαι φησίν, ἀλλ' αὐτοὺς ἐκείνους ὄντας Αἰγυπτίους καὶ τούτων μάλιστα τοὺς ἱερέας ἐπινοῆσαί τε ταῦτα καὶ ὁρκωμοτῆσαι τὸ πλῆθος.

271.   ἐκεῖνο μέντοι πῶς οὐκ ἄλογον, τῶν μὲν οἰκείων αὐτοῖς καὶ τῶν φίλων συναποστῆναι οὐδένα μηδὲ τοῦ πολέμου τὸν κίνδυνον συνάρασθαι, πέμψαι δὲ τοὺς μιαροὺς εἰς Ἱεροσόλυμα καὶ τὴν παρ' ἐκείνων ἐπάγεσθαι συμμαχίαν;

272.   ποίας αὐτοῖς φιλίας ἢ τίνος αὐτοῖς οἰκειότητος προϋπηργμένης; τοὐναντίον γὰρ ἦσαν πολέμιοι καὶ τοῖς ἔθεσι πλεῖστον διέφερον. ὁ δέ φησιν εὐθὺς ὑπακοῦσαι τοῖς ὑπισχνουμένοις, ὅτι τὴν Αἴγυπτον καθέξουσιν, ὥσπερ αὐτῶν οὐ σφόδρα τῆς χώρας ἐμπείρως ἐχόντων, ἧς βιασθέντες ἐκπεπτώκασιν.

273.   εἰ μὲν οὖν ἀπόρως ἢ κακῶς ἔπραττον, ἴσως ἂν καὶ παρεβάλλοντο, πόλιν δὲ κατοικοῦντες εὐδαίμονα καὶ χώραν πολλὴν κρείττω τῆς Αἰγύπτου καρπούμενοι, διὰ τί ποτ' ἂν ἐχθροῖς μὲν πάλαι τὰ δὲ σώματα λελωβημένοις, οὓς μηδὲ τῶν οἰκείων οὐδεὶς ὑπέμενε, τούτοις ἔμελλον παρακινδυνεύσειν βοηθοῦντες; οὐ γὰρ δή γε τὸν γενησόμενον προῄδεσαν δρασμὸν τοῦ βασιλέως·

법들을 공포하지도 않았을 것입니다.

270 그러나 우리는 마네톤에게 감사를 표해야만 합니다. 그가 말하길, 이러한 불법과 관련하여 원인 제공자는 예루살렘에서 온 사람들이 아니라, 오히려 저들 이집트 사람들 자신들이었으며, 특히 이들의 제사장들이 이것들을 지어내고 또한 무리가 맹세하게 했다고 하기 때문입니다.

1:271-277　마네톤의 보도 가운데 가능성이 없어 보이는 다른 내용

271 그런데 그들의 친척들이나 친구들 중 아무도 그들과 함께 반란을 일으키거나 전쟁의 위험을 기꺼이 감수하려 들지 않았으며, 다른 한편 그 전염병 걸린 자들이 대표단을 예루살렘으로 보내어 그 거주민들로부터 전쟁의 동맹을 얻었다는 사실이 어떻게 허튼소리가 아닐까요?

272 그들과 어떠한 합의 혹은 어떠한 친밀성이 이미 있었을까요? 그와 정반대로, 그들은(=예루살렘 사람들) (이집트 사람들의) 원수들이었으며 또한 생활 양식도 달랐습니다. 그런데 마네톤은 말하기를, 그들은 자신들이 이집트를 차지하게 되리라고 약속한 자들을 곧바로 따랐다고 합니다. 마치 그들이 강제로 추방되던 그 땅에 대한 확실한 지식을 갖고 있지 못한 것처럼 말이죠.

273 그런데 그들이 절망적인 상태나 혹은 곤경에 처했더라면, 그들은 아마도 위험을 감수했을 것입니다. 그러나 부유한 도시의 거주민이자 또한 이집트보다 더 좋은 넓은 땅의 수익자로서 무엇 때문에 그들이 옛 원수들, 더구나 신체적으로도 장애를 입은 자들, 그 친척들 가운데 누구도 감당하지 못하는 그런 자들을

274. τοὐναντίον γὰρ αὐτὸς εἴρηκεν, ὡς ὁ παῖς τοῦ Ἀμενώφιος τριάκοντα μυριάδας ἔχων εἰς τὸ Πηλούσιον ὑπηντίαζεν. καὶ τοῦτο μὲν ᾔδεισαν πάντως οἱ παραγινόμενοι, τὴν δὲ μετάνοιαν αὐτοῦ καὶ τὴν φυγὴν πόθεν εἰκάζειν ἔμελλον;

275. εἶτα κρατήσαντάς φησι τῆς Αἰγύπτου πολλὰ καὶ δεινὰ δρᾶν τοὺς ἐκ τῶν Ἱεροσολύμων ἐπιστρατεύσαντας καὶ περὶ τούτων ὀνειδίζει καθάπερ οὐ πολεμίους αὐτοῖς ἐπαγαγὼν ἢ δέον τοῖς ἔξωθεν ἐπικληθεῖσιν ἐγκαλεῖν, ὁπότε ταῦτα πρὸ τῆς ἐκείνων ἀφίξεως ἔπραττον καὶ πράξειν ὠμωμόκεσαν οἱ τὸ γένος Αἰγύπτιοι.

276. ἀλλὰ καὶ χρόνοις ὕστερον Ἀμένωφις ἐπελθὼν ἐνίκησε μάχῃ καὶ κτείνων τοὺς πολεμίους μέχρι τῆς Συρίας ἤλασεν. οὕτω γὰρ παντάπασίν ἐστιν ἡ Αἴγυπτος τοῖς ὁποθενδηποτοῦν ἐπιοῦσιν εὐάλωτος,

277. καὶ οἱ τότε πολέμῳ κρατοῦντες αὐτὴν ζῆν πυνθανόμενοι τὸν Ἀμένωφιν οὔτε τὰς ἐκ τῆς Αἰθιοπίας ἐμβολὰς ὠχύρωσαν πολλὴν εἰς τοῦτο παρασκευὴν ἔχοντες οὔτε τὴν ἄλλην ἡτοίμασαν δύναμιν, ὁ δὲ καὶ μέχρι τῆς Συρίας ἀναιρῶν, φησίν, αὐτοὺς ἠκολούθησε διὰ τῆς ψάμμου τῆς ἀνύδρου, δῆλον ὅτι οὐ ῥᾴδιον οὐδὲ ἀμαχεὶ στρατοπέδῳ διελθεῖν.

도우려고 위험에 뛰어들며 도우려 하겠습니까? 왜냐하면 절대로 그들은 그 왕이 도주하리라는 것을 미리 알 수 없었기 때문입니다.

274   그와 반대로 마네톤 자신이 말했습니다. 아메노피스의 아들은 30만 명의 군사를 가지고서 그들을 대적하기 위해 펠루시온으로 진격했다는 것입니다. 또한 이 사실을 싸우러 오는 적군들은 잘 알고 있었습니다. 하지만 그 왕의 생각이 바뀐 것과 그의 도주를, 그들이 어디에서 알아낼 수 있었겠습니까?

275   그런 다음 마네톤은 말합니다: 이집트를 점령한 후에 예루살렘에서 진격해온 자들이 수많은 끔찍한 짓을 저질렀다 합니다. 또한 그가 그 일에 대하여 비난했는데, 마치 그가 그들을 자기들의 원수들로 (이 장면에) 끌어들이지 아니한 것처럼, 혹은 외부에서 불려온 자들을 비난해야만 하듯이 말이죠. 사실 그들이 도착하기 전에 태생적인 이집트 사람들이 그와 같은 짓을 해왔으며 또한 미래에도 행하리라고 맹세했습니다!

276   그런데 얼마 후에 아메노피스가 진격해 와서, 전쟁에서 승리했으며, 또한 그 원수들을 살해하는 가운데 시리아까지 몰아냈다고 합니다. 어떻게 이집트가 그처럼 손쉽게 어디에서 오건 공격하는 자들에게 점령당할 수 있을까요!

277   또한 당시 전쟁으로 이집트를 정복한 자들은 아메노피스가 살아있다는 소식을 접했지만, 온갖 자원을 갖췄음에도 에티오피아에서 오는 통로들을 공고히 지키지도 않고 또 다른 군사를 예비하지도 않았다고 합니다. 그래서 그 왕이, 그가 말하듯이, 그들을 시리아까지 쳐부수면서 물이 없는 모래사막을 통과하여 뒤쫓았다고 합니다. 그런데 분명한 것은, 전투 자체가 없어도 전투 부대가 (사막을) 통과하기란 쉽지 않다는 것입니다.

278.   Κατὰ μὲν οὖν τὸν Μανεθῶν οὔτε ἐκ τῆς Αἰγύπτου τὸ γένος ἡμῶν ἐστιν οὔτε τῶν ἐκεῖθέν τινες ἀνεμίχθησαν· τῶν γὰρ λεπρῶν καὶ νοσούντων πολλοὺς μὲν εἰκὸς ἐν ταῖς λιθοτομίαις ἀποθανεῖν πολὺν χρόνον ἐκεῖ γενομένους καὶ κακοπαθοῦντας, πολλοὺς δ' ἐν ταῖς μετὰ ταῦτα μάχαις, πλείστους δ' ἐν τῇ τελευταίᾳ καὶ τῇ φυγῇ.

279.   Λοιπόν μοι πρὸς αὐτὸν εἰπεῖν περὶ Μωυσέως. τοῦτον δὲ τὸν ἄνδρα θαυμαστὸν μὲν Αἰγύπτιοι καὶ θεῖον νομίζουσι, βούλονται δὲ προσποιεῖν αὐτοῖς μετὰ βλασφημίας ἀπιθάνου, λέγοντες Ἡλιοπολίτην εἶναι τῶν ἐκεῖθεν ἱερέων ἕνα διὰ τὴν λέπραν συνεξεληλαμένον.

280.   δείκνυται δ' ἐν ταῖς ἀναγραφαῖς ὀκτωκαίδεκα σὺν τοῖς πεντακοσίοις πρότερον ἔτεσι γεγονὼς καὶ τοὺς ἡμετέρους ἐξαγαγὼν ἐκ τῆς Αἰγύπτου πατέρας εἰς τὴν χώραν τὴν νῦν οἰκουμένην ὑφ' ἡμῶν.

281.   ὅτι δὲ οὐδὲ συμφορᾷ τινι τοιαύτῃ περὶ τὸ σῶμα κεχρημένος ἦν, ἐκ τῶν λεγομένων ὑπ' αὐτοῦ δῆλός ἐστι· τοῖς γὰρ λεπρῶσιν ἀπείρηκε μήτε μένειν ἐν πόλει μήτ' ἐν κώμῃ κατοικεῖν, ἀλλὰ μόνους περιπατεῖν κατεσχισμένους τὰ ἱμάτια, καὶ τὸν ἁψάμενον αὐτῶν ἢ ὁμωρόφιον γενόμενον οὐ καθαρὸν ἡγεῖται.

1:278   중간 결과

278   하지만 마네톤에 따르면, 우리 민족은 이집트에서 유래한 것도 아니고 또한 그곳의 사람들 일부가 (우리 민족과) 섞인 것도 아닙니다. 왜냐하면 한센병 환자들 및 다른 병자들 중 다수가 채석장들에서 오랜 기간 지내고 고생을 겪은 후에 거기서 사망했고, 다수는 그 후에 뒤따르는 전쟁들 가운데 사망했고, 대다수는 그 마지막 전쟁에서 또한 도주하는 가운데 사망했기 때문입니다.

1:279-286   모세에 대한 마네톤의 서술에 대한 응답

279   모세와 관련하여 마네톤에게 말할 사항이 나에게 남아 있습니다. 이 사람을 이집트 사람들은 경탄스러우며 또 신적이라고 여기고 자기들에게로 끌어들이려고 하면서도 믿을 수 없는 비방을 합니다. 그들은 그가 헬리오폴리스 사람으로서 그곳에서 유래한 제사장들 중 하나이며, 한센병으로 인해 추방된 자라고 주장합니다.

280   그런데 공문서 가운데 입증되는 사실은, 그가 518년 전에 태어났으며, 우리의 조상들을 이집트로부터 오늘날 우리가 거주하는 땅으로 인도해 내었다는 것입니다.

281   그런데 그가 그러한 육체적인 불행을 지니지 않았다는 사실이 그의 진술들 가운데 분명합니다. 즉 그는 한센병 걸린 자들에게 도시 안에 머물지도 말며 또 오직 한 마을에만 거주하며, 찢어진 옷을 입고서 다녀야만 한다고 명했습니다. 또한 그들과 접촉하거나 혹은 그들과 한 지붕을 공유하는 자를 그는 정결하

282. καὶ μὴν κἂν θεραπευθῇ τὸ νόσημα καὶ τὴν αὐτοῦ φύσιν ἀπολάβῃ, προείρηκέν τινας ἁγνείας καθαρμοὺς πηγαίων ὑδάτων λουτροῖς καὶ ξυρήσεις πάσης τῆς τριχός, πολλάς τε κελεύει καὶ παντοίας ἐπιτελέσαντα θυσίας τότε παρελθεῖν εἰς τὴν ἱερὰν πόλιν.

283. καίτοι τοὐναντίον εἰκὸς ἦν προνοίᾳ τινὶ καὶ φιλανθρωπίᾳ χρήσασθαι τὸν ἐν τῇ συμφορᾷ ταύτῃ γεγονότα πρὸς τοὺς ὁμοίως αὐτῷ δυστυχήσαντας.

284. οὐ μόνον δὲ περὶ τῶν λεπρῶν οὕτως ἐνομοθέτησεν, ἀλλ' οὐδὲ τοῖς καὶ τὸ βραχύτατόν τι τοῦ σώματος ἠκρωτηριασμένοις ἱερᾶσθαι συγκεχώρηκεν, ἀλλ' εἰ καὶ μεταξύ τις ἱερώμενος τοιαύτῃ χρήσαιτο συμφορᾷ, τὴν τιμὴν αὐτὸν ἀφείλετο.

285. πῶς οὖν εἰκὸς ἐκεῖνον ταῦτα νομοθετεῖν ἀνοήτως ἀπὸ τοιούτων συμφορῶν συνειλεγμένους πρόεσθαι καθ' ἑαυτῶν εἰς ὄνειδός τε καὶ βλάβην νόμους συντιθεμένους;

286. ἀλλὰ μὴν καὶ τοὔνομα λίαν ἀπιθάνως μετατέθεικεν· Ὀσαρσὴφ γάρ, φησίν, ἐκαλεῖτο. τοῦτο μὲν οὖν εἰς τὴν μετάθεσιν οὐκ ἐναρμόζει, τὸ δ' ἀληθὲς ὄνομα δηλοῖ τὸν ἐκ τοῦ ὕδατος σωθέντα [Μωσῆν]· τὸ γὰρ ὕδωρ οἱ Αἰγύπτιοι μῶϋ καλοῦσιν.

다고 여기지 않습니다.

282　그런데 그 병이 치유되고 또 그의 육체적인 원상태가 회복될 경우에도, 그는 샘물의 목욕을 통해서 또 머리카락 전체를 자르게 함으로써 일종의 성결과 정결 예식을 미리 정해두었습니다.[125] 또한 그는 수많은 다양한 희생제물을 바치고, 그런 다음에 그 거룩한 도시로 들어가라고 명령합니다.

283　그런데 이와는 대조적으로 그러한 불행에 처한 사람이 자기와 비슷하게 곤경을 겪는 자들에 대하여 어떤 배려나 자애를 베풀 법합니다.

284　그러나 그는 그 한센병 걸린 자들에 대해 이와 같이 규정했을 뿐만 아니라, 조금이라도 육체적 장애가 있는 자들에게도 제사장직을 허락하지 않았습니다. 심지어 어떤 이가 제사장직을 수행하는 도중에 그런 불행이 닥쳤다 할지라도, 그는 그에게서 그 직무를 박탈했습니다.

285　얼마나 어리석게도 저 사람은 그러한 것들을 제정했습니까! 또 그러한 불행으로 함께 모인 자들이 자신들의 이해와 상반되게 만들어져 결국은 자신들의 치욕과 불이익이 될 법들을 승인할 법합니까!

286　그리고 마지막으로, 마네톤은 어처구니없게도 그 (계명 수여자의) 이름을 변경했습니다! 그가 말하길, 그는 "오사르세프"라고 불렸다고 합니다. 한편으론 이 이름은 그 유래(변경)[126]와 맞지 않습니다. 다른 한편으론 참된 이름은 "물에서 건져진 자" 모세를 뜻합니다. 물을 가리켜 이집트 사람들은 "모브"(μῶϋ)라 부르

125　레위기 13장과 14장을 참조하라.

126　요세푸스는 μετάθεσις를 어원적 유래의 뜻으로 사용한 것으로 보인다(2:26을 참조하라).

287. ἱκανῶς οὖν γεγονέναι νομίζω καὶ δῆλον δ' ὅτι Μανεθὼς ἕως μὲν ἠκολούθει ταῖς ἀρχαίαις ἀναγραφαῖς οὐ πολὺ τῆς ἀληθείας διημάρτανεν, ἐπὶ δὲ τοὺς ἀδεσπότους μύθους τραπόμενος ἢ συνέθηκεν αὐτοὺς ἀπιθάνως ἢ τισι τῶν πρὸς ἀπέχθειαν εἰρηκότων ἐπίστευσεν.

288. Μετὰ τοῦτον ἐξετάσαι βούλομαι Χαιρήμονα· καὶ γὰρ οὗτος Αἰγυπτιακὴν φάσκων ἱστορίαν συγγράφειν καὶ προσθεὶς ταὐτὸ ὄνομα τοῦ βασιλέως ὅπερ ὁ Μανεθὼς Ἀμένωφιν καὶ τὸν υἱὸν αὐτοῦ Ῥαμεσσήν,

기 때문입니다.

1:287　마네톤과 관련된 결론

287　이제 충분해졌다고 생각합니다. 또한 다음이 명백해졌습니다. 마네톤은 고대 공문서들을 따라가는 한, 진리에서 많이 이탈하지 않았습니다. 하지만 그가 익명의 신화들로 돌아서면서, 그것들을 납득할 수 없게 지어내거나 혹은 악의적으로 진술한 사람들의 말을 신뢰했습니다.

B) 카이레몬의 보도

1:288-292　카이레몬에게서 나온 진술

288　이 사람(=마네톤) 다음으로 나는 카이레몬[127]을 검토하려 합니다. 왜냐하면 이 사람도 이집트 역사를 기록한다고 주장하면서 그 왕의 동일한 이름, 곧 마네톤처럼 '아메노피스'를 그의 아들 '라메세스'와 더불어 제시하고 있기 때문입니다.

127　카이레몬(Chairemon)은 이집트 제사장이며 스토아 철학자였다. 한동안 알렉산드리아 도서관의 관장으로 있었다. 그가 ἱερογραμματεύς 칭호를 가진 것으로 보아, 상형문자에 대한 지식도 지녔을 것이다. 로마에서 네로 황제의 스승이기도 했다. 그에 대한 요세푸스의 보도가 카이레몬의 작품 Aegyptiaca의 내용을 알려주는 유일한 증거이다.

289.   φησὶν ὅτι κατὰ τοὺς ὕπνους ἡ Ἶσις ἐφάνη τῷ Ἀμενώφει μεμφομένη αὐτόν, ὅτι τὸ ἱερὸν αὐτῆς ἐν τῷ πολέμῳ κατέσκαπται. Φριτιβαύτην δὲ ἱερογραμματέα φάναι, ἐὰν τῶν τοὺς μολυσμοὺς ἐχόντων ἀνδρῶν καθάρῃ τὴν Αἴγυπτον, παύσεσθαι τῆς πτοίας αὐτόν.

290.   ἐπιλέξαντα δὲ τῶν ἐπισινῶν μυριάδας εἰκοσιπέντε ἐκβαλεῖν. ἡγεῖσθαι δ' αὐτῶν γραμματέας Μωσῆν τε καὶ Ἰώσηπον καὶ τοῦτον ἱερογραμματέα, Αἰγύπτια δ' αὐτοῖς ὀνόματα εἶναι τῷ μὲν Μωσῇ Τισιθέν, τῷ δὲ Ἰωσήπῳ Πετεσήφ.

291.   τούτους δ' εἰς Πηλούσιον ἐλθεῖν καὶ ἐπιτυχεῖν μυριάσι τριακονταοκτὼ καταλελειμμέναις ὑπὸ τοῦ Ἀμενώφιος, ἃς οὐ θέλειν εἰς τὴν Αἴγυπτον διακομίζειν· οἷς φιλίαν συνθεμένους ἐπὶ τὴν Αἴγυπτον στρατεῦσαι.

292.   τὸν δὲ Ἀμένωφιν οὐχ ὑπομείναντα τὴν ἔφοδον αὐτῶν εἰς Αἰθιοπίαν φυγεῖν καταλιπόντα τὴν γυναῖκα ἔγκυον, ἣν κρυβομένην ἔν τισι σπηλαίοις τεκεῖν παῖδα ὄνομα Ῥαμέσσην, ὃν ἀνδρωθέντα ἐκδιῶξαι τοὺς Ἰουδαίους εἰς τὴν Συρίαν ὄντας περὶ εἴκοσι μυριάδας καὶ τὸν πατέρα Ἀμένωφιν ἐκ τῆς Αἰθιοπίας καταδέξασθαι.

293.   Καὶ ταῦτα μὲν ὁ Χαιρήμων. οἶμαι δὲ αὐτόθεν φανερὰν εἶναι ἐκ τῶν εἰρημένων τὴν ἀμφοῖν ψευδολογίαν· ἀληθείας μὲν γάρ τινος ὑποκειμένης ἀδύνατον ἦν διαφωνεῖν ἐπὶ τοσοῦτον, οἱ δὲ τὰ ψευδῆ συντιθέντες οὐχ ἑτέροις σύμφωνα γράφουσιν, ἀλλ' αὐτοῖς τὰ δόξαντα

289　또한 이시스가 아메노피스의 꿈에 나타나서 그를 비난했다고 하는데, 그의 성전이 전쟁에서 붕괴되었기 때문입니다. 그런데 상형문자 필사자 프리토바우테스가 말하기를, 그가 전염병을 지니고 있는 자들로부터 이집트를 정화시킨다면, 그것이 그를 그 끔찍함에서 해방시킬 것이라 합니다.

290　그때 그가 전염된 자들 중에서 25만 명을 추려내어 추방했다고 합니다. 필사자 모세와 역시 상형문자 필사자인 요세포스가 그들을 인도했으며, 또한 그들의 이집트 이름들은 모세의 경우 '티시텐,' 요셉의 경우에는 '페테세프'입니다.

291　이들은 펠루시온으로 가서, 38만 명의 사람들과 마주쳤는데, 이들은 아메노피스에 의해 남겨진 자들로서 왕이 이집트로 데려가기를 원하지 않은 자들이라 합니다. 이 자들과 더불어 그들은 동맹을 맺고 이집트로 진격했다고 합니다.

292　아메노피스는 그들의 공격을 기다리지 않고, 에티오피아로 도주하였으며, 또한 임신 중인 자기 아내를 남겨두었습니다. 그녀는 어떤 동굴 속으로 몸을 숨겼는데 라메세스란 이름을 가진 아이를 낳았다고 합니다. 그는 성인이 되자, 대략 20만 명이 되는 유대아 사람들을 시리아로 추방했으며, 또한 자기 아버지 아메노피스를 에티오피아에서 돌아오게 했다고 합니다.

1:293-303　카이레몬에 대한 응답

293　여기까지가 카이레몬의 말입니다. 오직 언급된 것에서 보더라도 나에게 명백해 보이는 것은, 둘 다 거짓을 말한다는 사실입니다. 그런즉 어떤 진리가 기초가 된다면, 그들이 그토록 여러 곳에서 불일치할 수 없을 것입니다. 그런데 거

πλάττουσιν.

294. ἐκεῖνος μὲν οὖν ἐπιθυμίαν τοῦ βασιλέως, ἵνα τοὺς θεοὺς ἴδῃ, φησὶν ἀρχὴν γενέσθαι τῆς τῶν μιαρῶν ἐκβολῆς, ὁ δὲ Χαιρήμων ἴδιον ὡς τῆς Ἴσιδος ἐνύπνιον συντέθεικε.

295. κἀκεῖνος μὲν Ἀμένωφιν εἶναι λέγει τὸν προειπόντα τῷ βασιλεῖ τὸν καθαρμόν, οὗτος δὲ Φριτοβαύτην· ὁ δὲ δὴ τοῦ πλήθους ἀριθμὸς καὶ σφόδρα σύνεγγυς, ὀκτὼ μὲν μυριάδας ἐκείνου λέγοντος, τούτου δὲ πέντε πρὸς ταῖς εἴκοσιν.

296. ἔτι τοίνυν ὁ μὲν Μανεθὼς πρότερον εἰς τὰς λιθοτομίας τοὺς μιαροὺς ἐκβαλὼν εἶτα αὐτοῖς τὴν Αὔαριν δοὺς ἐγκατοικεῖν καὶ τὰ πρὸς τοὺς ἄλλους Αἰγυπτίους ἐκπολεμώσας τότε φησὶν ἐπικαλέσασθαι τὴν παρὰ τῶν Ἱεροσολυμιτῶν αὐτοὺς ἐπικουρίαν,

297. ὁ δὲ Χαιρήμων ἀπαλλαττομένους ἐκ τῆς Αἰγύπτου περὶ Πηλούσιον εὑρεῖν ὀκτὼ καὶ τριάκοντα μυριάδας ἀνθρώπων καταλελειμμένας ὑπὸ τοῦ Ἀμενώφιος καὶ μετ' ἐκείνων πάλιν εἰς τὴν Αἴγυπτον ἐμβαλεῖν, φεύγειν δὲ τὸν Ἀμένωφιν εἰς τὴν Αἰθιοπίαν.

298. τὸ δὲ δὴ γενναιότατον, οὐδὲ τίνες ἢ πόθεν ἦσαν αἱ τοσαῦται τοῦ στρατοῦ μυριάδες εἴρηκεν εἴτε Αἰγύπτιοι τὸ γένος εἴτ' ἔξωθεν ἥκοντες, ἀλλ' οὐδὲ τὴν αἰτίαν διεσάφησε, δι' ἣν αὐτοὺς ὁ βασιλεὺς εἰς τὴν Αἴγυπτον ἀνάγειν οὐκ ἠθέλησεν, ὁ περὶ τῶν λεπρῶν τὸ τῆς Ἴσιδος

짓을 지어내는 자들은 다른 사람들과 일치하는 것을 기록하기보다는 오히려 제 멋대로 생각한 것을 만들어냅니다.

294　이제 저 사람(마네톤)은 신들을 보고자 하는 그 왕의 열정이 그 전염된 자들을 추방하는 동기라고 말합니다. 그러나 카이레몬은 마치 이시스가 나오듯 고유한 꿈을 지어냈습니다.

295　그런데 저 사람이(=마네톤) 말하길, 아메노피스가 왕을 위해 정결 예식을 미리 정해 놓았다고 하지만, 이 사람은(=카이레몬) 프리토바우테스라고 합니다. 그런데 그 무리의 숫자도 매우 가깝습니다! 저 사람은 8만 명이라 말하는데, 이 사람은 25만 명이라 합니다!

296　또한 게다가 마네톤은 우선적으로 그 전염된 자들을 채석장들로 추방하고, 그런 다음 그들에게 거주하도록 아바리스를 주고, 나머지 이집트 사람들에 대항하는 전쟁을 벌이고, 그런 다음에야 그들이 예루살렘 사람들한테서 도움을 청했다고 말합니다.

297　그러나 카이레몬은 이집트로부터 추방된 자들은 펠루시온 근처에 38만의 사람들이 아메노피스에 의해 남겨졌다는 것을 발견하고, 그들과 함께 다시 이집트로 진격하여, 아메노피스가 에티오피아로 도주했다고 합니다.

298　그런데 가장 탁월한 점은, 그 수십만 명의 군대가 누구였는지 혹은 그들이 어디에서 왔는지, 곧 그들이 태생적 이집트 사람들이었는지, 혹은 외부에서 온 자들인지, 그가 전혀 말하지 않는다는 것입니다. 실로 그는 그 왕이 그들을 이집트로 데려가기를 원하지 않은 이유를 밝히지 않았지만, 그는 한센병 걸린 자들

ἐνύπνιον συμπλάσας.

299. τῷ δὲ Μωσεῖ καὶ τὸν Ἰώσηπον ὁ Χαιρήμων ὡς ἐν ταὐτῷ χρόνῳ συνεξηλελαμένον προστέθεικεν τὸν πρὸ Μωυσέως πρεσβύτερον τέσσαρσι γενεαῖς τετελευτηκότα, ὧν ἐστιν ἔτη σχεδὸν ἑβδομήκοντα καὶ ἑκατόν.

300. ἀλλὰ μὴν ὁ Ῥαμέσσης ὁ τοῦ Ἀμενώφιος υἱὸς κατὰ μὲν τὸν Μανεθῶν νεανίας συμπολεμεῖ τῷ πατρὶ καὶ συνεκπίπτει φυγὼν εἰς τὴν Αἰθιοπίαν, οὗτος δὲ πεποίηκεν αὐτὸν μετὰ τὴν τοῦ πατρὸς τελευτὴν ἐν σπηλαίῳ τινὶ γεγενημένον καὶ μετὰ ταῦτα νικῶντα μάχῃ καὶ τοὺς Ἰουδαίους εἰς Συρίαν ἐξελαύνοντα τὸν ἀριθμὸν ὄντας περὶ μυριάδας κ'.

301. ὦ τῆς εὐχερείας· οὔτε γὰρ πρότερον οἵτινες ἦσαν αἱ τριάκοντα καὶ ὀκτὼ μυριάδες εἶπεν οὔτε πῶς αἱ εἴκοσι καὶ τρεῖς διεφθάρησαν, πότερον ἐν τῇ μάχῃ κατέπεσον ἢ πρὸς τὸν Ῥαμεσσῆ μετεβάλοντο.

302. τὸ δὲ δὴ θαυμασιώτατον, οὐδὲ τίνας καλεῖ τοὺς Ἰουδαίους δυνατόν ἐστι παρ' αὐτοῦ μαθεῖν ἢ ποτέροις αὐτοῖς τίθεται ταύτην τὴν προσηγορίαν, ταῖς κε' μυριάσι τῶν λεπρῶν ἢ ταῖς η' καὶ λ' ταῖς περὶ τὸ Πηλούσιον.

303. ἀλλὰ γὰρ εὔηθες ἴσως ἂν εἴη διὰ πλειόνων ἐλέγχειν τοὺς ὑφ' ἑαυτῶν ἐληλεγμένους· τὸ γὰρ ὑπ' ἄλλων ἦν μετριώτερον.

과 관련하여 이시스의 꿈을 지어낸 자입니다.

299　그런데 카이레몬은 모세에게 요셉도 붙여주었습니다. 마치 그가 그 동일한 시간에 함께 탈출한 것처럼 말이죠. 하지만 요셉은 네 세대 이전 사람으로서 모세 전에 이미 죽은 사람이었습니다. 그것은 거의 170년 정도에 해당합니다.

300　첨가하자면, 아메노피스의 아들 라메세스는 ― 마네톤에 따르면 ― 젊은 이로서 자기 아버지와 함께 전쟁에 참여했으며, 또한 그와 함께 추방되어 에티오피아로 도주하였습니다. 그러나 이 사람이(=카이레몬) 꾸며내기를, 그는 아버지가 사망한 후에[128] 어떤 동굴 속에서 태어났으며, 그 후에 전쟁에서 승리했고 또한 유대아 사람들을 시리아까지 내쫓았다고 합니다. 그 숫자가 대략 20만 명이나 됩니다.

301　얼마나 경솔한 일인지요! 그는 애초에 그 38만 명이 누구였는지 언급하지 않습니다. 또 어떻게 43만 명이 궤멸되었는지, 그들이 전쟁에서 쓰러졌는지 혹은 그들이 라메세스에게로 넘어갔는지도 말하지 않습니다.

302　그런데 가장 놀라운 것은, 도대체 그가 어떤 사람들을 '유대아 사람들'이라 부르는지를 그에게서 알아낼 수 없다는 것입니다. 두 무리 중 어떤 사람들에게 그가 이 (유대아 사람이란) 명칭을 붙였는지, 25만 명의 한센병 환자들인지 아니면 펠루시온 근처의 38만 명인지 말이죠.

303　하지만 자신들에 의해 이미 반박된 자들을 더욱 상세히 반박하고자 하는

128　카이레몬의 서술과는 다르다(1:292).

304. Ἐπεισάξω δὲ τούτοις Λυσίμαχον εἰληφότα μὲν τὴν αὐτὴν τοῖς προειρημένοις ὑπόθεσιν τοῦ ψεύσματος περὶ τῶν λεπρῶν καὶ λελωβημένων, ὑπερπεπαικότα δὲ τὴν ἐκείνων ἀπιθανότητα τοῖς πλάσμασι, δῆλος συντεθεικὼς κατὰ πολλὴν ἀπέχθειαν·

305. λέγει γὰρ ἐπὶ Βοχχόρεως τοῦ Αἰγυπτίων βασιλέως τὸν λαὸν τῶν Ἰουδαίων λεπροὺς ὄντας καὶ ψωροὺς καὶ ἄλλα νοσήματά τινα ἐχόντων εἰς τὰ ἱερὰ καταφεύγοντας μεταιτεῖν τροφήν. παμπόλλων δὲ ἀνθρώπων νοσηλείᾳ περιπεσόντων ἀκαρπίαν ἐν τῇ Αἰγύπτῳ γενέσθαι.

306. Βόχχοριν δὲ τὸν τῶν Αἰγυπτίων βασιλέα εἰς Ἄμμωνος πέμψαι περὶ τῆς ἀκαρπίας τοὺς μαντευσομένους, τὸν θεὸν δὲ ἐρεῖν τὰ ἱερὰ καθᾶραι ἀπ' ἀνθρώπων ἀνάγνων καὶ δυσσεβῶν ἐκβάλλοντα αὐτοὺς ἐκ τῶν ἱερῶν εἰς τόπους ἐρήμους, τοὺς δὲ ψωροὺς καὶ λεπροὺς βυθίσαι, ὡς τοῦ ἡλίου ἀγανακτοῦντος ἐπὶ τῇ τούτων ζωῇ, καὶ τὰ ἱερὰ ἁγνίσαι καὶ οὕτω τὴν γῆν καρποφορήσειν.

것은 아마도 어리석은 일일 것 같습니다. 왜냐하면 다른 사람들에 의해 반박되는 것은 덜 중요하기 때문입니다.

C) 리시마코스의 보도

1:304-311 리시마코스에게서 나온 보도

304 이러한 사람들에 뒤이어 내가 소환하려는 사람은 리시마코스[129]입니다. 그는 앞서 언급된 사람들처럼 한센병 환자들과 장애인들에 관한 동일한 거짓 주제를 다루었습니다. 하지만 그는 지어낸 이야기로 저들의 어처구니없음을 넘어섰습니다. 그가 상당한 증오로 글을 썼음이 분명합니다.

305 왜냐하면 그가 말하기를, 이집트 사람들의 왕인 보코리스[130] 치하에 한센병과 피부병을 갖고 있으며 또 기타 질병을 가진 유대아 백성이 성전들 안으로 도피하여서 식량을 구걸했다고 하기 때문입니다. 수많은 사람들이 질병에 떨어졌을 때, 이집트에 소출 부족이 일어났다고 합니다.

306 그때 이집트 사람들의 왕인 보코리스가 소출 부족에 대해 신탁을 물어볼 자들을 보내야만 했다고 합니다. 그러자 신은 말하기를, 부정하며 불경한 사람들로부터 성전들을 정화하고, 왕은 이 사람들을 성전들로부터 황량한 지역으로

---

129 기원전 2~1세기에 활동한 것으로 추정되는 알렉산드리아의 문법학자이자 역사서술가.
130 4왕조의 통치자로서 잘 알려진 인물이다. 그리스 전통에서 그는 위대한 이집트 입법자에 속한다(Diodor 1:65.79.94).

307.	τὸν δὲ Βόκχοριν τοὺς χρησμοὺς λαβόντα τούς τε ἱερεῖς καὶ ἐπιβωμίτας προσκαλεσάμενον κελεῦσαι ἐπιλογὴν ποιησαμένους τῶν ἀκαθάρτων τοῖς στρατιώταις τούτους παραδοῦναι κατάξειν αὐτοὺς εἰς τὴν ἔρημον, τοὺς δὲ λεπροὺς εἰς μολιβδίνους χάρτας ἐνδήσαντας, ἵνα καθῶσιν εἰς τὸ πέλαγος.

308.	βυθισθέντων δὲ τῶν λεπρῶν καὶ ψωρῶν τοὺς ἄλλους συναθροισθέντας εἰς τόπους ἐρήμους ἐκτεθῆναι ἐπ' ἀπωλείᾳ, συναχθέντας δὲ βουλεύσασθαι περὶ αὑτῶν, νυκτὸς δὲ ἐπιγενομένης πῦρ καὶ λύχνους καύσαντας φυλάττειν ἑαυτοὺς τήν τ' ἐπιοῦσαν νύκτα νηστεύσαντας ἱλάσκεσθαι τοὺς θεοὺς περὶ τοῦ σῶσαι αὐτούς.

309.	τῇ δ' ἐπιούσῃ ἡμέρᾳ Μωσῆν τινα συμβουλεῦσαι αὐτοῖς παραβαλλομένοις μίαν ὁδὸν τέμνειν ἄχρι ἂν ὅτου ἔλθωσιν εἰς τόπους οἰκουμένους, παρακελεύσασθαί τε αὐτοῖς μήτε ἀνθρώπων τινὶ εὐνοήσειν μήτε ἄριστα συμβουλεύσειν ἀλλὰ τὰ χείρονα θεῶν τε ναοὺς καὶ βωμούς, οἷς ἂν περιτύχωσιν, ἀνατρέπειν.

310.	συναινεσάντων δὲ τῶν ἄλλων τὰ δοχθέντα ποιοῦντας διὰ τῆς ἐρήμου πορεύεσθαι, ἱκανῶς δὲ ὀχληθέντας ἐλθεῖν εἰς τὴν οἰκουμένην χώραν καὶ τούς τε ἀνθρώπους ὑβρίζοντας καὶ τὰ ἱερὰ συλῶντας καὶ ἐμπρήσαντας ἐλθεῖν εἰς τὴν νῦν Ἰουδαίαν προσαγορευομένην, κτίσαντας δὲ πόλιν ἐνταῦθα κατοικεῖν.

추방하여 피부병과 한센병에 걸린 자들을 추방하고 ― 태양이 그들이 살아있는 것을 보는 것으로 인해 비위가 상했기 때문이지요 ― 그 성전들을 정화하라고 했답니다. 그러면 땅이 다시 열매를 맺게 될 것이라고요.

307   그러자 보코리스는 신탁들을 받고, 제사장들과 또 제단 섬기는 자를 불러 그들에게 명하기를, 그 불결한 자들을 색출하여 이들을 병사들에게 넘기고 그들을 광야로 내려보내고, 한센병 환자들을 납 종이로 둘러싸서 바다 속에 빠뜨리도록 했다고 합니다.

308   그래서 한센병과 피부병에 걸린 자들은 익사했고, 나머지 사람들은 황량한 지역으로 소집되어 버려져 멸절당하게 되었다고 합니다. 그러자 그들은 함께 모여 자기들의 일과 관련하여 결단을 내리고, 밤이 다가오자 횃불과 등불을 점화하고 스스로를 방어했고, 다음날 밤에는 금식을 하고 나서 신들에게 화해를 구하면서 자기들을 구해달라고 했다고 합니다.

309   그 다음 날에 모세라는 사람[131]이 그들에게 권면하기를, 그들이 거주 지역에 도착할 때까지 도전하는 마음으로 한 길로 나아가라고 했습니다. 또한 그는 그들에게 지시하기를, 사람들 중 아무에게도 호의를 베풀지 말고, 또한 최상의 조언을 따르지 말고, 오히려 더 나쁜 것을 따르며 또 그들이 마주칠 신전들과 제단들을 무너뜨리라고 했습니다.

310   그 나머지 사람들이 동의하자, 그들은 자기들의 결정을 이행하면서 광야를 통과하고, 상당히 고생한 후에 그들이 거주 지역에 도달했다고 합니다. 그들

---

[131] 마네톤에 따르면(1:235, 238, 250) 모세는 이집트 제사장이고, 카이레몬에 따르면 상형문자 필사자이다(1:290).

311.   τὸ δὲ ἄστυ τοῦτο Ἱερόσυλα ἀπὸ τῆς ἐκείνων διαθέσεως ὠνομάσθαι. ὕστερον δ' αὐτοὺς ἐπικρατήσαντας χρόνῳ διαλλάξαι τὴν ὀνομασίαν πρὸς τὸ ὀνειδίζεσθαι καὶ τήν τε πόλιν Ἱεροσόλυμα καὶ αὐτοὺς Ἱεροσολυμίτας προσαγορεύεσθαι.

312.   Οὗτος οὐδὲ τὸν αὐτὸν ἐκείνοις εὗρεν εἰπεῖν βασιλέα, καινότερον δ' ὄνομα συντέθεικεν καὶ παρεὶς ἐνύπνιον καὶ προφήτην Αἰγύπτιον εἰς Ἄμμωνος ἀπελήλυθεν περὶ τῶν ψωρῶν καὶ λεπρῶν χρησμὸν οἴσων·

313.   φησὶ γὰρ εἰς τὰ ἱερὰ συλλέγεσθαι πλῆθος Ἰουδαίων. ἆρά γε τοῦτο τοῖς λεπροῖς ὄνομα θέμενος ἢ μόνον τῶν Ἰουδαίων τοῖς νοσήμασι περιπεσόντων; λέγει γάρ „ὁ λαὸς τῶν Ἰουδαίων."

314.   ὁποῖος; ἔπηλυς ἢ τὸ γένος ἐγχώριος; διὰ τί τοίνυν Αἰγυπτίους αὐτοὺς ὄντας Ἰουδαίους καλεῖς; εἰ δὲ ξένοι, διὰ τί πόθεν οὐ λέγεις; πῶς δὲ τοῦ βασιλέως πολλοὺς μὲν αὐτῶν βυθίσαντος εἰς τὴν θάλασσαν, τοὺς δὲ λοιποὺς εἰς ἐρήμους τόπους ἐκβαλόντος, τοσοῦτοι τὸ πλῆθος ὑπελείφθησαν;

은 사람들을 괴롭혔고, 성전들을 노략질하고 불태웠으며, 그리하여 마침내 현재 '유대아'라 불리는 곳에 도착하여, 한 도시를 세우고 거기에 정착했다고 합니다.

311   그런데 이 도시는 그 사람들의 성향에 걸맞게 '히에로실라'[132]라 불렸다고 합니다. 그러나 훗날 그들이 강력해지자, 그들은 시간이 지나면서 그 명칭을 조롱받지 않도록 변경했고, 그리하여 그 도시는 '히에로솔리마'(=예루살렘), 또 그들은 '히에로솔리미테스'(=예루살렘 거주민)이라고 이름이 붙여지게 되었다고 합니다.

1:312-320a   리시마코스에 대한 응답

312   그런데 (이제) 이 사람은 (=리시마코스) 저들과 동일한 왕을 발견했다고 말할 수조차 없었고, 오히려 새로운 이름을 지어냈습니다. 또한 그 왕은 꿈과 이집트 예언자를 지나쳐 암몬 신전으로 들어갔습니다. 피부병과 한센병에 걸린 자들에 관한 신탁을 위해서였지요.

313   심지어 그는 한 무리의 유대아 사람들이 성소들 안에 모여 있다고 말합니다. 그런데 그는 이 단어를 한센병 환자들에 대한 칭호로 사용하는 것입니까? 아니면 유대아 사람들만이 질병에 걸린 사람들입니까? 그는 '유대아 백성'이라고 말합니다.

314   어떤 종류의 사람들입니까? 이주해 온 자들인가요 혹은 태생적인 자들인

---

132 의도적으로 철자를 뒤틀은 것인가? "Ἱερόσυλα"라는 단어는 어원으로 볼 때 "성전 약탈"(ἱεροσυλία)이란 의미와 관련된다.

315. ἢ τίνα τρόπον διεξῆλθον μὲν τὴν ἔρημον, ἐκράτησαν δὲ τῆς χώρας ἧς νῦν κατοικοῦμεν, ἔκτισαν δὲ καὶ πόλιν καὶ νεὼν ᾠκοδομήσαντο πᾶσι περιβόητον;

316. ἐχρῆν δὲ καὶ τοῦ νομοθέτου μὴ μόνον εἰπεῖν τοὔνομα, δηλῶσαι δὲ καὶ τὸ γένος ὅστις ἦν καὶ τίνων, διὰ τί δὲ τοιούτους [ἂν] αὐτοῖς ἐπεχείρησε τιθέναι νόμους περὶ θεῶν καὶ τῆς πρὸς ἀνθρώπους ἀδικίας κατὰ τὴν πορείαν.

317. εἴτε γὰρ Αἰγύπτιοι τὸ γένος ἦσαν, οὐκ ἂν ἐκ τῶν πατρίων ἐθῶν οὕτω ῥᾳδίως μετεβάλοντο, εἴτ' ἀλλαχόθεν ἦσαν, πάντως τινὲς ὑπῆρχον αὐτοῖς νόμοι διὰ μακρᾶς συνηθείας πεφυλαγμένοι.

318. εἰ μὲν οὖν περὶ τῶν ἐξελα σάντων αὐτοὺς ὤμοσαν μηδέποτε εὐνοήσειν, λόγον εἶχεν εἰκότα, πᾶσι δὲ πόλεμον ἀνθρώποις ἀκήρυκτον ἄρασθαι τούτους, εἴπερ ἔπραττον ὡς αὐτὸς λέγει κακῶς, παρὰ πάντων βοηθείας δεομένους ἄνοιαν οὐκ ἐκείνων, ἀλλὰ τοῦ ψευδομένου πάνυ πολλὴν παρίστησιν, ὅς γε καὶ τοὔνομα θέσθαι τῇ πόλει ἀπὸ τῆς ἱεροσυλίας αὐτοὺς ἐτόλμησεν εἰπεῖν, τοῦτο δὲ μετὰ ταῦτα παρατρέψαι·

가요? 그들이 이집트 사람들이라면, 왜 당신은 그들을 유대아 사람이라 부릅니까? 그런데 그들이 외국인이라면, 왜 당신은 어디에서 왔는지를 말하지 않습니까? 그 왕이 그들 중 수많은 사람들을 바다에 익사시키고 나머지 사람들을 황폐한 지역으로 쫓아냈다면, 어떻게 그들 중 많은 사람들이 여전히 남아 있습니까?

315   혹은 어떻게 그들은 광야를 통과하고, 우리가 지금 거주하는 바로 그 땅을 정복하고, 한 도시를 세우고, 모든 사람에게 익히 알려진 성전을 건축했단 말입니까?

316   또한 그는 율법 제정자의 이름만 말하지 않고, 그가 누구이며 또 어떤 이들로부터 왔는지, 그 민족까지도 밝혔어야 합니다. 어찌하여 그는 행진하는 동안 신들에 관련되고, 또한 인류를 향한 불의에 관련된 법들을 그들에게 제정하기를 시도했습니까?

317   그 민족이 이집트 사람들이었더라면, 그들이 그토록 쉽게 조상들의 관습에서 벗어나지 않았을 것입니다. 혹은 그들이 다른 곳에서 왔다면, 아무튼 그들 가운데 오랜 습관을 통해 지켜온 관습들이 이미 존재했었을 것입니다.

318   이제 자기들을 쫓아낸 자들에게 그들이 더 이상 우호적으로 대하지 않겠다고 맹세했다면, 그것은 이해할만 합니다. 하지만 그가 스스로 말하듯이 이들이 곤경에 처하여 모든 이의 도움을 필요로 하는 때에, 이들이 모든 사람들과 예고되지 않은 전쟁을 시작한 것은 저들의 실로 엄청난 무지를 입증하기보다는, 오히려 거짓을 꾸며내는 자의 실로 엄청난 무지를 입증하는 것입니다. 여기서 이 사람은 대담하게도 그들이 그 도시에게 성전 노략질로부터 유래한 이름을 붙여주었으나, 그 이름을 그 후에 다시 바꾸었다고 말했습니다.

319.   δῆλον γάρ, ὅτι τοῖς μὲν ὕστερον γενομένοις αἰσχύνην τοὔνομα καὶ μῖσος ἔφερεν, αὐτοὶ δ' οἱ κτίζοντες τὴν πόλιν κοσμήσειν αὐτοὺς ὑπελάμβανον οὕτως ὀνομάσαντες. ὁ δὲ γενναῖος ὑπὸ πολλῆς τοῦ λοιδορεῖν ἀκρασίας οὐ συνῆκεν, ὅτι ἱεροσυλεῖν οὐ κατὰ τὴν αὐτὴν φωνὴν Ἰουδαῖοι τοῖς Ἕλλησιν ὀνομάζομεν.

320.   τί οὖν ἐπὶ πλείω τις λέγοι πρὸς τὸν ψευδόμενον οὕτως ἀναισχύντως; ἀλλ' ἐπειδὴ σύμμετρον ἤδη τὸ βιβλίον εἴληφε μέγεθος, ἑτέραν ποιησάμενος ἀρχὴν τὰ λοιπὰ τῶν εἰς τὸ προκείμενον πειράσομαι προσαποδοῦναι.

319 분명한 것은 뒤늦게 태어난 자들에게 이 이름은 치욕과 증오를 가져왔지만, 그 도시를 세운 자들은 그렇게 이름을 붙임으로써 스스로를 영예롭게 한다고 생각했다는 것입니다. 그러나 이 선량한 남자는 엄청난 무절제로 비난을 퍼부어 우리 유대아 사람들이 그리스 사람들과 동일한 단어로 성전 노략질을 표현하지 않는다는 사실을 인지하지 못했습니다.

320a 그 누가 그토록 파렴치하게 거짓말하는 자에게 무엇을 더 말할 수 있겠습니까?

1:320b 제1권의 결론

320b 이제 나의 책이 이미 적절한 분량에 도달했기 때문에, 두 번째 권의 시작을 준비하여 나의 주제에 속한 나머지 부분을 추가로 진술하려고 합니다.

Φλαΐου Ἰωσήπου περὶ ἀρχαιότητος ἀντιρρητικὸς λόγος β΄.

1. Διὰ μὲν οὖν τοῦ προτέρου βιβλίου, τιμιώτατέ μοι Ἐπαφρόδιτε, περί τε τῆς ἀρχαιότητος ἡμῶν ἐπέδειξα τοῖς Φοινίκων καὶ Χαλδαίων καὶ Αἰγυπτίων γράμμασι πιστωσάμενος τὴν ἀλήθειαν καὶ πολλοὺς τῶν Ἑλλήνων συγγραφεῖς παρασχόμενος μάρτυρας, τήν τε ἀντίρρησιν ἐποιησάμην πρὸς Μανεθὼν καὶ Χαιρήμονα καί τινας ἑτέρους.

2. ἄρξομαι δὲ νῦν τοὺς ὑπολειπομένους τῶν γεγραφότων τι καθ' ἡμῶν ἐλέγχειν καὶ τοῖς τῆς πρὸς Ἀπίωνα τὸν γραμματικὸν ἀντιρρήσεως τετολμημένοις ἐπῆλθέ μοι διαπορεῖν, εἰ χρὴ σπουδάσαι·

제4장
아피온과 그의 증인들의 반유대교적인 진술을 물리침

2:1-5 주제 설정

1   나의 첫 번째 책[133]을 통해, 나의 고귀하신 에파프로디토스여, 나는 우리의 고대성에 관하여 페니키아 사람들과 칼대아 사람들과 이집트 사람들의 문서들을 신뢰할만하게 다루는 가운데 진리를 제시했으며, 또한 그리스 사람들 중 여러 작가들을 증인으로 불러왔습니다. 또한 마네톤과 카이레몬과 몇몇 다른 사람들에 대한 반박을 표명했습니다.

2   그래서 이제 나는 우리에게 반대하여 글을 남긴 (다른) 사람들을 논박하려고 합니다. 문법학자인 아피온[134]에 대한 반박문에 대해서는 애쓸 가치가 있는지 회의감이 들었습니다.

---

133 『아피온 반박』 제1권을 가리킨다. 두 권의 책이 하나로 연결된 작품임을 보여준다. 마치 저자 누가가 『누가복음』과 『사도행전』을 자신의 구원사를 담은 하나의 통일된 작품으로 기술한 것과 같다.

134 아피온은 이집트 태생으로 나중에 알렉산드리아의 시민이 되는데, 그는 주로 그리스 작가로 알려져 있으나, 동시에 문법학자이며 호메로스 전문가이기도 하다. 게다가 역사서술가로도 알려져 있다. 기원전 40년 칼리굴라 황제 때 알렉산드리아 유대아 사람의 위상을 둘러싼 논쟁에서 반유대적인 알렉산드리아 당파를 대표하는 사람이었다. 당시 유대아 사람들의 대표자는 알렉산드리아의 필론였다. 『아피온 반박』 2:143에 요세푸스는 그가 자기 선조의 법을 비방한 대가로 벌을 받아 비참하게 생을 마감했다고 보도한다.

3.   τὰ μὲν γάρ ἐστι τῶν ὑπ' αὐτοῦ γεγραμμένων τοῖς ὑπ' ἄλλων εἰρημένοις ὅμοια, τὰ δὲ λίαν ψυχρῶς προστέθεικεν, τὰ πλεῖστα δὲ βωμολοχίαν ἔχει καὶ πολλήν, εἰ δεῖ τἀληθὲς εἰπεῖν, ἀπαιδευσίαν ὡς ἂν ὑπ' ἀνθρώπου συγκείμενα καὶ φαύλου τὸν τρόπον καὶ παρὰ πάντα τὸν βίον ὀχλαγωγοῦ γεγονότος.

4.   ἐπεὶ δ' οἱ πολλοὶ τῶν ἀνθρώπων διὰ τὴν αὐτῶν ἄνοιαν ὑπὸ τῶν τοιούτων ἁλίσκονται λόγων μᾶλλον ἢ τῶν μετά τινος σπουδῆς γεγραμμένων, καὶ χαίρουσι μὲν ταῖς λοιδορίαις, ἄχθονται δὲ τοῖς ἐπαίνοις, ἀναγκαῖον ἡγησάμην εἶναι μηδὲ τοῦτον ἀνεξέταστον καταλιπεῖν κατηγορίαν ἡμῶν ἄντικρυς ὡς ἐν δίκῃ γεγραφότα.

5.   καὶ γὰρ αὖ κἀκεῖνο τοῖς πολλοῖς ἀνθρώποις ὁρῶ παρακολουθοῦν, τὸ λίαν ἐφήδεσθαι ὅταν τις ἀρξάμενος βλασφημεῖν ἕτερον αὐτὸς ἐλέγχηται περὶ τῶν αὐτῷ προσόντων κακῶν.

6.   ἔστι μὲν οὖν οὐ ῥᾴδιον αὐτοῦ διελθεῖν τὸν λόγον οὐδὲ σαφῶς γνῶναι, τί λέγειν βούλεται, σχεδὸν δ' ὡς ἐν πολλῇ ταραχῇ καὶ ψευσμάτων συγχύσει τὰ μὲν εἰς τὴν ὁμοίαν ἰδέαν πίπτει τοῖς προεξητασμένοις περὶ τῆς ἐξ Αἰγύπτου τῶν ἡμετέρων προγόνων μεταναστάσεως, τὰ δ' ἐστὶ κατηγορία τῶν ἐν Ἀλεξανδρείᾳ κατοικούντων Ἰουδαίων.

3 왜냐하면 그에 의해 기록된 것들이, 한편으론 다른 사람들에 의해 언급된 것들과 유사할 뿐만 아니라, 다른 한편으론 그는 그것들을 아주 영혼 없이 첨가했기 때문입니다. 하지만 대다수는 아첨하는 말들이며, 또한 솔직히 말하자면 엄청난 무식을 증거합니다. 마치 특징도 별로 없을 뿐만 아니라 평생 동안 떠벌리는 호객꾼과 같이 말이죠.[135]

4 그렇지만 대다수 사람들은 너무도 아둔하여 어느 정도 진지하게 저술된 작품들보다 그러한 형태의 논술들에 의해 사로잡혀 있고, 또한 (다른 이들을 향한) 비방을 즐거워하면서도 칭찬에 대해서는 불편해 합니다. 그러므로 우리에 맞서 마치 재판정에서와 같이 소송문을 작성한 자를 검증하지 않은 채로 내버려두면 안 된다고 나는 생각합니다.

5 왜냐하면 이것 역시 대다수 사람들에게서 요구되는 것을 내가 보기 때문입니다. 곧 그들은 어느 누가 다른 사람을 비방하기 시작했을 때, 자신의 악한 속성들에 대해 그 자신도 반박될 때 크게 기뻐합니다.

2:6-9 아피온의 문서에 대한 전망

6 하지만 그의 문서를 다 살펴보는 것과, 또한 그가 말하려는 것을 정확하게 아는 일이 간단한 일이 아닙니다. 정말이지 거의 온통 뒤죽박죽이며 거짓으로

---

135 여기서 요세푸스는 당시 로마 세계에서 별로 주목을 받지 못한 인물인 아피온을 의도적으로 논쟁 상대자로 택한 것이, 그를 비판함으로써 대중들의 불쾌감을 유발할 위험을 피한 것처럼 보일 수 있다. 그러나 아피온이 당시 유명한 사람이었다고 보는 스턴에 따르면, 요세푸스가 아피온의 반유대적인 진술을 매우 위험하다고 여겼기에 그와 논쟁을 벌인 것이라 한다(M. Stern, *Greek and Latin Authors on Jews and Judaism I*, [Jerusalem 1974], 390).

7. τρίτον δ' ἐπὶ τούτοις μέμικται περὶ τῆς ἁγιστείας τῆς κατὰ τὸ ἱερὸν ἡμῶν καὶ τῶν ἄλλων νομίμων κατηγορία.

8. Ὅτι μὲν οὖν οὔτε Αἰγύπτιοι τὸ γένος ἦσαν ἡμῶν οἱ πατέρες οὔτε διὰ λύμην σωμάτων ἢ τοιαύτας ἄλλας συμφοράς τινας ἐκεῖθεν ἐξηλάθησαν, οὐ μετρίως μόνον, ἀλλὰ καὶ πέρα τοῦ συμμέτρου προαποδεδεῖχθαι νομίζω.

9. περὶ ὧν δὲ προστίθησιν ὁ Ἀπίων ἐπιμνησθήσομαι συντόμως.

10. φησὶ γὰρ ἐν τῇ τρίτῃ τῶν Αἰγυπτιακῶν τάδε·

Μωσῆς, ὡς ἤκουσα παρὰ τῶν πρεσβυτέρων τῶν Αἰγυπτίων, ἦν Ἡλιοπολίτης, ὃς πατρίοις ἔθεσι κατηγγυημένος αἰθρίους προσευχὰς ἀνῆγεν εἰς οἵους εἶχεν ἥλιος περιβόλους, πρὸς ἀφηλιώτην δὲ πάσας ἀπέστρεφεν· ὧδε γὰρ καὶ Ἡλίου κεῖται πόλις.

엉망진창인 가운데, 한 부분은 우리 조상들의 출애굽과 관련하여 앞서 살펴본 것과 같은 범주에 속하고

7   다른 부분은 알렉산드리아에 거주하는 유대아 사람들에 대한 소송입니다.[136] 세 번째는 이 둘 가운데 뒤섞여 있는 것으로, 우리의 성전에 따른 제의 및 다른 율법 규정들과 관련된 소송입니다.

8   우리 조상들은 태생상 이집트 사람들도 아니며, 또한 육체적인 질병이나 그러한 종류의 어떤 다른 불행 때문에 그곳에서 추방된 것도 아닙니다. 이 사실은 충분할 뿐만 아니라 심지어 적절한 정도 이상으로 이미 입증되었다고 나는 생각합니다.

9   다만 아피온이 덧붙인 것에 대해 (이제) 내가 간략하게 언급하고자 합니다.

2:10-11   아피온이 설명하는 모세의 정체

10   그는 『이집트 사람에 대하여』 제3권에서 다음과 같이 말합니다.

　　모세는 ― 내가 이집트 사람들의 조상들로부터 전해 들은 것처럼 ―
　　헬리오폴리스[137] 사람이었다. 그는 조상들의 관행들에 충실하고 노천

---

136   요세푸스는 아피온이 제기한 소송(κατηγορία)을 사실상 진지한 소송이 아니라, 비방 내지는 험담으로 여겼다. 2:32-78을 참조하라.
137   이미 1:250에서 아피온은, 모세가 헬리오폴리스 출신의 제사장임을 언급했다. 오니아스가 기원전 4세기에 헬리오폴리스 지역에 자리 잡은 유대아 사람들 집단 거주지인 레온토폴리스에 유대아 성전을 세우고 나서, 이집트 유대아 사람들과 헬리오폴리스 사이의 연결이 발전되었다(『유대아 고대사』 12:388을 참조하라). 이 성전은 로마에 의해 예루살렘 성전이 무너지고 나서 몇 해 지나지 않아 역시 파괴되었다. 창세기

11. ἀντὶ δὲ ὀβελῶν ἔστησε κίονας, ὑφ' οἷς ἦν ἐκτύπωμα σκάφη, σκιὰ δ' ἀνδρὸς ἐπ' αὐτὴν διακειμένη, ὡς ὅτι ἐν αἰθέρι τοῦτον ἀεὶ τὸν δρόμον ἡλίῳ συμπεριπολεῖ.

12. τοιαύτη μέν τις ἡ θαυμαστὴ τοῦ γραμματικοῦ φράσις· τὸ δὲ ψεῦσμα λόγων οὐ δεόμενον, ἀλλ' ἐκ τῶν ἔργων περιφανές· οὔτε γὰρ αὐτὸς Μωσῆς, ὅτε τὴν πρώτην σκηνὴν τῷ θεῷ κατεσκεύασεν, οὐθὲν ἐκτύπωμα τοιοῦτον εἰς αὐτὴν ἐνέθηκεν οὐδὲ ποιεῖν τοῖς ἔπειτα προσέταξεν, ὅ τε μετὰ ταῦτα κατασκευάσας τὸν ναὸν τὸν ἐν Ἱεροσολύμοις Σολομῶν πάσης ἀπέσχετο τοιαύτης περιεργίας οἵαν συμπέπλεκεν Ἀπίων.

기도처들[138]을 세웠으며, 그 에워싼 지역에는 태양이 비추었다. 그는 그 것들을 모두 동쪽을 향하도록 했다. 그리하여 헬리오폴리스가 자리 잡 게 된다.

11   그는 오벨리스크 대신에 기둥들을 세웠는데, 그것들 아래에 배[139] 의 조형물이 있었다. 한 사람의 그림자[140]가 그 위에 드리웠고, 그리하 여 날씨가 맑은 경우, 그 그림자는 태양과 늘 함께 회전했다.

2:12-19   답변

12   그 문법학자의 언변이 이 정도로 놀랍습니다. 하지만 그 거짓됨은 어떤 말 도 필요로 하지 않고, 사실들로부터 드러납니다. 왜냐하면 모세 스스로는, 하나 님을 위한 첫 번째 장막을 세웠을 때, 그러한 형태의 어떤 조형물도 그 안에 새겨 넣지 않았을 뿐만 아니라, 또 후대에도 그것을 행하라고 명하지 않았기 때문입 니다. 또한 그 이후에 성전을 예루살렘에 세운 자인 솔로몬은 아피온이 지어낸 것과 같은 그러한 불필요한 모든 것들을 멀리했습니다.

41:45에 따르면 요셉은 '온의 제사장 보디 베라의 딸 아스낫'과 결혼했다. 여기서 '온'은 헬리오폴리스를 가 리킨다. 기원전 2세기의 유대아 사람 작가 아르타파노스(Artapanos v. Alexandria)에 따르면, 야곱과 그의 아들들이 헬리오폴리스와 사이스에 정착했다고 한다(에우세비오스 『복음의 준비』 9:23,3f; cf. 요세푸스 『유 대아 고대사』 2:188).

138   필론은 유대아 지역의 회당을 가리켜 "συναγογή"라 부르나, 이집트에 있는 회당을 지칭할 때는 "προσευχή"라 부른다(Hüttenmeister). 이집트의 그리스/유대 비문에 기원전 3세기 이래 '기도처'가 언급되 는데, 헹엘(M. Hengel)에 따르면 그것은 그리스 로마 세계에 통용되던 회당을 가리킨다.

139   σκάφη는 오목한 해시계를 가리킬 수도 있다.

140   주변에 세워놓은 사람 모양의 입상의 그림자라고 보인다.

13. ἀκοῦσαι δέ φησι τῶν πρεσβυτέρων, ὅτι Μωσῆς ἦν Ἡλιοπολίτης, δῆλον ὅτι νεώτερος μὲν ὢν αὐτός, ἐκείνοις δὲ πιστεύσας τοῖς διὰ τὴν ἡλικίαν ἐπισταμένοις αὐτὸν καὶ συγγενομένοις.

14. καὶ περὶ μὲν Ὁμήρου τοῦ ποιητοῦ γραμματικὸς ὢν αὐτὸς οὐκ ἂν ἔχοι, τίς αὐτοῦ πατρίς ἐστι, διαβεβαιωσάμενος εἰπεῖν οὐδὲ περὶ Πυθαγόρου μόνον οὐκ ἐχθὲς καὶ πρώην γεγονότος, περὶ δὲ Μωσέως τοσούτῳ πλήθει προάγοντος ἐκείνους ἐτῶν οὕτως ἀποφαίνεται ῥᾳδίως πιστεύων ἀκοῇ πρεσβυτέρων, ὡς δῆλός ἐστι καταψευσάμενος.

15. τὰ δὲ δὴ τῶν χρόνων, ἐν οἷς φησι τὸν Μωσῆν ἐξαγαγεῖν τοὺς λεπρῶντας καὶ τυφλοὺς καὶ τὰς βάσεις πεπηρωμένους, σφόδρα δὴ τοῖς πρὸ αὐτοῦ συμπεφώνηκεν, ὡς οἶμαι, ὁ γραμματικὸς ὁ ἀκριβής.

16. Μανεθὼς μὲν γὰρ κατὰ τὴν Τεθμώσιος βασιλείαν ἀπαλλαγῆναί φησιν ἐξ Αἰγύπτου τοὺς Ἰουδαίους πρὸ ἐτῶν τριακοσίων ἐνενηκοντατριῶν τῆς εἰς Ἄργος Δαναοῦ φυγῆς, Λυσίμαχος δὲ κατὰ Βόκχοριν τὸν βασιλέα, τουτέστι πρὸ ἐτῶν χιλίων ἑπτακοσίων, Μόλων δὲ καὶ ἄλλοι τινὲς ὡς αὐτοῖς ἔδοξεν.

17. ὁ δέ γε πάντων πιστότατος Ἀπίων ὡρίσατο τὴν ἔξοδον ἀκριβῶς κατὰ τὴν ἑβδόμην ὀλυμπιάδα καὶ ταύτης ἔτος εἶναι πρῶτον, ἐν ᾧ, φησί, Καρχηδόνα Φοίνικες ἔκτισαν. τοῦτο δὲ πάντως προσέθηκε τὸ Καρχηδόνα τεκμήριον οἰόμενος αὐτῷ γενέσθαι τῆς ἀληθείας ἐναργέστατον, οὐ συνῆκε δὲ καθ' ἑαυτοῦ τὸν ἔλεγχον ἐπισπώμενος.

13   그는 말하길, 모세는 헬리오폴리스 출신이었다는 사실을 조상들로부터 들었다고 합니다. 물론 후대사람인 아피온은 연로하여 모세를 알고 동시대에 살았던 사람들을 신뢰했습니다.

14   그러나 비록 그 자신이 문법학자일지라도, 시인 호메로스에 대해서, 그의 고향이 어디인지를 확정하며 말할 수 없었습니다. 또한 거의 "어제나 그제" 태어난 피타고라스에 대해서도 그렇습니다. 하지만 이들보다 그렇게 오랜 세월 전에 존재했던 모세에 대해서 그가 연로한 자들의 보도를 믿고 이처럼 쉽게 서술하니, 그가 거짓말쟁이임이 분명합니다.

15   그의 말에 따르면 모세가 한센병 환자들과 시각 장애인들과 지체 장애인들을 내쫓은 때의 일들과 관련하여, 이 정확한 문법학자가 이전의 저자들과 일치한다고 나는 생각합니다.

16   그런데 마네톤은 말합니다: 테트모시스의 통치 하에서 유대아 사람들이 출애굽을 했는데, 아르고스를 향한 다나오스의 도주가 있기 393년 전이었다고. 하지만 리시마코스는 보코리스 왕 치하라고 하며, 이는 1700년 전을 뜻합니다. 또 몰론과 다른 몇몇 사람들은 자기 마음대로 생각했습니다.

17   그러나 그들 모든 이들 중에 가장 신뢰할 만한 자인 아피온은 출애굽을 매우 정확하게 일곱 번째 올림피아드[141]에, 또한 그것의 첫 해로 확정지었습니다. 그의 말에 따르면, 그 해에 페니키아 사람들이 카르타고를 세웠다고 합니다. 특별히 이 카르타고라는 말을 그는 첨가했습니다. 그것이 자신에게 진리에 대한

---

141   기원전 752년을 뜻한다.

18. εἰ γὰρ περὶ τῆς ἀπιστίας πιστεύειν δεῖ ταῖς Φοινίκων ἀναγραφαῖς, ἐν ἐκείναις Εἴρωμος ὁ βασιλεὺς γέγραπται πρεσβύτερος τῆς Καρχηδόνος κτίσεως ἔτεσι πλείοσι πρὸς τοῖς πεντήκοντα καὶ ἑκατόν, περὶ οὗ τὰς πίστεις ἀνωτέρω παρέσχον ἐκ τῶν Φοινίκων ἀναγραφῶν,

19. ὅτι Σολομῶνι τῷ τὸν ναὸν οἰκοδομησαμένῳ τὸν ἐν Ἱεροσολύμοις φίλος ἦν Εἴρωμος καὶ πολλὰ συνεβάλετο πρὸς τὴν τοῦ ναοῦ κατασκευήν. αὐτὸς δὲ ὁ Σολομῶν ᾠκοδόμησε τὸν ναὸν μετὰ τὸ ἐξελθεῖν ἐξ Αἰγύπτου τοὺς Ἰουδαίους δώδεκα καὶ ἑξακοσίοις ἔτεσιν ὕστερον.

20. τὸν δὲ ἀριθμὸν τῶν ἐλαθέντων τὸν αὐτὸν Λυσιμάχῳ σχεδιάσας, ἕνδεκα γὰρ αὐτοὺς εἶναί φησι μυριάδας, θαυμαστήν τινα καὶ πιθανὴν ἀποδίδωσιν αἰτίαν, ἀφ' ἧς φησι τὸ σάββατον ὠνομάσθαι.

매우 정확한 증거가 되리라고 생각했기 때문이지요. 하지만 그는 자신에게 반대되는 증거를 끌어들인 것을 알아채지 못했습니다.

18   즉 그의 신뢰 못할 진술[142]과 관련하여 페니키아 사람들의 기록들을 믿는다면, 그들 가운데 히롬 왕은 카르타고의 설립보다 150년 이상 전에 살았던 자로 기록되어 있습니다. 이에 대하여 나는 이미 앞에서 페니키아 사람들의 기록에서 나온 증거들을 제시했습니다.

19   즉 히롬은 예루살렘에 성전을 설립한 솔로몬의 친구였으며, 성전 설립에 많은 공헌을 했습니다. 그러나 솔로몬 자신은 이집트에서 유대아 사람들이 탈출한 후에 성전을 지었습니다. 620년이 지나서요.[143]

2:20-24   안식일에 대한 아피온의 진술

20   추방된 자들의 숫자를 그는 리시마코스와 동일하게 추산하고 있는데, 즉 11만 명이었다고 말합니다. 그 다음에 그들은 사바트(=안식일)란 이름이 붙여진 놀랍고도 믿을 수 없는 이유를 대고 있습니다.

---

142   카르타고 식민지 건립을 뜻한다.
143   또한 『유대아 고대사』 20:230. 그러나 요세푸스는 『유대아 고대사』 8:61에서는 그에 해당하는 시기를 592년이라 말한다. 둘 다 열왕기상 6:1의 정보(480년)와 일치하지 않는다. 『칠십인경』에는 440년으로 나온다.

21. ὁδεύσαντες γάρ, φησίν, ἓξ ἡμερῶν ὁδὸν βουβῶνας ἔσχον καὶ διὰ ταύτην τὴν αἰτίαν τῇ ἑβδόμῃ ἡμέρᾳ ἀνεπαύσαντο σωθέντες εἰς τὴν χώραν τὴν νῦν Ἰουδαίαν λεγομένην καὶ ἐκάλεσαν τὴν ἡμέραν σάββατον σῴζοντες τὴν Αἰγυπτίων γλῶτταν· τὸ γὰρ βουβῶνος ἄλγος καλοῦσιν Αἰγύπτιοι σαββάτωσις.

22. οὐκ ἂν οὖν τις ἢ καταγελάσειε τῆς φλυαρίας ἢ τοὐναντίον μισήσειε τὴν ἐν τῷ τοιαῦτα γράφειν ἀναίδειαν; δῆλον γάρ, ὅτι πάντες ἐβουβωνίασαν ἕνδεκα μυριάδες ἀνθρώπων.

23. ἀλλ' εἰ μὲν ἦσαν ἐκεῖνοι τυφλοὶ καὶ χωλοὶ καὶ πάντα τρόπον νοσοῦντες ὁποίους αὐτοὺς εἶναί φησιν Ἀπίων, οὐδ' ἂν μιᾶς ἡμέρας προελθεῖν ὁδὸν ἠδυνήθησαν· εἰ δ' οἷοι βαδίζειν διὰ πολλῆς ἐρημίας καὶ προσέτι νικᾶν τοὺς αὐτοῖς ἀνθισταμένους μαχόμενοι πάντες, οὐκ ἂν ἀθρόοι μετὰ τὴν ἕκτην ἡμέραν ἐβουβωνίασαν·

24. οὔτε γὰρ φύσει πως γίνεται τὸ τοιοῦτον τοῖς βαδίζουσιν ἐξ ἀνάγκης, ἀλλὰ πολλαὶ μυριάδες στρατοπέδων ἐπὶ πολλὰς ἡμέρας τὸ σύμμετρον ἀεὶ βαδίζουσιν, οὔτε κατ' αὐτόματον εἰκὸς οὕτως συμβῆναι· πάντων γὰρ ἀλογώτατον.

21 왜냐하면 그가 (이렇게) 말하기 때문입니다:

6일 동안의 여정으로부터, 그들은 사타구니에 종기를 갖게 되었다. 그리하여 이러한 이유 때문에 그들은 일곱 번째 날에 쉬었는데, 오늘날 '유대아'로 불리는 땅에 안착했을 때였다. 그들은 그날을 이집트 언어의 영향으로 '사바트'라 불렀다. 사타구니 통증을 이집트 사람들은 '사보'($\sigma\alpha\beta\beta\dot{\omega}$)[144]라고 부르기 때문이다.

22 이러한 수다에 대해 웃어야 하겠습니까, 아니면 정반대로 그러한 졸작에 놓인 철면피함을 증오해야 하겠습니까? 11만 명 모두가 사타구니에 종기를 가졌음이 분명합니다.

23 하지만 저들이 눈멀고 절름거리고 또한 온갖 종류의 병에 걸렸다면 — 아피온이 그들에 대해 말하듯이 — 그들은 단 하룻길도 나아갈 수 없었을 겁니다. 그런데 그들 모두가 광대한 광야를 통과하여 걸으며, 게다가 그들에게 대적하는 자들을 그들 모두가 싸워 무찔렀다면, 그들은 모두가 6일의 여정 후에 종기에 걸렸을 것 같지 않아 보입니다.

24 왜냐하면 행군하는 자들에게 그러한 것이 자연스럽게 혹은 불가피하게 생겼을 리가 없기 때문입니다. 수만 명의 군대 무리가 오랜 날 동안 언제나 동일한

---

144 로에브본에 기초한다. 코덱스 L에는 $\sigma\alpha\beta\beta\dot{\alpha}\tau\omega\sigma\iota\varsigma$라고 나온다. 콥트어로 šabe, šafe는 '부어오르다'를 뜻하나, sbbe는 '자르다'를 뜻한다. 디오니소스를 유대아 사람의 신으로 여기며 친유대적 입장을 표방하는 고대 그리스 작가 플루타르코스는 『향연의 질문들』(Quaesiones convivales/Symposiaca) (671 A)에서 안식일은 $\dot{\alpha}\pi\rho\sigma\sigma\delta\iota\acute{o}\nu\upsilon\sigma\sigma\nu$(= 디오니소스제의에 속하지 않는 것)이 아니라고 말하면서, 다음과 같은 어원학적인 근거를 댄다: "오늘날 여전히 많은 사람들은 바코스 신관들을 사바지오스 신관들이라고 부른다($\Sigma\dot{\alpha}\beta\sigma\upsilon\varsigma$ γὰρ καὶ νῦν ἔτι πολλοὶ τοὺς Βάκχους καλοῦσιν)"(M. Scheller, "$\sigma\alpha\beta\beta\dot{\omega}$ und $\sigma\alpha\beta\beta\dot{\alpha}\tau\omega\sigma\iota\varsigma$", Glotta 34 [1955], 298-300). 사바지오스 신관들($\Sigma\dot{\alpha}\beta\sigma\iota$)는(은) 축제 때 $\sigma\alpha\beta\sigma\ddot{\iota}$ 라고 외쳤다.

25.   ὁ δὲ θαυμαστὸς Ἀπίων διὰ μὲν ἓξ ἡμερῶν αὐτοὺς ἐλθεῖν εἰς τὴν Ἰουδαίαν προείρηκε, πάλιν δὲ τὸν Μωσῆν εἰς τὸ μεταξὺ τῆς Αἰγύπτου καὶ τῆς Ἀραβίας ὄρος, ὃ καλεῖται Σίναιον, ἀναβάντα φησὶν ἡμέρας τεσσαράκοντα κρυβῆναι κἀκεῖθεν καταβάντα δοῦναι τοῖς Ἰουδαίοις τοὺς νόμους. καίτοι πῶς οἷόν τε τοὺς αὐτοὺς καὶ τεσσαράκοντα μένειν ἡμέρας ἐν ἐρήμῳ καὶ ἀνύδρῳ τόπῳ καὶ τὴν μεταξὺ πᾶσαν ἐν ἡμέραις ἓξ διελθεῖν;

26.   ἡ δὲ περὶ τὴν ὀνομασίαν τοῦ σαββάτου γραμματικὴ μετάθεσις ἀναίδειαν ἔχει πολλὴν ἢ δεινὴν ἀμαθίαν· τὸ γὰρ σαββὼ καὶ σάββατον πλεῖστον ἀλλήλων διαφέρει·

27.   τὸ μὲν γὰρ σάββατον κατὰ τὴν Ἰουδαίων διάλεκτον ἀνάπαυσίς ἐστιν ἀπὸ παντὸς ἔργου, τὸ δὲ σαββώ, καθάπερ ἐκεῖνός φησι, δηλοῖ παρ' Αἰγυπτίοις τὸ βουβῶνος ἄλγος.

28.   Τοιαῦτα μέν τινα περὶ Μωσέως καὶ τῆς ἐξ Αἰγύπτου γενομένης τοῖς Ἰουδαίοις ἀπαλλαγῆς ὁ Αἰγύπτιος Ἀπίων ἐκαινοποίησεν παρὰ τοὺς ἄλλους ἐπινοήσας. καὶ τί γε δεῖ θαυμάζειν, εἰ περὶ τῶν ἡμετέρων ψεύδεται προγόνων λέγων αὐτοὺς εἶναι τὸ γένος Αἰγυπτίους;

거리를 행군합니다. 또한 (질병이) 그와 같이 저절로 생겨난다는 것도 가능하지 않습니다. 그것은 모든 일 중에서 가장 어처구니없는 일이기 때문입니다.

2:25-27   광야 이동에 대한 아피온의 진술

25   그런데 놀랄만한 아피온은 앞서 이렇게 말했습니다. "6일이 지나서 그들은 유대아에 왔고, 또한 모세가 이집트와 아라비아 사이에 놓인 시나이(Sinai)라 불리는 산지로 올라가서 40일 동안 숨어서 지내다가, 거기에서 내려와서 유대아 사람들에게 그 율법들을 주었다."고 합니다. 하지만 그 동일한 사람들이 역시 40일 동안 황량하고 메마른 지역에서 지내다가 6일 만에 그 전체 거리를 통과하는 것이 어찌 가능할 수 있겠습니까?

26   또한 사바트를 거명함과 관련된 문법적인 변조는 몰염치이거나 엄청나게 끔찍한 무식입니다. 사보($\sigma\alpha\beta\beta\acute{\omega}$)와 사바트($\sigma\acute{\alpha}\beta\beta\alpha\tau o\nu$)는 서로 완전히 다릅니다.

27   왜냐하면 사바트는 유대아 사람의 언어에 따르면 모든 일에서 쉬는 것이기 때문입니다. 그러나 사보는 그가 스스로 말하듯이, 이집트 사람들 가운데 사타구니 통증을 가리킵니다.

2:28-32   유대아 사람들의 이집트 기원설에 관하여

28   그와 같은 일들을, 예컨대 모세에 대해 또한 유대아 사람들의 이집트 탈출에 대해, 이집트 사람 아피온이 다른 사람들과 달리 새로 꾸며 지어냈습니다. 그

29. αὐτὸς γὰρ περὶ αὑτοῦ τοὐναντίον ἐψεύδετο καὶ γεγενημένος ἐν Ὀάσει τῆς Αἰγύπτου πάντων Αἰγυπτίων πρῶτος ὤν, ὡς ἂν εἴποι τις, τὴν μὲν ἀληθῆ πατρίδα καὶ τὸ γένος ἐξωμόσατο, Ἀλεξανδρεὺς δὲ εἶναι καταψευδόμενος ὁμολογεῖ τὴν μοχθηρίαν τοῦ γένους.

30. εἰκότως οὖν οὓς μισεῖ καὶ βούλεται λοιδορεῖν τούτους Αἰγυπτίους καλεῖ· εἰ μὴ γὰρ φαυλοτάτους εἶναι ἐνόμιζεν Αἰγυπτίους, οὐκ ἂν τοῦ γένους αὐτὸς ἔφυγεν· ὡς οἵ γε μεγαλοφρονοῦντες ἐπὶ ταῖς ἑαυτῶν πατρίσι σεμνύνονται μὲν ἀπὸ τούτων αὐτοὶ χρηματίζοντες, τοὺς ἀδίκως δ' αὐτῶν ἀντιποιουμένους ἐλέγχουσι.

31. πρὸς ἡμᾶς δὲ δυοῖν θάτερον Αἰγύπτιοι πεπόνθασιν· ἢ γὰρ ὡς ἐπισεμνυνόμενοι προσποιοῦνται τὴν συγγένειαν ἢ κοινωνοὺς ἡμᾶς ἐπισπῶνται τῆς αὑτῶν κακοδοξίας.

32. ὁ δὲ γενναῖος Ἀπίων δοκεῖ μὲν τὴν βλασφημίαν τὴν καθ' ἡμῶν ὥσπερ τινὰ μισθὸν ἐθελῆσαι παρασχεῖν Ἀλεξανδρεῦσι τῆς δοθείσης αὐτῷ πολιτείας, καὶ τὴν ἀπέχθειαν αὐτῶν ἐπιστάμενος τὴν πρὸς τοὺς συνοικοῦντας αὐτοῖς ἐπὶ τῆς Ἀλεξανδρείας Ἰουδαίους προτέθειται μὲν ἐκείνοις λοιδορεῖσθαι, συμπεριλαμβάνειν δὲ καὶ τοὺς ἄλλους ἅπαντας, ἐν ἀμφοτέροις ἀναισχύντως ψευδόμενος.

러니 놀랄 일이 무엇입니까? 그가 우리 조상들에 대해 거짓을 말하거나 그들이 이집트 민족이라고 말한다 할지라도 말입니다.

29   심지어 그는 자신에 대하여 정반대의 거짓말을 했습니다. 즉 비록 그가 이집트 오아시스에서 태어났고, 그러므로 모든 이집트 사람들 가운데 으뜸이라고 (=더욱 이집트적이라고) ─ 어떤 이가 말하듯이 ─ 할지라도, 그는 자기의 진짜 조국과 또 민족을 부인했습니다. 또한 그는 자신이 알렉산드리아 사람이라고 거짓말을 하면서, 자기 민족의 하찮음을 고백합니다.

30   그러므로 그가 증오하고 비난하기를 원하는 사람들을 이집트 사람들이라고 부르는 것은 당연합니다. 그가 이집트 사람들을 지극히 나쁘다고 생각하지 않았다면, 자기 민족으로부터 스스로 달아나지 않았을 것입니다. 자의식을 가진 자들이라면, 저마다의 조국에 대해 자랑하고, 스스로를 조국에 따라 부르지만, 부당하게 시민권을 주장하는 사람들을 반박합니다.

31   우리와 관련하여 이집트 사람들은 두 가지 중 하나의 감정을 갖고 있습니다. 즉 스스로에 대해 자부심을 느끼면서 동족관계를 부여하거나, 아니면 우리 유대아 사람들을 자신들의 나쁜 평판의 동참자로 끌어들입니다.

32   하지만 고매하신 아피온은 우리를 향한 비방을 자기에게 수여된 시민권에 대한 어떤 대가로 알렉산드리아 사람들에게 제공하기를 원하는 것처럼 보입니다. 또한 *그*는 알렉산드리아 사람들이 자신들과 함께 알렉산드리아에 거주하는 유대아 사람들에 대해 지닌 적대감을 알고 있기 때문에, 이 유대아 사람들을 비방하고, 다른 유대아 사람들까지도 모두 포함시키기로 작정했습니다. 두 가지 경우에 있어서 그는 부끄러워할 줄 모르는 거짓말쟁이입니다.

33. Τίνα τοίνυν ἐστὶ τὰ δεινὰ καὶ σχέτλια τῶν ἐν Ἀλεξανδρείᾳ κατοικούντων Ἰουδαίων, ἃ κατηγόρηκεν αὐτῶν, ἴδωμεν.

ἐλθόντες, φησίν, ἀπὸ Συρίας ᾤκησαν πρὸς ἀλίμενον θάλασσαν γειτνιάσαντες ταῖς τῶν κυμάτων ἐκβολαῖς.

34. οὐκοῦν τόπος εἰ λοιδορίαν ἔχει, τὴν οὐ πατρίδα μὲν λεγομένην δὲ αὐτοῦ λοιδορεῖ τὴν Ἀλεξάνδρειαν· ἐκείνης γὰρ καὶ τὸ παράλιόν ἐστι μέρος, ὡς πάντες ὁμολογοῦσιν, εἰς κατοίκησιν τὸ κάλλιστον.

35. Ἰουδαῖοι δ' εἰ μὲν βιασάμενοι κατέσχον, ὡς μηδ' ὕστερον ἐκπεσεῖν, ἀνδρείας τεκμήριόν ἐστιν αὐτοῖς· εἰς κατοίκησιν δὲ αὐτοῖς ἔδωκεν τόπον Ἀλέξανδρος καὶ ἴσης παρὰ τοῖς Μακεδόσι τιμῆς ἐπέτυχον.

36. οὐκ οἶδα δέ, τί ποτ' ἂν ἔλεγεν Ἀπίων, εἰ πρὸς τῇ νεκροπόλει κατῴκουν καὶ μὴ πρὸς τοῖς βασιλικοῖς ἦσαν ἱδρυμένοι, καὶ μέχρι νῦν αὐτῶν ἡ φυλὴ τὴν προσηγορίαν εἶχεν Μακεδόνες.

2:33-38 알렉산드리아 유대아 사람들을 향한 아피온의 비난. 시민권을 가진 유대아 사람들의 특권

33   그러면 이제 알렉산드리아에 거주하는 유대아 사람들에 대한 끔찍하며 잔인한 비난들이 무엇인지 또한 그가 그들을 무엇 때문에 비난하는지 살펴봅시다. 그가 말합니다:

> 시리아에서 와서 그들은 항구 없는 바닷가에 정착하였으며 그리하여 파도가 닿는 어귀와 이웃하고 살았다.

34   그런데 그 장소가 비방 받는다면, 아피온은 고향이라고 일컬어지는 곳이 아니라 그 자신의 알렉산드리아를 비방하고 있을 뿐입니다. 왜냐하면 이 도시의 해안 지역은 모두가 인정하듯이 거주하기에 가장 좋은 곳이기 때문입니다.

35   유대아 사람들이 그곳을 폭력을 행사하는 가운데 점령했고 훗날에도 물러가지 않았다면, 그것은 그들의 강직함의 표시입니다. 그런데 알렉산드로스가 그들에게 거주할 공간을 주었으며, 그리하여 그들은 마케도니아 사람들과 동등한 영예를 얻었습니다.

36   그런데 아피온이 무슨 말을 할지 모르겠습니다. 만약 유대아 사람들이 네크로폴리스[145] 근처에 거주하며 왕궁들 가까이에 정착하지 않는다면 말입니다. 오늘날까지 그들의 무리는 마케도니아 사람들이라는 호칭을 지니고 있습니다.

---

145   광대한 공동묘지.

37. εἰ μὲν οὖν ἀναγνοὺς τὰς ἐπιστολὰς Ἀλεξάνδρου τοῦ βασιλέως καὶ τὰς Πτολεμαίου τοῦ Λάγου καὶ τῶν μετ' ἐκεῖνον τῆς Αἰγύπτου βασιλέων ἐντυχὼν τοῖς γράμμασι καὶ τὴν στήλην τὴν ἑστῶσαν ἐν Ἀλεξανδρείᾳ καὶ τὰ δικαιώματα περιέχουσαν, ἃ Καῖσαρ ὁ μέγας τοῖς Ἰουδαίοις ἔδωκεν, εἰ μὲν οὖν ταῦτα, φημί, γιγνώσκων τἀναντία γράφειν ἐτόλμα, πονηρὸς ἦν, εἰ δὲ μηδὲν ἠπίστατο τούτων, ἀπαίδευτος.

38. τὸ δὲ δὴ θαυμάζειν, πῶς Ἰουδαῖοι ὄντες Ἀλεξανδρεῖς ἐκλήθησαν, τῆς ὁμοίας ἀπαιδευσίας· πάντες γὰρ οἱ εἰς ἀποικίαν τινὰ κατακληθέντες, κἂν πλεῖστον ἀλλήλων τοῖς γένεσι διαφέρωσιν, ἀπὸ τῶν οἰκιστῶν τὴν προσηγορίαν λαμβάνουσιν.

39. καὶ τί δεῖ περὶ τῶν ἄλλων λέγειν; αὐτῶν γὰρ ἡμῶν οἱ τὴν Ἀντιόχειαν κατοικοῦντες Ἀντιοχεῖς ὀνομάζονται· τὴν γὰρ πολιτείαν αὐτοῖς ἔδωκεν ὁ κτίστης Σέλευκος. ὁμοίως οἱ ἐν Ἐφέσῳ καὶ κατὰ τὴν ἄλλην Ἰωνίαν τοῖς αὐθιγενέσι πολίταις ὁμωνυμοῦσιν τοῦτο παρασχόντων αὐτοῖς τῶν διαδόχων.

40. ἡ δὲ Ῥωμαίων φιλανθρωπία πᾶσιν οὐ μικροῦ δεῖν τῆς αὐτῶν προσηγορίας μεταδέδωκεν οὐ μόνον ἀνδράσιν ἀλλὰ καὶ μεγάλοις ἔθνεσιν ὅλοις; Ἴβηρες γοῦν οἱ πάλαι καὶ Τυρρηνοὶ καὶ Σαβῖνοι Ῥωμαῖοι καλοῦνται.

37 만약 그가 알렉산드로스 왕의 편지들을 또한 라고스의 아들 프톨레마이오스의 편지들을 잘 알고 있었더라면, 또한 이 사람을 뒤이은 이집트 왕들의 문서들을 접했더라면, 또한 알렉산드리아에 세워졌으며 카이사르 대왕이 유대아 사람들에게 준 특권들을 담은 석주 비문을 알았더라면 어떠했을까요? 나는 단언합니다. 만일 그가 이 모든 것을 알고도 그 정반대의 것을 기록하기로 작정했다면, 그는 나쁜 놈입니다. 만일 그가 그것들에 대해 아무 것도 몰랐다면, 멍청이입니다.

38 그가 어떻게 유대아 사람들이 알렉산드리아 사람들로 불리는지를 놀라는 것도 동일한 어리석음을 보여줍니다. 왜냐하면 어떤 정착지로 초청받은 자들은 대부분 서로 종족이 다르다고 할지라도 모두가 그 도시의 설립자들로부터 이름을 받기 때문입니다.

2:39-43 그리스 로마 세계에서 유대아 사람들의 권리

39 다른 민족들에 대해서 무슨 말을 더 해야하겠습니까? 우리 유대아 사람들 중 안티오키아에 거주하는 자들은 안티오키아 사람들이라 불리고 있습니다. 즉 시민권을 그들에게 그 도시의 설립자인 셀레우코스가 주었습니다. 마찬가지로 에페소스와 기타 이오니아에 있는 유대아 사람들은 토착 시민들처럼 동일한 이름을 갖고 있습니다. 그것을 알렉산드로스의 후계자들이 허락했습니다.

40 하지만 로마 사람들의 인간 사랑은 거의 모든 이들에게 자기 이름을 분배하였습니다. 개인들 뿐만 아니라, 큰 민족들 전체에게도요. 그러므로 옛 이베리

41. εἰ δὲ τοῦτον ἀφαιρεῖται τὸν τρόπον τῆς πολιτείας Ἀπίων, παυσάσθω λέγων αὐτὸν Ἀλεξανδρέα· γεννηθεὶς γάρ, ὡς προεῖπον, ἐν τῷ βαθυτάτῳ τῆς Αἰγύπτου πῶς ἂν Ἀλεξανδρεὺς εἴη τῆς κατὰ δόσιν πολιτείας, ὡς αὐτὸς ἐφ' ἡμῶν ἠξίωκεν, ἀναιρουμένης; καίτοι μόνοις Αἰγυπτίοις οἱ κύριοι νῦν Ῥωμαῖοι τῆς οἰκουμένης μεταλαμβάνειν ἡστινοσοῦν πολιτείας ἀπειρήκασιν.

42. ὁ δ' οὕτως ἐστὶ γενναῖος, ὡς μετέχειν ἀξιῶν αὐτὸς ὧν τυχεῖν ἐκωλύετο συκοφαντεῖν ἐπεχείρησε τοὺς δικαίως λαβόντας· οὐ γὰρ ἀπορίᾳ γε τῶν οἰκησόντων τὴν μετὰ σπουδῆς ὑπ' αὐτοῦ πόλιν κτιζομένην Ἀλέξανδρος τῶν ἡμετέρων τινὰς ἐκεῖ συνήθροισεν, ἀλλὰ πάντας δοκιμάζων ἐπιμελῶς ἀρετῆς καὶ πίστεως τοῦτο τοῖς ἡμετέροις τὸ γέρας ἔδωκεν.

43. ἐτίμα γὰρ ἡμῶν τὸ ἔθνος, ὡς καί φησιν Ἑκαταῖος περὶ ἡμῶν, ὅτι διὰ τὴν ἐπιείκειαν καὶ πίστιν, ἣν αὐτῷ παρέσχον Ἰουδαῖοι, τὴν Σαμαρεῖτιν χώραν προσέθηκεν ἔχειν αὐτοῖς ἀφορολόγητον.

아 사람들과 티레노이 사람들[146]과 사비니 사람들[147]이 로마 사람들로 불리고 있습니다.

41 하지만 아피온이 그러한 종류의 시민권을 제한하고 싶다면, 그는 자신을 알렉산드리아 사람이라 부르기를 멈춰야 합니다. 왜냐하면 내가 위에서 언급했듯이, 그는 이집트 가장 깊은 내륙에서 태어났는데, 어찌 그가 알렉산드리아 사람일 수 있겠습니까? 그 선사된 시민권이, 마치 그가 스스로 우리와 관련하여 정당하게 주장한다고 여기듯이, 유효하지 않다면 말이죠.
정말이지 오직 이집트 사람들에게만 세상의 주인들인 로마 사람들이 그와 같은 시민권에 참여함을 허락하지 않았습니다.

42 하지만 아피온은 너무도 관대해서, 자기에게 허락되지 않은 시민권에 참여한다고 주장하면서, 그것을 정당하게 취득한 자들을 비난하려고 시도했습니다. 왜냐하면 알렉산드로스는 자기의 열정으로 세워진 도시에 거주할 자들의 숫자가 부족해서 우리 유대아 사람들 중 일부를 거기에 불러 모으지 않았습니다. 오히려 모든 이들을 꼼꼼하게 조사하고서 강직함과 신뢰성에 주목하여 우리 유대아 사람들에게 이런 영예의 선물을 주었습니다.

43 정말이지 그는 우리 민족을 높이 평가했습니다. 헤카타이오스도 우리에 대해 말하듯이요. 그는 유대아 사람들이 그에게 보여준 선한 마음과 신뢰에 근거하여 사마리아 땅을 세금면제와 함께 그들에게 넘겼습니다.

---

146 티레노이 사람들은 고대 그리스 사람들이 그리스밖 사람들, 특히 해적들을 부르는 호칭이다. 일반적으로 이탈리아의 에투루리아 사람이 티레노이 사람이라고 불렸다.
147 사비니 사람들은 아펜닌 산맥 중부에 사는 이탈리아 민족을 가리킨다.

44.   ὅμοια δὲ Ἀλεξάνδρῳ καὶ Πτολεμαῖος ὁ Λάγου περὶ τῶν ἐν Ἀλεξανδρείᾳ κατοικούντων ἐφρόνησεν· καὶ γὰρ τὰ κατὰ τὴν Αἴγυπτον αὐτοῖς ἐνεχείρισε φρούρια πιστῶς ἅμα καὶ γενναίως φυλάξειν ὑπολαμβάνων, καὶ Κυρήνης ἐγκρατῶς ἄρχειν βουλόμενος καὶ τῶν ἄλλων τῶν ἐν τῇ Λιβύῃ πόλεων εἰς αὐτὰς μέρος Ἰουδαίων ἔπεμψε κατοικῆσον.

45.   ὁ δὲ μετ' αὐτὸν Πτολεμαῖος ὁ Φιλάδελφος ἐπικληθεὶς οὐ μόνον εἴ τινες ἦσαν αἰχμάλωτοι παρ' αὐτῷ τῶν ἡμετέρων πάντας ἀπέδωκεν, ἀλλὰ καὶ χρήματα πολλάκις ἐδωρήσατο καὶ τὸ μέγιστον ἐπιθυμητὴς ἐγένετο τοῦ γνῶναι τοὺς ἡμετέρους νόμους καὶ ταῖς τῶν ἱερῶν γραφῶν βίβλοις ἐντυχεῖν.

46.   ἔπεμψε γοῦν ἀξιῶν ἄνδρας ἀποσταλῆναι τοὺς ἑρμηνεύσοντας αὐτῷ τὸν νόμον καὶ τοῦ γραφῆναι ταῦτα καλῶς τὴν ἐπιμέλειαν ἐπέταξεν οὐ τοῖς τυχοῦσιν, ἀλλὰ Δημήτριον τὸν Φαληρέα καὶ Ἀνδρέαν καὶ Ἀριστέα, τὸν μὲν παιδείᾳ τῶν καθ' ἑαυτὸν διαφέροντα Δημήτριον,

47.   τοὺς δὲ τὴν τοῦ σώματος αὐτοῦ φυλακὴν ἐγκεχειρισμένους, ἐπὶ τῆς ἐπιμελείας ταύτης ἔταξεν, οὐκ ἂν δήπου τοὺς νόμους καὶ τὴν πάτριον ἡμῶν φιλοσοφίαν ἐπιθυμήσας ἐκμαθεῖν, εἰ τῶν χρωμένων αὐτοῖς ἀνδρῶν κατεφρόνει καὶ μὴ λίαν ἐθαύμαζεν.

2:44-47 『칠십인경』의 생성 전설

44   알렉산드로스와 유사하게 라고스의 아들 프톨레마이오스도 알렉산드리아의 거주민들에 대해 생각했습니다. 왜냐하면 그는 그들에게 이집트 요새들을 맡겼는데, 그들이 이 요새들을 충실하면서도 동시에 용맹스럽게 지켜낼 것이라는 기대 속에서 말이죠. 게다가 그는 키레네와 리비아의 다른 도시들을 확고하게 통제하려는 의도에서 유대아 사람들 일부를 그곳들에 거주하도록 보냈습니다.

45   그의 뒤를 이어 필라델포스라고도 불리는 프톨레마이오스는 그의 수중에 있었던 우리 유대아 사람 전쟁 포로들을 모두 돌려주었을 뿐만 아니라, 금전 선물도 자주 주었습니다. 하지만 그는 우리의 율법들을 알며 또한 우리의 거룩한 문서들의 책들을 접하기를 강렬하게 열망했습니다.

46   그래서 그는 자기를 위해 토라[148]를 번역할 사람들을 파송했으며, 또한 세심한 기록을 위한 책임을 임의의 사람들에게 맡기지 않고, 오히려 팔레론의 데메트리오스, 안드레아스 그리고 아리스테아스에게 과업을 주었습니다. 이들 중 첫번째 사람인 데메트리오스는 자기의 동시대인들 가운데 교양이 뛰어났습니다. [···]

47   반면 다른 이들은 그의 몸의 경호를 맡은 경호원들이었습니다. 그런데 그는 우리의 율법들과 우리 고유의 철학을 탐구하려고 열망하지 않았던 것 같습니다. 그가 그것들에 따라서 살았던 사람들을 경멸하고 또한 크게 감탄하지 않은 것을 볼 때 그러합니다.

---

148   원문에는 율법이라고 나온다.

48. Ἀπίωνα δὲ σχεδὸν ἐφεξῆς πάντες ἔλαθον οἱ τῶν προγόνων αὐτοῦ Μακεδόνων βασιλεῖς οἰκειότατα πρὸς ἡμᾶς διατεθέντες· καὶ γὰρ τρίτος Πτολεμαῖος ὁ λεγόμενος Εὐεργέτης κατασχὼν ὅλην Συρίαν κατὰ κράτος οὐ τοῖς ἐν Αἰγύπτῳ θεοῖς χαριστήρια τῆς νίκης ἔθυσεν, ἀλλὰ παραγενόμενος εἰς Ἱεροσόλυμα πολλὰς ὡς ἡμῖν νόμιμόν ἐστιν ἐπετέλεσε θυσίας τῷ θεῷ καὶ ἀνέθηκεν ἀναθήματα τῆς νίκης ἀξίως.

49. ὁ δὲ Φιλομήτωρ Πτολεμαῖος καὶ ἡ γυνὴ αὐτοῦ Κλεοπάτρα τὴν βασιλείαν ὅλην τὴν ἑαυτῶν Ἰουδαίοις ἐπίστευσαν, καὶ στρατηγοὶ πάσης τῆς δυνάμεως ἦσαν Ὀνίας καὶ Δοσίθεος Ἰουδαῖοι, ὧν Ἀπίων σκώπτει τὰ ὀνόματα, δέον τὰ ἔργα θαυμάζειν καὶ μὴ λοιδορεῖν, ἀλλὰ χάριν αὐτοῖς ἔχειν, ὅτι διέσωσαν τὴν Ἀλεξάνδρειαν, ἧς ὡς πολίτης ἀντιποιεῖται.

50. πολεμούντων γὰρ αὐτῶν τῇ βασιλίσσῃ Κλεοπάτρᾳ καὶ κινδυνευόντων ἀπολέσθαι κακῶς οὗτοι συμβάσεις ἐποίησαν καὶ τῶν ἐμφυλίων κακῶν ἀπήλλαξαν.

2:48-50a   옛 프톨레마이오스 사람들이 유대아 사람들에게 베푼 호의

48   하지만 아피온은 그의 조상들의 [마케도니아 사람들의][149] 왕들이 거의 모두 차례대로 우리와 친분이 깊은 상태에 있었다는 사실을 알지 못했습니다. 에베르게테스라고 불리는 세 번째 프톨레마이오스 왕이 시리아 전체를 힘으로 차지했을 때, 그는 이집트의 신들에게 그의 승리에 대한 감사제를 올리지 않고, 오히려 예루살렘으로 가서 우리의 율법 규정에 있듯이 하나님께 수많은 희생제물을 드렸으며, 승리의 헌물을 합당하게 바쳤습니다.

49   심지어 프톨레마이오스 필로메토르[150]와 그의 아내 클레오파트라는 자신들의 왕국 전체를 유대아 사람들에게 맡겼습니다. 군대 전체의 장군들은 유대아 사람들인 오니아스와 도시테오스였습니다. 그런데 그들의 이름들을 아피온이 조롱하고 있습니다. 하지만 그들의 업적들을 비방하기보단 놀라워하는 것이 마땅합니다. 오히려 그가 시민권을 주장하는 알렉산드리아를 그들이 구했다는 사실에 대해 그들에게 감사하는 것이 마땅합니다.

50a   왜냐하면 그들이 (=알렉산드리아 사람들이) 여왕 클레오파트라와 전쟁을 하다가 가련하게 멸망을 당할 위험에 처했을 때, 이들은 합의를 만들어냈고 그리하여 그들을 내전의 참혹함에서 구해냈기 때문입니다.

---

149   후대에 누군가 이 자리에 "그의 조상들"을 설명하려고 '마케도니아 사람들'이란 단어를 첨가했으나, 이것은 오류이다. 아피온은 이집트 출신이기 때문이다.
150   프톨레마이오스 필로메토르(Ptolemios VI. Philometor): 기원전 180-145년 사이에 통치했다.

ἀλλὰ μετὰ ταῦτα, φησίν,

Ὀνίας ἐπὶ τὴν πόλιν ἤγαγε στρατὸν ὀλίγου ὄντος ἐκεῖ Θέρμου
τοῦ παρὰ Ῥωμαίων πρεσβευτοῦ καὶ παρόντος.

51. ὀρθῶς δὲ ποιῶν φαίην ἂν καὶ μάλα δικαίως· ὁ γὰρ Φύσκων
ἐπικληθεὶς Πτολεμαῖος ἀποθανόντος αὐτῷ τοῦ ἀδελφοῦ Πτολεμαίου
τοῦ Φιλομήτορος ἀπὸ Κυρήνης ἐξῆλθε Κλεοπάτραν ἐκβαλεῖν
βουλόμενος τῆς βασιλείας et filios regis, ut ipse regnum iniuste
sibimet applicaret;

52. propter haec ergo Onias aduersus eum bellum pro
Cleopatra suscepit et fidem, quam habuit circa reges, nequaquam
in necessitate deseruit.

53. testis autem deus iustitiae eius manifestus apparuit; nam
Fyscon Ptolomaeus cum aduersum exercitum quidem Oniae
pugnare praesumeret, omnes uero Iudaeos in ciuitate positos cum
filiis et uxoribus capiens nudos atque uinctos elephantis
subiecisset, ut ab eis conculcati deficerent, et ad hoc etiam bestias
ipsas debriasset, in contrarium quae praeparauerat euenerunt.

2:50b-56a   아피온 자신에게서 나온 이에 대한 증거

50b   하지만 그가 말합니다:

> 그 후에 오니아스는 소수의 군사를 그 도시로 진격시켰다. 바로 그 시
> 점에 로마 사람들의 사절인 테르모스가 거기에 있었다.

51   그것을 그가 잘 처리했으며, — 그렇게 말할 수 있을 것 같습니다 — 또한
그가 전적으로 옳았습니다. 왜냐하면 피스콘이라 불리는 프톨레마이오스는 자
기 형제 키레네 출신의 프톨레마이오스 필로메토르가 사망한 후에 클레오파트
라와 왕의 아들들을 왕좌에서 몰아내고자 와서[151]스스로 왕권을 불법적으로 차
지하려고 했기 때문입니다.

52   이러한 이유에서 오니아스는 그 자에게 대항하고 클레오파트라를 위한 전
쟁을 받아들였으며, 또한 왕가에 대한 충성을 심각한 상황에서도 결코 저버리지
않았습니다.

53   그런데 그의 정의로움에 대한 부인할 수 없는 증인으로서 하나님이 나타나
는 것 같습니다. 왜냐하면 프톨레마이오스 피스콘은 오니아스의 군대와 싸우기
를 시도하지 않고, 오히려 그 도시에 있는 모든 유대아 사람들을 아이들과 여자
들을 포함하여 발가벗기고 묶어서 코끼리들에게 내던져서, 그들이 코끼리들에
의해 짓밟혀 죽도록 했기 때문입니다. 이를 위해 심지어 그 동물들을 술 취하게
하였는데, 그가 준비한 것과 정반대의 일이 일어났습니다.

---

151   여기서부터(2:51 후반-2:113) 그리스어 본문은 전승 과정에서 소실되었고, 라틴어 본문에 따라 번역이
이루어졌다.

54. elephanti enim relinquentes sibi appositos Iudaeos impetu facto super amicos eius multos ex ipsis interemerunt. et post haec Ptolomaeus quidem aspectum terribilem contemplatus est prohibentem se, ut illis noceret hominibus,

55. concubina uero sua carissima, quam alii quidem Ithacam, alii uero Hirenen denominant, supplicante ne tantam impietatem perageret, ei concessit et ex his quae iam egerat uel acturus erat paenitentiam egit. unde recte hanc diem Iudaei Alexandria constituti eo quod aperte a deo salutem promeruerunt celebrare noscuntur.

56. Apion autem omnium calumniator etiam propter bellum aduersus Fysconem gestum Iudaeos accusare praesumpsit, cum eos laudare debuerit. is autem etiam ultimae Cleopatrae Alexandrinorum reginae meminit ueluti nobis improperans, quoniam circa nos fuit ingrata, et non potius illam redarguere studuit;

54 즉 그 코끼리들은 그들에게 던져진 유대아 사람들을 내버려두고, 피스콘 편 사람들을 공격하여 그들 중 많은 이들을 살해했습니다. 그 후에 프톨레마이오스는 한 끔찍한 환영을 보았으며, 그 환영은 그가 저 사람들을 해치는 것을 막았습니다.

55 게다가 그가 매우 사랑한 애첩이 ─ 어떤 이들은 그녀를 이타카라 부르나 다른 이들은 이레네라 부릅니다 ─ 그러한 어떤 불경도 저지르지 말라고 애원하자, 그가 물러섰고, 이미 자기가 저지른 일과 또 행하려고 한 모든 일에 대해 후회했습니다. 그리하여 알렉산드리아에 있는 유대아 사람들은 합당하게 이 날을 지정하여 기념한다고 알려져 있습니다. 그들이 명백히 하나님에 의해 구원을 받았기 때문입니다.

56a 하지만 온 세상의 중상모략 자인 아피온은 피스콘에 대항해 전쟁을 벌였다고 주제넘게 유대아 사람들을 고발했습니다. 오히려 그가 유대아 사람들을 칭찬하는 것이 마땅할 텐데 말이죠.

2:56b-64 클레오파트라에 대한 다양한 견해들

56b 하지만 그는 알렉산드리아 사람들의 마지막 여왕인 클레오파트라[152]도 역시 언급하면서, 그녀가 우리에 대해 달가워하지 않았다는 이유로 우리를 비난했습니다. 그녀를 마땅히 책망하는 것에는 힘쓰지 않고서 말이죠.

---

152 프톨레마이오스 왕국의 마지막 통치자인 클레오파트라 7세(기원전 51-30년)를 가리킨다.

57.   cui nihil omnino iniustitiae et malorum operum defuit uel circa generis necessarios uel circa maritos suos, qui etiam dilexerunt eam, uel in communi contra Romanos omnes et benefactores suos imperatores, quae etiam sororem Arsinoën occidit in templo nihil sibi nocentem,

58.   peremit autem et fratrem insidiis paternosque deos et sepulcra progenitorum depopulata est, percipiensque regnum a primo Caesare eius filio et successori rebellare praesumpsit, Antoniumque corrumpens amatoriis rebus et patriae inimicum fecit et infidelem circa suos amicos instituit, alios quidem genere regali spolians, alios autem demens et ad mala gerenda compellens.

59.   sed quid oportet amplius dici, cum illum ipsum in nauali certamine relinquens, id est maritum et parentem communium filiorum, tradere eum exercitum et principatum et se sequi coëgit?

60.   nouissime uero Alexandria a Caesare capta ad hoc usque perducta est, ut salutem hinc sperare se iudicaret, si posset ipsa manu sua Iudaeos perimere, eo quod circa omnes crudelis et infidelis extaret. putasne gloriandum nobis non esse, si quemadmodum dicit Apion famis tempore Iudaeis triticum non est mensa?

57 그녀에게는 불법과 악행 중 어떤 것도 전혀 모자라지 않았습니다. 자기 혈육에 대해서도, 그녀를 사랑했던 자기 남편들에 대해서도 그렇습니다. 모든 로마 사람들과 자기 은인들인 황제들에 대해서도 전반적으로 적대적이었지요. 게다가 그녀는 여동생 아르시노에를 신전에서 살해하도록 했습니다. 자기에게 아무런 위해를 가하지 않았음에도 말이죠.

58 또한 그녀는 자기 남동생[153]을 계략을 써서 살해했으며 또한 전통적인 신들과 조상들의 무덤들을 약탈했습니다. 그리고 그녀가 왕권을 첫 번째 카이사르로부터 취할 때, 그의 아들이요 후계자에 대항하는 반란을 일으켰습니다. 또한 그녀는 사랑의 기술을 써서 안토니우스를 유혹하여 그를 조국의 원수요 친구들의 배신자로 만들었습니다. 그녀는 어떤 이들로부터는 임금의 지위를 빼앗으며. 어떤 이들은 없애고 악행을 하도록 몰아넣었습니다.

59 그런데 더 이상 무슨 말을 할 수 있겠습니까? 해전을 치르는 동안에 그녀스스로가 자기 남편이요 공동 자녀들의 아버지를 떠났으니 말이죠. 더구나 그를 강요하여 군대와 프린켑스 지위를 넘겨주게 하고 자기를 따르라고 했습니다!

60 마지막으로, 알렉산드리아가 카이사르에 의해 점령되자 그녀는 그 자리에서 자살을 시도하는 데까지 나아갔습니다.[154]그렇게 함으로 구원을 기대할 수 있으리라 믿었나 봅니다. 이로써 모든 이들을 둘러싼 그녀의 잔혹함과 불충이 명백히 드러나는 것 같습니다. 당신은(=독자 여러분은) 우리가 자랑해야한다고 생각하지 않습니까? 아피온이 말하듯이 그녀가 기근 동안에 유대아 사람들에게

---

153 프톨레마이오스 14세 필로파토르(Ptolemaios XIV Philopator): 『유대아 고대사』(Ant 15:89)에 따르면, 클레오파트라는 자기 남동생을 독살했다.

154 지게르트는 일부 필사본이 전하는 "그녀는 자신의 손으로 유대인들을 살해했으리라"는 구절을 제외한다.

61. sed illa quidem poenam subiit competentem, nos autem maximo Caesare utimur teste solatii atque fidei, quam circa eum contra Aegyptios gessimus, necnon et senatu eiusque dogmatibus et epistulis Caesaris Augusti, quibus nostra merita comprobantur.

62. has litteras Apionem oportebat inspicere et secundum genera examinare testimonia sub Alexandro facta et omnibus Ptolomaeis et quae a senatu constituta sunt necnon et a maximis Romanis imperatoribus.

63. si uero Germanicus frumenta cunctis in Alexandria commorantibus metiri non potuit, hoc indicium est sterilitatis ac necessitatis frumentorum, non accusatio Iudaeorum. quid enim sapiant omnes imperatores de Iudaeis in Alexandria commorantibus, palam est;

64. nam amministratio tritici nihilo minus ab eis quam ab aliis Alexandrinis translata est, maximam uero eis fidem olim a regibus datam conseruauerunt, id est fluminis custodiam totiusque custodiae nequaquam his rebus indignos esse iudicantes.

어떤 곡물도 나누어주지 않았다면 말입니다.

61   아무튼 그녀는 합당한 형벌을 받았습니다. 하지만 우리는 그 카이사르[155]를, 우리가 이집트 사람에 대항하여 그에게 보여주었던 도움과 충성의 더할 나위 없는 증인으로 갖고 있습니다. 또한 원로원과 그 칙령들뿐만 아니라, 카이사르 아우구스투스의 편지들도 실로 그러합니다. 여기에 우리의 공적들이 입증되어 있습니다.

62   이러한 텍스트들을 아피온이 들여다보았어야만 했으며, 또한 알렉산드로스와 모든 프톨레마이오스 사람들 시대에 마련된 증거들을 그 장르별로 고려했어야만 합니다. 또한 원로원에 의해 또한 로마의 최고 통치자들에 의해 결정된 것도 (고려했어야만 합니다).

63   그런데 게르마니쿠스[156]가 알렉산드리아에 있는 모든 거주민들에게 곡물을 나누어 줄 수 없었다면, 그것은 흉작과 곡물 부족의 징후이지, 유대아 사람들에 대한 고발이 될 수 없습니다. 그런즉 모든 황제들이 알렉산드리아에 거주하는 유대아 사람들에 대해 무엇을 생각했는지 분명합니다.

64   왜냐하면 곡물 분배 행정이 다른 알렉산드리아 사람들에게보다도 조금이라도 덜 유대아 사람들에게 전달된 것은 아니기 때문입니다. 오히려 그 (프톨레마이오스) 왕들은 옛적에 유대아 사람들에게 베푼 특별한 신뢰를 간직했습니다.

---

155   율리우스 카이사르(Julius Caesar)는 기원전 47년 알렉산드리아를 점령하는 동안 헤로데스 1세의 아버지 안티파테르 아래 있는 유대아 군인들에 의해 보호를 받았다.
156   게르마니쿠스(Germanicus): 티베리우스 황제의 조카로 기원후 19년 이집트로 여행했고, 이집트에서 기근 동안에 곡물 가격 안정을 위해 노력했다.

65.   Sed super haec,

quomodo ergo, inquit, si sunt ciues, eosdem deos quos
Alexandrini non colunt?

cui respondeo,

quomodo etiam, cum uos sitis Aegyptii, inter alterutros
proelio magno et sine foedere de religione contenditis?

66.   an certe propterea non uos omnes dicimus
Aegyptios et neque communiter homines, quoniam
bestias aduersantes naturae nostrae colitis multa
diligentia nutrientes, cum genus utique nostrorum
unum itaque idem esse uideatur?

그것은 곧 (나일)강과 델타[157] 전역에 대한 (관세 관련) 경비 근무입니다. 이 모든 것으로 미루어 볼 때, 그들은 유대아 사람들을 결코 무가치하게 여기지 않았습니다.

2:65-67 유대아 사람들은 토착 신들을 경배하지 않고서도 알렉산드리아 사람이 될 수 있는가?

65 그 밖에도 그는 이렇게 묻고 있습니다:

그런데 어찌하여 그들이 (알렉산드리아의) 시민이라면, 알렉산드리아 사람들처럼 동일한 신들을 섬기지 않고 있는가?

이에 대해 나는 이렇게 답변합니다:

어찌하여 너희는 이집트 사람들이면서 서로 종교를 둘러싸고 격렬하며 또 합의할 수 없는 싸움을 벌이고 있는가?

66 우리가 너희 모두를 가리켜 이집트 사람들이라고 부르지 않고, 더더구나 통상적으로 '인간들'이라 부르지 않는 바로 그 이유는 바로 너희들이 우리의 본성을 거스르는 동물들을 경외하며 또 많은 정성을 들여 양육하고 있기 때문이다. 그런데 확실히 우리들의 (인간) 종은 하

---

157 여기에 나오는 custodiae는 문맥상 오류임이 분명하다. E. Schürer(*Geschichte des jüdischen Volkes im Zeitalter Jesu Christi*, 3. Band, [Leipzig, 1909], n.13)는 본래 그리스어 thalasses(바다)였을 것으로 추정한다. 그러나 지게르트는 '세관'과 관련된 것으로 보면서 Delta로 해석할 것을 제안한다.

67. si autem in uobis Aegyptiis tantae differentiae opinionum sunt, quid miraris super his, qui aliunde in Alexandriam aduenerunt, si in legibus a principio constitutis circa talia permanserunt?

68. is autem etiam seditionis causas nobis apponit, qui si cum ueritate ob hoc accusat Iudaeos in Alexandria constitutos, cur omnes nos culpat ubique positos eo quod noscamur habere concordiam?

69. porro etiam seditionis auctores quilibet inueniet Apioni similes Alexandrinorum fuisse ciues. donec enim Graeci fuerunt et Macedones hanc ciuilitatem habentes, nullam seditionem aduersus nos gesserunt, sed antiquis cessere sollemnitatibus. cum uero multitudo Aegyptiorum creuisset inter eos propter confusiones temporum, etiam hoc opus semper est additum. nostrum uero genus permansit purum.

70. ipsi igitur molestiae huius fuere principium nequaquam populo Macedonicam habente constantiam neque prudentiam Graecam, sed cunctis scilicet utentibus malis moribus Aegyptiorum et antiquas inimicitias aduersum nos exercentibus.

나의 종, 따라서 동일한 종이라고 여겨진다.

67 너희 이집트 사람들 가운데 그와 같은 의견들의 차이가 있다면, 어딘가에서 이집트로 온 자들이 이러한 일들에 대해 처음부터 확정된 율법들을 고수한다면, 왜 당신은 이들에 대해 놀라는가?

2:68-72 불만의 원인으로서의 민족들의 혼합

68 그런데 그는 심지어 소요들의 원인을 우리에게 돌리고 있습니다. 그가 그것과 관련하여 알렉산드리아에 있는 유대아 사람들을 진리에 걸맞게 고발하고 있다고 전제하면, 왜 그는 우리 모두에게 도처에서 죄를 씌우고 있습니까? 예컨대 우리가 단결하고 있음이 알려졌기 때문인가요?

69 게다가 누구나, 그 소란의 주동자들은 아피온과 같은 알렉산드리아 시민들이었다는 것을 쉽게 알 수 있습니다. 즉 그리스 사람들과 마케도니아 사람들은 (그들만이) 이 시민권을 소지하는 한, 우리에 반대하는 어떤 소란도 일으키지 않았고, 오히려 고대로부터 내려온 관습들을[158] 인정했습니다. 하지만 시대의 혼란으로 인해 그들 가운데 이집트 사람들의 무리가 크게 불어나자, 이러한 일[159]이 언제나 증가했습니다. 하지만 우리 종족은 순수하게 남았습니다.

70 그러므로 그들 자신이 이러한 불평의 원인이었습니다. 민중은 결코 마케도니아적 군건함을 갖고 있지 않았으며, 또한 그리스적 통찰력도 갖고 있지 않았

---

158 sollemnitates는 그리스어 ἤθη에 상응한다.
159 지게르트는 opus를 χρεία의 번역으로 추정한다.

71.   e diuerso namque factum est quod nobis improperare praesumunt; nam cum plurimi eorum non oportune ius eius ciuilitatis optineant, peregrinos uocant eos, qui hoc priuilegium ad omnes imperasse noscuntur.

72.   nam Aegyptiis neque regum quisquam uidetur ius ciuilitatis fuisse largitus neque nunc quilibet imperatorum, nos autem Alexander quidem introduxit, reges autem auxerunt, Romani uero semper custodire dignati sunt.

73.   itaque derogare nobis Apion conatus est, quia imperatorum non statuamus imagines tamquam illis hoc ignorantibus aut defensione Apionis indigentibus, cum potius debuerit ammirari magnanimitatem mediocritatemque Romanorum, quoniam subiectos non cogunt patria iura transcendere, sed suscipiunt honores sicut dare offerentes pium atque legitimum est; non enim honoribus gratiam habent, qui ex necessitate et uiolentia conferuntur.

고, 오히려 그들 모두는 이집트 사람들의 고약한 관습들을 수용하면서 우리를 향한 오랜 적대감을 드러냈습니다.

71 　그런데 그들이 우리를 주제넘게 비방하는 것과는 정반대로 일이 벌어졌습니다. 그들 중 대다수가 부당하게 이 도시의 시민권을 차지했습니다. 반면 그들은 통치자들로부터 이 특권을 (정당하게) 얻었다고 알려진 자들을 '낯선 자들'이라고 부릅니다.

72 　그 이집트 사람들에게는 어떤 임금도 그 (알렉산드리아) 시민권을 선사하지 않은 것으로 보입니다. 또한 오늘날 황제들 중 어느 누구도 그렇게 하지 않았습니다. 그러나 다름 아닌 알렉산드로스가 우리를 (이곳으로) 인도했으며, 또한 (프톨레마이오스) 왕들은 (우리를) 강화시켰으며, 로마 사람들도 항시 (우리를) 기꺼이 보호해주었습니다.

2:73-78　종교적인 이의 제기로 돌아가다

73 　그러므로 아피온은 우리가 황제들의 입상들을 세우지 않았기 때문에, 우리의 권리를 박탈하려고 애썼습니다. 마치 그들이 이것을 모르고 있거나, 혹은 아피온의 방어를 필요로 하는 것처럼 말입니다. 오히려 그는 오히려 로마 사람들의 관용과 중용을 놀라워했어야 합니다. 왜냐하면 그들은 예속민들에게 전통적인 법들을 범하도록 강요하지 않고, 바치는 자들이 경건하고 적법하게 드리는 공경을 받는데 (만족하기) 때문입니다. 그들은 강압과 폭력 하에서 이루어지는 공경에 대해서는 감사의 마음을 지니지 않습니다.

74. Graecis itaque et aliis quibusdam bonum esse creditur imagines instituere, denique et patrum et uxorum filiorumque figuras depingentes exultant, quidam uero etiam nihil sibi competentium sumunt imagines, alii uero et seruos diligentes hoc faciunt. quid ergo mirum est, si etiam principibus ac dominis hunc honorem praebere uideantur?

75. porro noster legislator, non quasi prophetans Romanorum potentiam non honorandam, sed tamquam causam neque deo neque hominibus utilem despiciens, et quoniam totius animati, multo magis dei inanimatu probatur inferius interdixit imagines fabricari.

76. aliis autem honoribus post deum colendos non prohibuit uiros bonos, quibus nos et imperatores et populum Romanorum dignitatibus ampliamus.

77. facimus autem pro eis continua sacrificia et non solum cotidianis diebus ex impensa communi omnium Iudaeorum talia celebramus, uerum cum nullas alias hostias ex communi neque pro filiis peragamus, solis imperatoribus hunc honorem praecipuum pariter exhibemus, quem hominum nulli persoluimus.

74 그리스 사람들과 또 다른 민족들에게는 입상들을 세우는 것이 옳다고 여겨집니다. 더구나 그들은 부모와 아내와 아이의 그림을 그리면서 매우 즐거워합니다. 어떤 이들은 심지어 자신과 아무 관련도 없는 사람들의 입상들을 가지고, 어떤 이들은 성실한 노예들에게도 이 일을 행합니다. 그러니 그들이 황제들과 통치자들에게도 이러한 공경을 드리는 것을 본다고 해도, 놀라울 것이 무엇입니까?

75 반면 우리의 입법자는 로마 사람들의 권세를 공경하지 않아야 한다고 예언하는 것이 아니라 신에게나 사람들에게 이롭지 못한 일을 경멸하면서, 또한 생명을 지닌 전 존재 더더구나 하나님에 비하면 생명이 없는 것은 열등한 존재로 드러나기 때문에,[160] 입상들을 세우는 것을 금지했습니다.

76 하지만 **빼어난** 사람들을 신 다음으로 다른 종류의 공경으로 숭상하는 것을 그는 금하지 않았습니다. 우리는 황제들뿐만 아니라 로마 민중을 그러한 공경으로 높였습니다.

77 실제로 우리는 그들을 위해 지속적인 희생제물을 드립니다. 우리는 날마다 모든 유대아 사람들의 공동 비용에서 그러한 예식을 거행합니다. 우리는 공동비용으로는 어떤 다른 희생제물도 심지어 (황제의) 아들들에게도 바치지 않고, 오직 황제들에게만 특별한 공경을 함께 드립니다. 우리는 인간 중 어느 누구에게도 이러한 공경을 돌리지 않습니다.

---

160 번역이 어려운 부분이다.

78.   haec itaque communiter satisfactio posita sit aduersus Apionem pro his, quae de Alexandria dicta sunt.

79.   Ammiror autem etiam eos, qui ei huiusmodi fomitem praebuerunt id est Posidonium et Apollonium Molonis, quoniam accusant quidem nos, quare nos eosdem deos cum aliis non colimus, mentientes autem pariter et de nostro templo blasphemias componentes incongruas non se putant impie agere, dum sit ualde turpissimum liberis qualibet ratione mentiri multo magis de templo apud cunctos homines nominato tanta sanctitate pollente.

80.   in hoc enim sacrario Apion praesumpsit edicere asini caput collocasse Iudaeos et eum colere ac dignum facere tanta religione, et hoc affirmat fuisse depalatum, dum Antiochus Epiphanes expoliasset templum et illud caput inuentum ex auro compositum multis pecuniis dignum.

78 그런즉 이것이 알렉산드리아에 대하여 언급된 모든 것에 관해 아피온에 반대하여 총체적으로 제시된 적합한 답변입니다.

2:79-80 당나귀 숭배라는 비난

79 그런데 나는 또한 놀라워하지 않을 수 없네요. 그에게 그런 형태의 불쏘시개를(=비방의 소재를) 전달해준 사람들을, 즉 포시도니오스[161]와 아폴로니오스 몰론[162] 말입니다. 아무튼 그들은 왜 우리가 다른 사람들과 동일한 신들을 경배하지 않는지를 비방합니다. 하지만 그들도 역시 거짓말을 하고 있으며 또한 우리 성전에 대해 터무니없는 비방을 지어내면서도 자기들이 무도하게 행동한 것은 아니라고 믿고 있습니다. 자유인들에겐 어떤 이유에서건 거짓말을 하는 것이 지극히 부끄러운 일입니다. 그러니 모든 사람들에게 알려져 있으며 또 한없는 거룩함에 넘치는 성전에 대해서는 훨씬 더하겠지요.

80 즉 그 (성전) 안에서 유대아 사람들이 당나귀의 머리를 세워놓고는 이것을 숭배하며 또한 그렇게도 큰 경건으로 공경을 드린다고 아피온은 감히 진술하고 있습니다. 또한 그가 주장하길, 이것이 대중에게 알려지게 되었다고 합니다. 안티오코스 에피파네스가 성전을 약탈할 때,[163] 그 (당나귀) 머리가 발견되었습니다. 금으로 만들어지고, 또 엄청난 재화 가치를 지니고 있는 것이지요.

---

161 포시도니우스(Posidonios, 기원전 135-50/51년): 시리아의 아파메아 출신으로 스토아 철학자이다.

162 아폴로니오스 몰론(Apolonios Molon; 기원전 1세기 전반): 로도스 섬에 살았던 수사학자로 포시도니오스의 비판자이다.

163 마카베오기 상권 1:20-24을 참조하라. 셀레오코스 왕국의 안티오코스 4세 에피파네스(Antiochos IV Epiphanes)는 기원전 169년 이집트에서 돌아오면서 예루살렘 성전을 약탈했다.

81. ad haec igitur prius equidem dico, quoniam Aegyptius, uel si aliquid tale apud nos fuisset, nequaquam debuerat increpare, cum non sit deterior asinus furonibus et hircis et aliis, quae sunt apud eos dii.

82. deinde quomodo non intellexit operibus increpatus de incredibili suo mendacio? legibus namque semper utimur hisdem, in quibus sine fine consistimus, et cum uarii casus nostram ciuitatem sicut etiam aliorum uexauerint et Pius ac Pompeius Magnus et Licinius Crassus et ad nouissimum Titus Caesar bello uincentes optinuerint templum, nihil huiusmodi illic inuenerunt, sed purissimam pietatem, de qua nihil nobis est apud alios effabile.

2:81-88 반박

81 그러므로 이와 관련하여 내가 우선적으로 실로 말하고 싶은 것은, 설령 뭔가 그런 것이 우리 가운데 있었다고 할지라도, 이집트 사람은 결코 (우리를) 꾸짖어서는 안 된다는 것입니다. 사실 당나귀는 쪽제비와[164] 숫염소들과 다른 모든 것들보다 ― 이것들은 그들에게 신들에 해당되지요 ― 더욱 나쁘다고 할 수 없습니다.

82 게다가 사실들이 터무니없는 그의 거짓에 대하여 그를 질타하고 있음을 그가 어찌 깨닫지 못했을까요? 하지만 우리는 중단없이 고수한 동일한 율법들을 늘 갖고 있습니다. 또한 다양한 재난들이 다른 이들의 도시처럼 우리의 도시를 뒤흔들었을 때, 또한 피우스,[165] 폼페이우스 마그누스[166], 리키니우스 크라수스[167] 혹은 끝으로 티투스 카이사르[168]가 전쟁에서 승리하여 그 성전을 차지했을 때, 그들은 거기에서 그러한 것을 전혀 발견하지 못했고, 오히려 가장 순수한 하나님 경배를 (발견했습니다). 이(=경배)와 관련하여 다른 이들 가운데 말할 수 있는 것이[169] 우리에게는 하나도 없습니다.

---

164 고양이를 가리킬 수도 있다.

165 안티오코스 7세이며 에우세베스라는 별명을 가졌다. 요세푸스의 『유대아 고대사』 7:393; 13:244를 참조하라.

166 폼페이우스 마그누스(Gnaeus Pompeius Magnus, 기원전 106-48년): 로마 공화정 말기의 장군과 정치가이다. 기원전 63년에 예루살렘을 점령했다.

167 리키니우스 크라수스(Marcus Licinius Crassus)는 카이사르와 폼페이우스와 손을 잡고 삼두정치를 확립했다. 파르티아와의 전쟁 비용을 충당하기 위해 예루살렘 성전을 약탈했다.

168 티투스(Titus, 기원후 39-81년) 황제는 기원후 70년에 예루살렘을 점령했다.

169 원문대로 읽으면, 성전 안에서의 예배의 신비를 다른 민족에게는 말할 수 없다는 뜻이다. 하지만 라이나흐는 원문의 effabile를 ineffabile로 읽도록 제안했고, 지게르트는 이를 따랐다. 이 경우에는 성전 예배에는 다른 민족에게 말할 수 없는 내용이 전혀 없다는 뜻이 된다.

83. quia uero Antiochus neque iustam fecit templi depraedationem, sed egestate pecuniarum ad hoc accessit, cum non esset hostis, et super nos auxiliatores suos et amicos adgressus est nec aliquid dignum derisione illic inuenit,

84. multi et digni conscriptores super hoc quoque testantur, Polybius Megalopolita Strabon Cappadox Nicolaus Damascenus Timagenis et Castor temporum conscriptor et Apollodorus; omnes dicunt pecuniis indigentem Antiochum transgressum foedera Iudaeorum et spoliasse templum auro argentoque plenum.

85. haec igitur Apion debuit respicere, nisi cor asini ipse potius habuisset et impudentiam canis, qui apud ipsos assolet coli; neque enim extrinsecus aliqua ratiocinatione mentitus est.

86. nos itaque asinis neque honorem neque potestatem aliquam damus, sicut Aegyptii crocodillis et aspidibus, quando eos qui ab istis mordentur et a crocodillis rapiuntur felices et deo digni arbitrantur.

87. sed sunt apud nos asini quod apud alios sapientes uiros onera sibimet imposita sustinentes, et licet ad areas accedentes comedant aut uiam propositam non adimpleant, multas ualde plagas accipiunt quippe operibus et ad agriculturam rebus

83 그런데 안티오코스는 실제로 관례적인 성전 약탈을 행한 것이 아니라, 돈이 모자라서 그러한 일을 벌이고 ― 그때 그는 원수가 아니었죠 ― 자기의 우방들과 친구들인 우리를 공격했습니다. 하지만 어떤 조롱받을 만한 것도 거기에서 (=성전) 드러나지 않았습니다.

84 그 점에 대해서도 여러 존경할 만한 역사서술가들이 증언하고 있습니다. 메갈로폴리스의 폴리비오스, 카파도키아의 스트라본, 다마스코스의 니콜라오스 또 연대기 저술가인 티마게네스와 카스토르 그리고 아폴로도로스, 이들 모두는 안티오코스가 돈이 모자라 동맹을 깨뜨리고 금과 은으로 가득한 유대아 사람들의 성전을 약탈했다고 증언하고 있습니다.

85 그러므로 이를 아피온은 고려해야만 했습니다. 오히려 그는 스스로 당나귀의 마음과 그들 가운데서 종종 숭배를 받는 개의 뻔뻔함을 지니지 않았다면 말입니다. 왜냐하면 그것을 도외시하더라도 그는 어떤 이성적인 숙고로 거짓말한 것은 아니기 때문입니다.

86 우리는 당나귀들에게 영예나 어떤 권세도 부여하지 않습니다. 마치 이집트 사람들이 악어들과 독사들에게 부여하듯이 말이죠. 그들은 이것들에 의해 물리고 또 악어들에 의해 먹히더라도, 이것들을 복되고 신적 위엄이 있다고 생각합니다.

87 그러나 우리 가운데나 혹은 다른 영특한 사람들 가운데서 당나귀들은 자기들에게 맡겨진 짐들을 질 뿐입니다. 또한 당나귀들이 타작마당에 들어가 (곡물을) 먹거나 혹은 지시된 길을 가지 않을 경우, 엄청난 매를 맞게 됩니다. 당연히 이들은 노동과 또 농사에 필요한 일에 이용될 뿐입니다.

necessariis ministrantes.

88. sed aut omnium gurdissimus fuit Apion ad componendum uerba fallacia aut certe ex rebus initia sumens haec implere non ualuit, quando nulla potest contra nos blasphemia prouenire.

89. Alteram uero fabulam derogatione nostra plenam de Graecis apposuit, de quo hoc dicere sat erit, quoniam qui de pietate loqui praesumunt oportet eos non ignorare minus esse inmundum per templa transire quam sacerdotibus scelesta uerba componere.

90. isti uero magis studuerunt defendere sacrilegum regem quam iusta et ueracia de nostris et de templo conscribere; uolentes enim Antiocho praestare et infidelitatem ac sacrilegium eius tegere, quo circa gentem nostram est usus propter egestatem pecuniarum, detrahentes nobis etiam quae in futuro essent dicenda mentiti sunt.

91. propheta uero aliorum factus est Apion et dixit Antiochum in templo inuenisse lectum et hominem in eo iacentem et propositam ei mensam maritimis terrenisque et uolatilium dapibus plenam, et obstipuisset his homo.

88 하지만 아피온은 거짓말들을 지어내기에는 모든 사람들 중에서 가장 우둔합니다. 적어도 그는 기본 소재들을 취하면서 그 말들을 (조리에 맞게) 완성할 수 없었지요. 그러니 우리에 대한 어떤 모독도 성공할 수 없습니다.

2:89-96   제의 살인에 대한 지어낸 이야기

89 그런데 그는 우리를 향한 비방으로 가득 찬 또 다른 꾸며낸 이야기를 그리스 자료에서 가져왔습니다. 이와 관련하여 (다음과 같이) 말하는 것이 충분할 것입니다. 즉 감히 신 경배에 대해 말하는 자는 성전을 통해 건너가는 것이 제사장을 향해 사악한 말을 지어내는 것보다 덜 부정한 것이라는 사실을 알아야만 한다는 것입니다.

90 그런데 그 사람들은 우리의 것(제의)과 그 성전에 대하여 기록하는 것보다도, 신성을 모독하는 왕을 변호하는 일에 대해 더욱 애썼습니다. 왜냐하면 그들은 안티오코스의 편을 들고, 돈이 모자라 우리 민족과 관습에 대해 저지른 계약 파기와 성물탈취를 덮어주려는 의도에서 우리를 비방했으며, 앞으로 언급되어야만 하는 내용을 꾸며냈습니다.

91 진정 아피온은 자신을 다른 사람들의 대언자가 되었고, 또한 이렇게 말했습니다. 즉 안티오코스는 성전에서 한 침대를 발견했고, 거기에는 한 사람이 누워있었으며, 그 사람 앞에는 식탁이 놓여 있었는데, 바다와 땅의 소산물과 날짐승의 음식으로 가득했습니다. 그것들에 대해 그 사람은[170] 놀라워했습니다.

---

170 안티오코스를 가리킬 수도 있고, 성전 안에 있던 사람을 가리킬 수도 있다.

92. illum uero mox adorasse regis ingressum tamquam maximum ei solacium praebiturum ac procidentem ad eius genua extensa dextra poposcisse libertatem; et iubente rege, ut confideret et diceret, quis esset uel cur ibidem habitaret uel quae esset causa ciborum eius, tunc hominem cum gemitu et lacrimis lamentabiliter suam narrasse necessitatem

93. ait inquit esse quidem se Graecum, et dum peragraret prouinciam propter uitae causam direptum se subito ab alienigenis hominibus atque deductum ad templum et inclusum illic, et a nullo conspici sed cuncta dapium praeparatione saginari.

94. et primum quidem haec sibi inopinabilia beneficia prodidisse et detulisse laetitiam deinde suspicionem postea stuporem, ac postremum consulentem a ministris ad se accedentibus audisse legem ineffabilem Iudaeorum, pro qua nutriebatur, et hoc illos facere singulis annis quodam tempore constituto.

95. et compraehendere quidem Graecum peregrinum eumque annali tempore saginare et deductum ad quandam siluam occidere quidem eum hominem eiusque corpus sacrificare secundum suas sollemnitates et gustare ex eius uisceribus et iusiurandum facere in immolatione Graeci, ut inimicitias contra

92 그는 그 왕의 입장이 마치 자신에게 최고의 위로를 주는 것처럼 곧장 몸을 조아리며 환영했습니다. 그는 왕의 무릎 앞에서 몸을 낮추면서 오른손을 뻗어 자유를 청했습니다. 그 왕은 그가 안심하도록 하고 그가 누구인지 또 왜 여기에 머물고 있는지, 또 (유별난) 음식의 이유가 무엇인지 말하도록 명령했습니다. 그러자 그 사람은 한숨과 눈물 가운데 아주 한탄하면서 자신의 궁핍한 상황을 이야기했다고 합니다.

93 그는 자기가 그리스 사람이라고 말했습니다. 그 지역을 생계를 위해 돌아다니는 동안, 갑자기 다른 민족 사람들에 의해 납치되어 성전 안으로 끌려가 거기서 유폐되어 누구도 그를 볼 수 없었다고 합니다. 하지만 그는 온갖 진수성찬으로 살찌게 되었다고 합니다.

94 처음에는 이러한 기대하지 못한 선행들이 그에게 (처음엔) 기쁨을, 이어서 의심을, 그 후엔 놀라움을 주었다가 사라지게 했습니다. 결국 그는 그에게 다가온 시종들에게 문의하여 유대아 사람들의 말할 수 없이 장엄한 율법에 대해 듣게 되었습니다. 그런데 그 율법에 따라 그는 보양을 받고 있었습니다. 그들은 해마다 어느 특정한 시기에 이러한 일을 행한다고 합니다.

95 곧 한 그리스 여행자를 덮쳐서 그를 일 년 동안 살찌우게 한 다음, 어떤 숲속으로 끌고 들어가서, 결국 그 사람을 살해하고, 그의 시신을 그들의 제의에 따라 희생제물로 바치고, 그의 내장을 먹으며, 또한 그 그리스 사람의 희생제의에서 그리스 사람들과 원수 관계를 견지하리라고 맹세를 하고, 그런 다음 그 살해된 사람의 나머지 시신을 한 구덩이에 버렸다는 것입니다.

Graecos haberent, et tunc in quandam foueam reliqua hominis pereuntis abicere.

96. deinde refert eum dixisse paucos iam dies debita sibimet superesse atque rogasse, ut erubescens Graecorum deos et superantes in suo sanguine insidias Iudaeorum de malis eum circumastantibus liberaret.

97. huiusmodi ergo fabula non tantum omni tragoedia plenissima est, sed etiam impudentia crudeli redundat, non tamen a sacrilegio priuat Antiochum, sicut arbitrati sunt qui haec ad illius gratiam conscripserunt;

98. non enim praesumpsit aliquid tale, ut ad templum accederet, sed sicut aiunt inuenit non sperans. fuit ergo uoluntate iniquus impius et nihilominus sine deo, quanta iussit mendacii superfluitas, quam ex ipsa re cognoscere ualde facillimum est.

99. non enim circa solos Graecos discordia legum esse dinoscitur, sed maxime aduersus Aegyptios et plurimos alios. [...] quem enim horum non contigit aliquando circa nos peregrinari, ut aduersus solos renouata coniuratione per effusionem sanguinis egeremus?

96   그런 다음 아피온은 보도합니다: 그는 살아있을 날이 불과 며칠밖에 남지 않았다고 말하고 간청하길, 그리스 사람들의 신들에 대한 경외심에서 그의 피에 대한 유대아 사람들의 간계를 좌절시키며 또 자신을 압박하는 악에서 해방시켜 달라고 했습니다.

2:97-101 반박

97   그러므로 그런 유형의 꾸며낸 이야기는 온갖 비극으로 가득 차 있을 뿐만 아니라, 잔인한 뻔뻔스러움으로 넘쳐납니다. 그럼에도 그것이 안티오코스로 하여금 성물 훼손에 대해[171] 무죄를 선언하는 것은 아닙니다. 마치 그에게 잘 보이려고 그러한 것을 기록하는 자들이 믿는 것처럼 말이죠.

98   왜냐하면 그는 그러한 종류의 일을 예상하고 성전으로 나아간 것이 아니라, 오히려 그들이 말하듯이, 그는 기대하지 못한 것에 맞닥뜨렸기 때문입니다. 그러므로 그의 의도에 따르면 그는 사악하며 불경하고 게다가[172] 신도 믿지 않습니다. 그리하여 (그에 대한) 거짓이 불필요할 정도로 크다 할지라도, 그 상황 자체에서 알아차리는 것은 아주 쉬운 일입니다.

99   왜냐하면 (우리) 율법의 이질성은 단지 그리스 사람들과 관련해서만 드러나는 것이 아니라, 상당한 정도로 이집트 사람들과 또 수많은 다른 민족들에 대

---

171 빅커만은 요세푸스가 거론하는 제의살인에 관한 전승은 셀레우코스 왕국의 선전에서 유래한 것으로 추정한다(E. Bickermann, "Ritualmord und Eselskult", Monastsschrift für die Geschichte und Wissenschaft des Judentums 71, [1927], 183ff).
172 여기서 nihilominus(=그럼에도)는 문맥에 어울리지 않는다. 잘못 끼어든 단어로 보인다. "게다가" 정도의 의미를 가진 연결어가 필요해 보인다.

100.   uel quomodo possibile est, ut ad has hostias omnes Iudaei colligerentur et tantis milibus ad gustandum uiscera illa sufficerent, sicut ait Apion? uel cur inuentum hominem quicumque fuit, non enim suo nomine conscripsit,

101.   aut quomodo eum in suam patriam rex non cum pompa deduxit, dum posset hoc faciens ipse quidem putari pius et Graecorum amator eximius, assumere uero contra Iudaeorum odium solacia magna cunctorum?

102.   sed haec relinquo; insensatos enim non uerbis sed operibus decet arguere. sciunt igitur omnes qui uiderunt constructionem templi nostri, qualis fuerit, et intransgressibilem eius purificationis integritatem.

해서도 (드러나기) 때문입니다. 이들 중 어느 누가 언젠가 우리 주변을 여행하는 일이 일어나지 않았습니까? 그런데 우리는 오직 저들에게만[173] 피 흘림을 통한 거듭된 맹세로 맞선다고요?

100　혹은 어떻게 이런 희생제물을 바치러 모든 유대아 사람들이 집결하고 또 그 내장이 수천명이 먹기에 넉넉할 수 있습니까? 아피온이 말하듯이 말이죠. 또한 왜 그는 발견된 그 사람, ─ 그가 누구이든 말입니다. 아피온이까요 그의 이름으로 밝히지 않았으니─

101　어떻게 그 사람을 그 임금이 성대한 행렬로 자신의 나라로 데려가지 않았을까요? 이렇게 행함으로써 그 스스로가 경건하며 그리스 사람들의 각별한 친구라고 인정받고, 또한 유대아 사람들의 증오에 맞서 실로 모든 사람들로부터 큰 위로의 말을 받을 수 있었을 텐데요.

2:102-111　거룩한 예루살렘 성전 설립

102　하지만 나는 그것을 그냥 남겨 두겠습니다. 왜냐하면 이성이 결핍된 사람들은 말로써가 아니라 사실로써 반박하는 것이 적절하기 때문입니다. 우리의 성전의 구조물을 본 모든 사람들은, 그것이 어떻게 지어졌는지, 또한 그 범할 수 없는 순수성의 무결함을 알고 있지요.

173　그리스 사람들을 가리킨다.

103. quattuor etenim habuit in circuitu porticus, et harum singulae propriam secundum legem habuere custodiam; in exteriorem itaque ingredi licebat omnibus etiam alienigenis; mulieres tantummodo menstruatae transire prohibebantur.

104. in secunda uero porticu cuncti Iudaei ingrediebantur eorumque coniuges, cum essent ab omni pollutione mundae, in tertia masculi Iudaeorum mundi existentes atque purificati, in quartam autem sacerdotes stolis induti sacerdotalibus, in adytum uero soli principes sacerdotum propria stola circumamicti.

105. tanta uero est circa omnia prouidentia pietatis, ut secundum quasdam horas sacerdotes ingredi constitutum sit; mane etenim aperto templo oportebat facientes traditas hostias introire et meridie rursus, dum clauderetur templum.

106. denique nec uas aliquod portari licet in templum, sed erant in eo solummodo posita altare mensa turibulum candelabrum, quae omnia et in lege conscripta sunt.

107. etenim nihil amplius neque mysteriorum aliquorum ineffabilium agitur neque intus ulla epulatio ministratur; haec enim quae praedicta sunt habent totius populi testimonium manifestationemque gestorum.

103　즉 이 성전은 회랑에 둘러싸인 네 개의 뜰을 갖고 있습니다. 그 각각은 율법에 따라 고유한 보호 규정을 지니고 있습니다. 말하자면, 가장 바깥 뜰로는 모든 사람들에게, 심지어 다른 민족들에게도 들어가는 것이 허락되었습니다. 단지 생리 중에 있는 여성들만은 들어가는 것이 금지되었습니다.

104　그런데 두 번째 뜰로는 모든 유대아 사람들과 그들의 아내들이 들어갔습니다. 그들이 어떤 흠결도 없는 한에서 말이죠. 세 번째 뜰로는 유대아 사람들 중 남성들만 (들어갔습니다). 그들이 깨끗하거나 정결해졌다면 말이죠. 하지만 네 번째 뜰로는 제사장 의상들을 입은 제사장들만 (들어갔습니다). 그런데 지성소 안으로는 단지 대제사장들만, 그들 고유의 의상을 완전히 갖춰 입은 상태에서 (들어갔습니다).

105　이 모든 경우에 경건에 대한 용의주도함이 실로 엄청납니다. 즉 제사장들은 특정된 시간에만 들어간다고 정해져 있습니다. 아침에 성전이 열리게 되면, 그들은 들어가서 규정된 희생제물들을 바치고, 또 다시 정오에 (바칩니다). 성전이 닫힐 때까지요.

106　더구나 어떤 용기도 성전으로 들이는 것은 허락되지 않습니다. 오히려 그 안에 있는 것은 단지 제단, 식탁, 향단, 촛대뿐입니다. 이 모든 것은 역시 율법에 기록되어 있습니다.

107　더 이상 아무 것도, 특히 말할 수 없는 어떠한 비밀 제의도 (거기서) 행해지지 않습니다. 또한 그 내부에선 어떤 잔치도 베풀어지지 않습니다. (이제까지) 설명한 이 모든 것은 온 백성의 증언과 일들의 시행을 통해 입증됩니다.

108.　licet enim sint tribus quattuor sacerdotum et harum tribuum singulae habeant hominum plus quam quinque milia, fit tamen obseruatio particulariter per dies certos, et his transactis alii succedentes ad sacrificia ueniunt et congregati in templum mediante die a praecedentibus claues templi et ad numerum omnia uasa percipiunt, nulla re, quae ad cibum aut potum adtineat, in templo delata.

109.　talia namque etiam ad altare offerre prohibitum est praeter illa, quae ad sacrificia praeparantur. quid ergo Apionem esse dicimus nisi nihil horum examinantem uerba incredula protulisse? sed turpe est; historiae enim ueram notitiam se proferre grammaticus non promisit.

110.　et sciens templi nostri pietatem hanc quidem praetermisit, hominis autem Graeci compraehensionem finxit et pabulum ineffabile et ciborum opulentissimam claritatem et seruos ingredientes ubi nec nobilissimos Iudaeorum licet intrare, nisi fuerint sacerdotes.

111.　hoc ergo pessima est impietas atque mendacium spontaneum ad eorum seductionem, qui noluerint discutere ueritatem. per ea siquidem mala et ineffabilia, quae praedicta sunt, nobis detrahere temptauerunt.

108 왜냐하면 제사장들의 네 가문이 있고 또한 이 가문들은 저마다 오천 명 이상의 사람들이 있지만, 정해진 날들 동안에만 따로 직무를 맡았기 때문입니다. 이 사람들이 (직무를) 마치면, 다른 사람들이 뒤를 이어 제물을 바치러 옵니다. 그들은 성전에 점심 때에 모여 전임자들로부터 성전 열쇠들과 모든 용기들을 하나하나 세어서 넘겨받습니다. 음식과 음료에 속하는 어떤 것도 성전 안으로 들이지 않습니다.

109 정말이지 그와 같은 것을 심지어 제단에 바치는 일도 금지되어 있습니다. 희생제물용으로 준비된 것들을 제외하고는 말이죠.
그러므로 아피온이 그것들 중 어느 하나도 검증하지 않고서 믿을 수 없는 말을 발설했다는 것 이외에 우리가 무슨 말을 하겠습니까? 이것은 부끄러운 일입니다. 그는 작가로서 역사에 대한 참된 진술만을 제공하겠다고 약속했지 않았습니까?

110 하지만 그는 우리 성전의 거룩함에 대해 알면서도 그것을 지나쳤습니다. 또한 그는 그리스 사람의 납치, 형언할 수 없는 놀라운 식탁, 풍성한 음식의 화려함, 또한 들락거리는 시종들을 꾸며냈습니다. 유대아 사람들의 가장 고귀한 사람들조차 제사장들이 아닌 경우에는 들어갈 수 없는 곳에서 말이죠.

111 그러므로 그것은 가장 흉악한 불경이며, 또한 진실을 토론하기를 원하지 않는 사람들을 호도할 목적으로 멋대로 지어낸 거짓입니다. 이제껏 묘사된 악의와 흉악함을 통해 그들은 우리 유대아 사람들을 공격하고자 했습니다.

112. Rursumque tamquam piissimus deridet adiciens fabulae suae Mnaseam. ait enim illum retulisse, dum bellum Iudaei contra Iudaeos haberent longo quodam tempore in aliqua ciuitate Iudaeorum, qui Dorii nominantur, quendam eorum qui in ea Apollinem colebat uenisse ad Iudaeos, cuius hominis nomen dicit Zabidon deinde qui eis promisisset traditurum se eis Apollinem deum Doriensium uenturumque illum ad nostrum templum, si omnes abscederent.

113. et credidisse omnem multitudinem Iudaeorum; Zabidon uero fecisse quoddam machinamentum ligneum et circumposuisse sibi et in eo tres ordines infixisse lucernarum et ita ambulasse, ut procul stantibus appareret, quasi stellae per terram τὴν πορείαν ποιουμένων,

2:112-114 당나귀 머리에 관한 또 하나의 거짓 이야기

112   또다시 그렇게도 경건하다는 자가[174] 자기의 꾸며낸 이야기와 관련하여 므나세아스[175]를 (자료로) 첨가하면서 (우리를) 비웃고 있습니다. 즉 그는 말하기를, 저 사람은 이렇게 서술했다고 합니다. 유대아 사람들이 에돔 사람들에 대항하여[176] 오랜 시간에 걸쳐 전행을 벌이는 동안 '도라 사람들'로 불리는 에돔 사람들의 어떤 도시에서 아폴론을 경배하는 사람들 중 한 사람이 유대아 사람들에게 왔습니다. 이 사람의 이름을 그는 '자비도스'라 불렀지요. 또한 이 사람이 그들에게, 도라 사람들의 신 아폴론[177]을 그들에게 넘길 것이며, 또한 모든 사람이 떠나가면 자기가 우리의 성전에 갈 것이라고 약속했다고 합니다.

113   그것을 유대아 사람들의 대다수가 믿었다고 합니다. 그런데 자비도스는 나무로 된 버팀대를 제작하여 둘러 세우고, 거기에 세 줄의 등불들을 고정하여, 걸어가면 멀리 서있는 자들에게 마치 별들이 땅을 가로질러[178] 걸어가듯이 보이도록 했다고 합니다.

---

174   라틴어 piissimus는 본래 부정적인 어감을 담고 있지 않으나, 여기서는 약간 비꼬는 말투로 이해할 수 있다. 이 경우, "그렇게도 경건하다는 자" 정도로 번역할 수 있다. 아피온을 가리키는 말이다.

175   소아시아 파타라의 므나세아스(Mnaseas, 기원전 2세기 초)는 에라토스테네스의 제자로 보인다. 므나세아스의 문서들은 지리학과 신화학 중간쯤에 속한다고 말할 수 있다. 예루살렘에서 숭배된 당나귀 머리에 관한 고대 전승이 므나세아스를 통해 알려졌다. 그 전승은 유대아 사람들과 이두매 사람들 사이의 갈등에서 생겨난 것으로 보이는데, 당나귀 숭배 전승은 아폴로니오스 몰론과 아피온에게도 나타난다.

176   라틴어 본문에는 'contra Iudaeos'로 나오나, 문맥상 '에돔 사람들에 대항하여'로 수정하는 것이 옳다. 히브리어로는 '에돔'으로 불리지만, 그리스어로는 '이두마이아' (Ἰδουμαία)로 나온다.

177   에돔 사람들의 민족신인 '코스'(Qos, 아랍어 qaus = 활)가 헬레니즘 시대에 와서 활을 쏘는 아폴론과 동일시되었다고 한다: E.A. Knauf, "Qos", DDD Sp. 1272-1278.

178   여기서부터 다시 그리스어 본문이 나온다.

114. τοὺς μὲν Ἰουδαίους ὑπὸ τοῦ παραδόξου τῆς θέας καταπεπληγμένους πόρρω μένοντας ἡσυχίαν ἄγειν, τὸν δὲ Ζάβιδον ἐπὶ πολλῆς ἡσυχίας εἰς τὸν ναὸν παρελθεῖν καὶ τὴν χρυσῆν ἀποσῦραι τοῦ κάνθωνος κεφαλήν, οὕτω γὰρ ἀστεϊζόμενος γέγραφεν, καὶ πάλιν εἰς Δῶρα τὸ τάχος ἀπελθεῖν.

115. ἆρα οὖν καὶ ἡμεῖς ἂν εἴποιμεν, ὅτι τὸν κάνθωνα τουτέστιν ἑαυτὸν Ἀπίων ἐπιφορτίζει καὶ ποιεῖ τῆς μωρολογίας ἅμα καὶ τῶν ψευσμάτων κατάγομον; καὶ γὰρ τόπους οὐκ ὄντας γράφει καὶ πόλεις οὐκ εἰδὼς μετατίθησιν.

116. ἡ μὲν γὰρ Ἰδουμαία τῆς ἡμετέρας χώρας ἐστὶν ὅμορος κατὰ Γάζαν κειμένη, καὶ Δῶρα ταύτης ἐστὶν οὐδεμία πόλις, τῆς μέντοι Φοινίκης παρὰ τὸ Καρμήλιον ὄρος Δῶρα πόλις ὀνομάζεται μηδὲν ἐπικοινωνοῦσα τοῖς Ἀπίωνος φλυαρήμασι· τεσσάρων γὰρ ἡμερῶν ὁδὸν τῆς Ἰουδαίας ἀφέστηκεν.

117. τί δ' ἡμῶν ἔτι κατηγορεῖ τὸ μὴ κοινοὺς ἔχειν τοῖς ἄλλοις θεούς, εἰ ῥᾳδίως οὕτως ἐπείσθησαν οἱ πατέρες ἡμῶν ἥξειν τὸν Ἀπόλλωνα πρὸς αὐτοὺς καὶ μετὰ τῶν ἄστρων ἐπὶ τῆς γῆς ᾠήθησαν ὁρᾶν αὐτὸν περιπατοῦντα;

114 그때 유대아 사람들은 기괴한 광경으로 인해 놀란 나머지 멀리 물러나 침묵을 지켰다고 합니다. 그러나 자비도스는 매우 조용히 성전 안으로 들어간 다음 짐꾼 당나귀의 금으로 된 머리를 ― 이와 같이 그가 익살맞게 기록합니다 ― 떼어내고는 다시 서둘러 도라로 되돌아갔다고 합니다.

2:115-120 응답

115 그러므로 우리도 역시, 아피온은 그 짐꾼 당나귀, 곧 자기 자신에게 짐을 지우고는 자기의 어리석은 말과 거짓들로 가득 채웠다고 말할 수 있을 것 같습니다. 왜냐하면 그는 존재하지 않는 장소들을 기록하고, 그가 알지 못하는 도시들을 바꿔 놓고 있기 때문입니다.

116 말하자면 이두매아는 우리의 땅과 이웃하며, 가자 쪽으로 나 있습니다. 또한 도라는 이두매아의 도시가 전혀 아닙니다. 다만 카르멜 산지 곁에 있는 페니키아의 한 도시가 '도라'라고 불립니다. 이 도시는 아피온의 허튼소리와 전혀 상관이 없습니다. 왜냐하면 그 도시는 이두매아로부터 나흘길이나 떨어져 있기 때문입니다.

117 다른 신들과 공통점을 갖고 있다고 어찌 그가 아직도 우리를 비난하고 있습니까? 만약 우리 조상들이 아폴론이 그들에게 올 것이라고 그처럼 쉽게 확신하고 또한 그가 별들과 함께 땅 위로 돌아다니는 것을 그들이 볼 것이라고 믿었다면 말입니다.

118.   λύχνον γὰρ οὐδέπω δῆλον ὅτι πρόσθεν ἑωράκασιν οἱ τὰς τοσαύτας καὶ τηλικαύτας λυχνοκαΐας ἐπιτελοῦντες, ἀλλ' οὐδέ τις αὐτῷ βαδίζοντι κατὰ τὴν χώραν τῶν τοσούτων μυριάδων ὑπήντησεν, ἔρημα δὲ καὶ τὰ τείχη φυλάκων εὗρε πολέμου συνεστηκότος, ἐῶ τἆλλα.

119.   τοῦ ναοῦ δ' αἱ θύραι τὸ μὲν ὕψος ἦσαν ἑξήκοντα πηχῶν, εἴκοσι δὲ τὸ πλάτος, κατάχρυσοι δὲ πᾶσαι καὶ μικροῦ δεῖν σφυρήλατοι· ταύτας ἔκλειον οὐκ ἐλάττους ὄντες ἄνδρες διακόσιοι καθ' ἑκάστην ἡμέραν καὶ τὸ καταλιπεῖν ἠνοιγμένας ἦν ἀθέμιτον.

120.   ῥᾳδίως οὖν αὐτὰς ὁ λυχνοφόρος ἐκεῖνος ἀνοίξειν οἰόμενος καὶ τὴν τοῦ κάνθωνος ὡς ᾤετο κεφαλὴν ἔχων. πότερον οὖν αὐτὴν πάλιν ὡς ἡμᾶς ἀνέστρεψεν ἢ λαβὼν ἀπιὼν αὐτὴν εἰσεκόμισεν, ἵνα Ἀντίοχος εὕρῃ πρὸς δευτέραν Ἀπίωνι μυθολογίαν

121.   καταψεύσασθαί τινα καὶ ὅρκον ἡμῶν ὡς ὀμνυόντων τὸν θεὸν τὸν ποιήσαντα τὸν οὐρανὸν καὶ τὴν γῆν καὶ τὴν θάλασσαν μηδενὶ εὐνοήσειν ἀλλοφύλῳ, μάλιστα δὲ Ἕλλησιν.

118 그들은 이전에 등불 하나도 결코 보지 못한 것이 분명합니다. 그와 같이 자주 또 소모적인 등불 축제를 거행하고 있는 바로 그들이 말입니다! 또한 그가 그 땅을 지나 걸어갈 때, 수많은 거주민들 중 아무도 그와 마주치지 못했습니다! 심지어 그는 전쟁 와중에서도 (예루살렘) 성벽이 경비가 없는 상태라는 것을 발견했습니다. 나머지 부분은 생략하겠습니다.

119 다만 그 성전의 대문들은 높이가 60 엘레이며, 너비는 20이며, 온통 금으로 덮였으며, 거의 모두가 단련된 금판입니다. 이들 대문을 200명 이상 되는 인원이 날마다 걸어 잠급니다. 그것들을 열린 상태로 남겨두는 것은 불법입니다.

120 그러므로 내가 생각하기에, 저 등불운반자는 홀로 그 대문들을 가볍게 열었고, [⋯] 또한 짐꾼 당나귀의 머리를 가지고서 떠났습니다. 그러면 그가 이제 그 머리를 우리에게 돌려주었을까요, 아니면 아피온이[179] [⋯] 그 머리를 받아 갖다 놓아, 안티오코스가 발견한 건가요? 아피온의 두 번째 허튼소리를 위해서 말입니다!

2:121-124 그리스 사람들을 향한 자칭 맹세에 대하여

121 또한 그는 우리의 맹세도 날조하여, 우리가 하늘과 땅과 바다를 창조하신 하나님에 대해 다른 어떤 민족, 특히 그리스 사람들에게 평안을 빌지 않겠다고 서약했다고 합니다.

---

179 원문에는 대문자가 아니라 ἀπιῶν으로 나온다. 지케르트는 "그가 또 다른 머리를 취하여 갖다 놓았다"고 번역한다.

122.　ἔδει δὲ καταψευδόμενον ἅπαξ εἰπεῖν μηδενὶ εὐνοήσειν ἀλλοφύλῳ, μάλιστα δ' Αἰγυπτίοις· οὕτως γὰρ ἂν τοῖς ἐξ ἀρχῆς αὐτοῦ πλάσμασιν ἥρμοττεν τὰ περὶ τὸν ὅρκον, εἴπερ ἦσαν ὑπὸ Αἰγυπτίων τῶν συγγενῶν οἱ πατέρες ἡμῶν οὐχὶ διὰ πονηρίαν ἀλλ' ἐπὶ συμφοραῖς ἐξεληλαμένοι.

123.　τῶν Ἑλλήνων δὲ πλέον τοῖς τόποις ἢ τοῖς ἐπιτηδεύμασιν ἀφεστήκαμεν, ὥστε μηδεμίαν ἡμῖν εἶναι πρὸς αὐτοὺς ἔχθραν μηδὲ ζηλοτυπίαν. τοὐναντίον μέντοι πολλοὶ παρ' αὐτῶν εἰς τοὺς ἡμετέρους νόμους συνέβησαν εἰσελθεῖν, καί τινες μὲν ἐνέμειναν, εἰσὶ δ' οἳ τὴν καρτερίαν οὐχ ὑπομείναντες πάλιν ἀπέστησαν.

124.　καὶ τούτων οὐδεὶς πώποτε τὸν ὅρκον εἶπεν ἀκοῦσαι παρ' ἡμῖν ὀμωμοσμένον, ἀλλὰ μόνος Ἀπίων, ὡς ἔοικεν, ἤκουσεν· αὐτὸς γὰρ ὁ συνθεὶς αὐτὸν ἦν.

125.　Σφόδρα τοίνυν τῆς πολλῆς συνέσεως καὶ ἐπὶ τῷ μέλλοντι ῥηθήσεσθαι θαυμάζειν ἄξιόν ἐστιν Ἀπίωνα· τεκμήριον γὰρ εἶναί φησιν τοῦ μήτε νόμοις ἡμᾶς χρῆσθαι δικαίοις μήτε τὸν θεὸν εὐσεβεῖν ὡς προσῆκεν, δουλεύειν δὲ μᾶλλον ἔθνεσιν [καὶ] ἄλλοτε ἄλλοις καὶ τὸ κεχρῆσθαι συμφοραῖς τισι περὶ τὴν πόλιν, αὐτοὶ δῆλον ὅτι πόλεως ἡγεμονικωτάτης Ῥωμαίοις ἐκ τῶν ἄνωθεν ἄρχειν, ἀλλὰ μὴ δουλεύειν συνειθισμένων·

122   그가 이미 한번 거짓말을 했다면, 그는 다른 어떤 민족, 특히 이집트 사람들에게 평안을 빌지 않겠다고 말했어야 했습니다. 그렇게 했다면, 그가 원래 꾸며낸 이야기들과 맹세에 대한 일들이 잘 어울렸을 것입니다. 우리 조상들이 악함 때문이 아니라 오히려 불행 때문에 친족인 이집트 사람에 의해 추방되었으니 말입니다.

123   반면 우리는 그리스 사람들로부터 생활 방식보다는 공간적으로 더욱 멀리 떨어져 있어서, 그들에 대한 적개심도 질투도 갖고 있지 않습니다. 정말이지 정반대로, 그들 중 많은 이들이 우리의 율법들로 넘어오는 일이 일어났습니다. 그들 중 어떤 사람들은 머물러 있었지만 어떤 사람들은 그 규율을 견디지 못해서 다시 떨어져 나갔습니다.

124   이들 중 누구도 그 맹세를 들었다고 말한 적이 없습니다. 우리 가운데 이루어진 그 맹세 말입니다. 아마도 아피온만 들었나 봅니다. 그가 바로 그 맹세를 조합해 만들어낸 자였기 때문입니다.

2:125-134 유대아 사람의 비굴함에 대한 비난

125   이제 말하려는 것과 관련해서도 그의 심오한 통찰에 대해 아피온에게 감탄할 만합니다. 우리가 공의로운 율법들을 따르지 않고, 또 들려오듯이 하나님을 경배하지도 않는다는 것에 대한 증거로서 그는 이렇게 말하기 때문입니다. 곧 우리가 지배하는 것이 아니라, 오히려 한 때는 이 백성을, 다른 때에는 저 백성을 섬겼으며, 또한 우리의 도시와 관련하여 몇 번 불행을 겪었다는 것입니다. 반면 자신의 동족은 명백히 도시의 최고 주권자로서 다스리는 데에는 익숙했으

126. καίτοι τούτων ἄν τις ἀπόσχοιτο τοιαύτης μεγαλοψυχίας. τῶν μὲν γὰρ ἄλλων οὐκ ἔστιν ὅστις ἀνθρώπων οὐχ ἱκανῶς καθ' αὑτοῦ φαίη τοῦτον ὑπ' Ἀπίωνος λελέχθαι τὸν λόγον·

127. ὀλίγοις μὲν γὰρ ὑπῆρξεν ἐφ' ἡγεμονίας διακαιροπτίας γενέσθαι, καὶ τούτους αἱ μεταβολαὶ πάλιν ἄλλοις δουλεύειν ὑπέζευξαν, τὸ πλεῖστον δὲ φῦλον ἄλλων ὑπακήκοεν πολλάκις.

128. Αἰγύπτιοι δ' ἄρα μόνοι διὰ τὸ καταφυγεῖν, ὥς φασιν, εἰς τὴν χώραν αὐτῶν τοὺς θεοὺς καὶ σωθῆναι μεταβάλλοντας εἰς μορφὰς θηρίων ἐξαίρετον γέρας εὕροντο τὸ μηδενὶ δουλεῦσαι τῶν τῆς Ἀσίας ἢ τῆς Εὐρώπης κρατησάντων, οἱ μίαν ἡμέραν ἐκ τοῦ παντὸς αἰῶνος ἐλευθερίας οὐ τυχόντες ἀλλ' οὐδὲ παρὰ τῶν οἰκοδεσποτῶν.

129. ὅντινα μὲν γὰρ αὐτοῖς ἐχρήσαντο Πέρσαι τρόπον οὐχ ἅπαξ μόνον ἀλλὰ καὶ πολλάκις πορθοῦντες τὰς πόλεις ἱερὰ κατασκάπτοντες τοὺς παρ' αὐτοῖς νομιζομένους θεοὺς κατασφάζοντες, οὐκ ἂν ὀνειδίσαιμι·

130. μιμεῖσθαι γὰρ οὐ προσῆκεν τὴν Ἀπίωνος ἀπαιδευσίαν, ὃς οὔτε τὰς Ἀθηναίων τύχας οὔτε τὰς Λακεδαιμονίων ἐνενόησεν, ὧν τοὺς μὲν ἀνδρειοτάτους εἶναι, τοὺς δὲ εὐσεβεστάτους τῶν Ἑλλήνων ἅπαντες λέγουσιν.

나 로마 사람들을 섬기는 데는 익숙하지 않은 것처럼 말입니다.

126 하지만 그들 가운데 누가 그러한 오만을 견딜 수 있겠습니까? 이러한 진술이 아피온에 의해 정확히 자기 자신을 향해 말해지지 않는다고 말하는 사람은 다른 사람들 중 아무도 없습니다.

127 왜냐하면 소수의 민족들에게만 기회를 보아 제국에 이르는 것이 허락되었지만, 세월의 변화는 이들 민족들도 다른 민족들을 섬기도록 멍에를 씌웠기 때문입니다. 대다수 다른 종족은 여러 차례 다른 민족들을 섬겼습니다.

128 그러므로 오직 이집트 사람들만이, 그들이 말하듯이, 신들이 자기들의 땅으로 도피하여, 동물 모양으로 변신하여 스스로를 구원했기 때문에, 놀랄만한 특권을 받았습니다. 곧 아시아나 유럽의 정복자들 가운데 어느 누구도 섬기지 않는 특권입니다. 세상이 생겨난 이래, 심지어 국내 통치자들에게도 단 하루도 자유를 누리지 못한 바로 그 사람들말입니다!

129 어떤 방식으로 페르시아 사람들이 그들을 다루었는지, 또한 그들이 한 번이 아니라 여러 차례 도시들을 약탈하며 성전들을 무너뜨리며 또한 그들이 신들로 여긴 것들을 살륙했는지, (그 점에 대해서) 나는 (그들을) 비난하지 않겠습니다.

130 아피온의 무지를 본받는 것이 (나에게) 적절해보이지 않습니다. 아피온은 아테네 사람들의 불행들뿐만 아니라 라케다이몬 사람들의 불행들도 생각하지 않았습니다. 두 종족 중 이들은(=라케다이몬 사람들은) 가장 용맹스러운 자들이며 저들은(=아테네 사람들은) 그리스 사람들 중 가장 경건한 자들이라고 모든 사람들이 말합니다.

131. ἐῶ βασιλέας τοὺς ἐπ' εὐσεβείᾳ διαβοηθέντας [ὧν ἕνα Κροῖσον], οἵαις ἐχρήσαντο συμφοραῖς βίου· ἐῶ τὴν καταπρησθεῖσαν Ἀθηναίων ἀκρόπολιν, τὸν ἐν Ἐφέσῳ ναόν, τὸν ἐν Δελφοῖς, ἄλλους μυρίους, καὶ οὐδεὶς ὠνείδισεν ταῦτα τοῖς παθοῦσιν, ἀλλὰ τοῖς δράσασιν.

132. καινὸς δὲ κατήγορος ἡμῶν Ἀπίων ηὑρέθη τῶν ἰδίων αὐτοῦ περὶ τὴν Αἴγυπτον κακῶν ἐκλαθόμενος, ἀλλὰ Σέσωστρις αὐτὸν ὁ μυθευόμενος Αἰγύπτου βασιλεὺς ἐτύφλωσεν· ἡμεῖς δὲ τοὺς ἡμετέρους οὐκ ἂν εἴποιμεν βασιλέας Δαυίδην καὶ Σολομῶνα πολλὰ χειρωσαμένους ἔθνη.

133. τούτους μὲν οὖν παραλίπωμεν· τὰ δὲ γνώριμα πᾶσιν Ἀπίων ἠγνόηκεν, ὅτι Περσῶν καὶ μετ' ἐκείνους ἡγουμένων τῆς Ἀσίας Μακεδόνων Αἰγύπτιοι μὲν ἐδούλευον ἀνδραπόδων οὐδὲν διαφέροντες,

134. ἡμεῖς δὲ ὄντες ἐλεύθεροι προσέτι καὶ τῶν πέριξ πόλεων ἤρχομεν ἔτη σχεδὸν εἰκοσί που καὶ ρ' μέχρι Μάγνου Πομπηίου, καὶ πάντων ἐκπολεμηθέντων πρὸς Ῥωμαίων τῶν πανταχοῦ βασιλέων μόνοι διὰ πίστιν οἱ παρ' ἡμῖν σύμμαχοι καὶ φίλοι διεφυλάχθησαν.

135. Ἀλλὰ θαυμαστοὺς ἄνδρας οὐ παρεσχήκαμεν οἷον τεχνῶν τινων εὑρετὰς ἢ σοφίᾳ διαφέροντας. καὶ καταριθμεῖ Σωκράτην καὶ Ζήνωνα καὶ Κλεάνθην καὶ τοιούτους τινάς. εἶτα τὸ θαυμασιώτατον τοῖς εἰρημένοις αὐτὸς ἑαυτὸν προστίθησι καὶ μακαρίζει τὴν Ἀλεξάνδρειαν, ὅτι τοιοῦτον ἔχει πολίτην·

131   나는 경건으로 유명한 왕들, 그들이 어떠한 인생의 불운을 견뎌냈는지는 건너뛰고자 합니다. 나는 또한 아테네의 불에 탄 아크로폴리스, 에페소스의 성전, 델피의 성전, 다른 수많은 것들도 건너뛰고자 합니다. 아무도 그것들을 겪은 희생자들을 비난하지 않고, 오히려 가해자 들을 (비난합니다).

132   그런데 최근에 우리를 고소한 아피온이 있었습니다. 그는 자신의 이집트에 일어난 고유한 불행들을 전적으로 망각했습니다. 아마도 신비에 쌓인 이집트 왕인 세소스트리스가 그를 눈멀게 했나 봅니다. 그런데 우리는 수많은 민족들을 굴복시킨 우리의 왕들, 다윗과 솔로몬을 언급해야 하지 않을까요?

133   하지만 이제 우리는 이들을 남겨 놓읍시다! 모든 이에게 알려진 것을 아피온은 몰랐습니다. 곧 페르시아 사람들과 또 그들의 뒤를 이어 아시아를 다스리는 마케도니아 사람들에게 이집트 사람들은 전쟁 포로와 다름없이 예속되었다는 사실을 말이죠.

134   하지만 우리는 자유로웠으며, 게다가 주변의 도시들을 거의 120여 년 동안 폼페이우스 마그누스 때까지 지배했습니다. 그리고 모든 왕들이 도처에서 로마 사람들과 대적하는 동안에 우리의 조상들은 단지 충성심 때문에 계속해서 그들의 동맹과 친구로 남아있었습니다.

2:135-136   유대아 사람들 중에는 위대한 인물이 없다는 비난

135   그런데 우리는 저명한 인물들을, 즉 어떤 발명가나 혹은 빼어난 현자들을 배출하지 못했던 것일까요? 아피온은 소크라테스, 제논 또한 클레안테스를 및

136. ἔδει γὰρ αὐτῷ μάρτυρος ἑαυτοῦ· τοῖς μὲν γὰρ ἄλλοις ἄπασιν ὀχλαγωγὸς ἐδόκει πονηρὸς εἶναι καὶ τῷ βίῳ καὶ τῷ λόγῳ διεφθαρμένος, ὥστε εἰκότως ἐλεῆσαι τις ἂν τὴν Ἀλεξάνδρειαν, εἴπερ ἐπὶ τούτῳ μέγα ἐφρόνει. περὶ δὲ τῶν παρ' ἡμῖν ἀνδρῶν γεγονότων οὐδενὸς ἧττον ἐπαίνου τυγχάνειν ἀξίων ἴσασιν οἱ ταῖς ἡμετέραις ἀρχαιολογίαις ἐντυγχάνοντες.

137. Τὰ λοιπὰ τῶν ἐν τῇ κατηγορίᾳ γεγραμμένων ἄξιον ἦν ἴσως ἀναπολόγητα παραλιπεῖν, ἵν' αὐτὸς αὑτοῦ καὶ τῶν ἄλλων Αἰγυπτίων ᾖ ὁ κατηγορῶν· ἐγκαλεῖ γάρ, ὅτι ζῷα θύομεν καὶ χοῖρον οὐκ ἐσθίομεν καὶ τὴν τῶν αἰδοίων χλευάζει περιτομήν.

138. τὸ μὲν οὖν περὶ τῆς τῶν ἡμέρων ζῴων ἀναιρέσεως κοινόν ἐστι καὶ πρὸς τοὺς ἄλλους ἀνθρώπους ἅπαντας, Ἀπίων δὲ τοῖς θύουσιν ἐγκαλῶν αὐτὸν ἐξήλεγξεν ὄντα τὸ γένος Αἰγύπτιον· οὐ γὰρ ἂν Ἕλλην ὢν ἢ Μακεδὼν ἐχαλέπαινεν· οὗτοι γὰρ εὔχονται θύειν ἑκατόμβας τοῖς θεοῖς καὶ χρῶνται τοῖς ἱερείοις πρὸς εὐωχίαν, καὶ οὐ διὰ τοῦτο συμβέβηκεν ἐρημοῦσθαι τὸν κόσμον τῶν βοσκημάτων, ὅπερ Ἀπίων ἔδεισεν.

이러한 부류의 몇 사람들을 열거합니다. 게다가 가장 놀라운 것은, 그 언급된 자들에 더하여 그가 자기 자신을 추가하며, 그러한 시민이 있기 때문에 알렉산드리아를 축하한다는 것입니다.

136　그런즉 그는 증인으로 자기 자신이 필요했습니다. 왜냐하면 다른 모든 사람들에게 그는 못된 선동가로, 삶이나 말에서 완전히 부패한 자로 여겨졌기 때문입니다. 따라서 사람들은 마땅히 알렉산드리아를 유감스럽게 여길 수 있습니다. 그 도시가 그 자(=아피온)에 대해 뭔가를 자랑할지라도 말입니다. 하지만 우리들 가운데 있는 그들 못지않게 칭송을 받을 만한 인물들에 대하여 나의『유대아 고대사』를 읽고 있는 자들은 이미 알고 있습니다.

2:137-139　유대 제의에 대한 아피온의 기타 비난들

137　그런데 아피온의 고소에 기록된 나머지 사항은 변호하지 않고 건너뛰는 것이 실로 좋을 것 같습니다. 그 스스로가 자기 자신과 다른 이집트 사람들의 고소인이 되도록 말이죠. 왜냐하면 우리가 산 동물들을 제물로 바치며 또 돼지고기도 먹지 않는다고[180] 그가 우리를 비난하기 때문입니다. 또한 그는 은밀한 부위에 대한 할례도 조롱합니다.

138　이제 먼저 온순한 동물들의 살해 문제는 다른 모든 사람들과도 공통됩니다. 반면 아피온이 그 희생제물 바치는 자들을 비난할 때, 자기가 이집트 출신임

180　그리스 역사서술가 디오도로스(Diodoros, 기원전 1세기 초반)에 따르면, 안티오코스 4세는 돼지를 예루살렘 성전에 바치며, 그 피를 지성소에 뿌리고 나서 대제사장과 다른 유대인들로 하여금 돼지고기를 먹도록 강요했다고 한다(M. Stern ed., *Greek and Latin Authors on Jews and Judaism*, 3 vols. (Jerusalem 1974-1980), I.181f).

139.   εἰ μέντοι τοῖς Αἰγυπτίων ἔθεσιν ἠκολούθουν ἅπαντες, ἠρήμωτο μὲν ἂν ὁ κόσμος τῶν ἀνθρώπων, τῶν ἀγριωτάτων δὲ θηρίων ἐπληθύνθη, ἃ θεοὺς οὗτοι νομίζοντες ἐπιμελῶς ἐκτρέφουσιν.

140.   καὶ μὴν εἴ τις αὐτὸν ἤρετο, τῶν πάντων Αἰγυπτίων τίνας εἶναι καὶ σοφωτάτους καὶ θεοσεβεῖς νομίζει, πάντως ἂν ὡμολόγησε τοὺς ἱερεῖς·

141.   δύο γὰρ αὐτούς φασιν ὑπὸ τῶν βασιλέων ἐξ ἀρχῆς ταῦτα προστετάχθαι, τὴν τῶν θεῶν θεραπείαν καὶ τῆς σοφίας τὴν ἐπιμέλειαν. ἐκεῖνοι τοίνυν ἅπαντες καὶ περιτέμνονται καὶ χοιρείων ἀπέχονται βρωμάτων, οὐ μὴν οὐδὲ τῶν ἄλλων Αἰγυπτίων οὐδὲ εἷς ὗν θύει τοῖς θεοῖς.

을 스스로 입증한 셈입니다. 왜냐하면 그가 그리스 사람이거나 마케도니아 사람이었더라면 분노하지 않았을 것이기 때문입니다. 이 사람들은 심지어 헤카톰베[181]를 신들에게 바치는 것을 찬양하며, 희생제물들을 잔치를 위해 이용합니다. 그로 인해 세상이 가축 멸절 사태를 겪지는 않겠지요. 아피온이 우려하듯이 말이죠.

139 하지만 모든 사람들이 이집트 사람들의 관습들을 따른다면, 세상에는 사람들이 사라지고, 대신 그들이 신들로 여기면서 열정적으로 키우는 야생 동물들로 넘쳤을 겁니다.

2:140-142 이스라엘 사람들을 이집트 제사장들과 비교하다

140 그런데 이제 두 번째로 어떤 이가, 모든 이집트 사람들 가운데 누구를 가장 지혜로우며 경건한 사람으로 여기는지를 그에게 묻는다면, 그는 분명히 제사장이라고 고백할 것입니다.

141 심지어 사람들은 이렇게 말합니다: 제사장에게는 애초부터 왕들이 두 가지를 위임했는데, 곧 신들을 경배함과 또 지혜를 돌봄입니다. 그런데 모든 제사장들은 할례를[182] 받을 뿐만 아니라 돼지고기의 식용을 멀리합니다. 또한 나머지 이집트 사람들 중 어느 한 사람도 신들에게 돼지를 바치지도 않습니다.

---

181 헤카톰베(Hekatombe)는 고대 그리스 사람들이 한꺼번에 100마리의 동물을 바치는 희생제물을 뜻한다. 호메로스의 『오디세이아』 17:50-51을 참조하라.
182 이집트 사람들의 할례 풍속에 대해 다음을 참조 하라: 헤로도토스 2:36,3; 104:2-3; 디오도로스 1:28,3; 55:5; 스트라본 16:4,17; 17:2,5; 필론, 『특별한 법들』(Spec.) 1:2; 오리게네스 『켈소스 반박』 5:41 등.

142.   ἆρ' οὖν τυφλὸς ἦν τὸν νοῦν Ἀπίων ὑπὲρ Αἰγυπτίων ἡμῖν λοιδορεῖν συνθέμενος, ἐκείνων δὲ κατηγορῶν, οἵ γε μὴ μόνον χρῶνται τοῖς ὑπὸ τούτου λοιδορουμένοις ἔθεσιν, ἀλλὰ καὶ τοὺς ἄλλους ἐδίδαξαν περιτέμνεσθαι, καθάπερ εἴρηκεν Ἡρόδοτος;

143.   ὅθεν εἰκότως μοι δοκεῖ τῆς εἰς τοὺς πατρίους αὐτοῦ νόμους βλασφημίας δοῦναι δίκην Ἀπίων τὴν πρέπουσαν· περιετμήθη γὰρ ἐξ ἀνάγκης ἑλκώσεως αὐτῷ περὶ τὸ αἰδοῖον γενομένης. καὶ μηδὲν ὠφεληθεὶς ὑπὸ τῆς περιτομῆς ἀλλὰ σηπόμενος ἐν δειναῖς ὀδύναις ἀπέθανεν.

144.   δεῖ γὰρ τοὺς εὖ φρονοῦντας τοῖς μὲν οἰκείοις νόμοις περὶ τὴν εὐσέβειαν ἀκριβῶς ἐμμένειν, τοὺς δὲ τῶν ἄλλων μὴ λοιδορεῖν· ὁ δὲ τούτους μὲν ἔφυγεν, τῶν ἡμετέρων δὲ κατεψεύσατο. τοῦτο μὲν Ἀπίωνι τοῦ βίου τὸ τέλος ἐγένετο καὶ τοῦτο [παρ'] ἡμῶν ἐνταῦθα τὸ πέρας ἔστω τοῦ λόγου.

142   그러므로 아피온이 이성의 눈이 멀어서, 이집트 사람들에게 잘 보이려고 우리를 비방하기로 작정했지만, 실제로는 이집트 사람들을 비난한 것입니까? 그들은 그가 조롱하는 관습들을 갖고 있을 뿐만 아니라, ― 헤로도토스가 말했듯이 ― 다른 사람들이 할례 받도록 가르치고 있으니 말입니다.

2:143-144   아피온이 맞이한 응당한 죽음

143   그러므로 내게는 아피온이 자기 조상들의 계율들에 대한 비방 때문에 정당한 벌을 받은 것이 사리에 맞다고 여겨집니다. 종기가 그의 성기 부분에 자라서 그는 불가피하게 할례를 받았기 때문입니다. 그런데 이 할례가 아무런 도움이 안 되었고, 오히려 패혈증으로 엄청난 고통 가운데 죽었습니다.

144   그런즉 이성적인 사람들이라면, 종교와 관련하여 저마다 고유의 계율에 온전히 머물고, 또한 다른 사람들의 계율들을 조롱하지 않아야 합니다. 그러나 그는 자기 계율은 버렸지만 우리의 계율에 대해서는 거짓 증언했습니다. 이것이 아피온의 생애의 종말이었으며, 그리고 이것이 여기서의 우리 진술의 마감입니다.

145.   Ἐπεὶ δὲ καὶ Ἀπολλώνιος ὁ Μόλων καὶ Λυσίμαχος καί τινες ἄλλοι τὰ μὲν ὑπ' ἀγνοίας, τὸ πλεῖστον δὲ κατὰ δυσμένειαν περί τε τοῦ νομοθετήσαντος ἡμῖν Μωσέως καὶ περὶ τῶν νόμων πεποίηνται λόγους οὔτε δικαίους οὔτε ἀληθεῖς, τὸν μὲν ὡς γόητα καὶ ἀπατεῶνα διαβάλλοντες, τοὺς νόμους δὲ κακίας ἡμῖν καὶ οὐδεμιᾶς ἀρετῆς φάσκοντες εἶναι διδασκάλους, βούλομαι συντόμως καὶ περὶ τῆς ὅλης ἡμῶν καταστάσεως τοῦ πολιτεύματος καὶ περὶ τῶν κατὰ μέρος ὡς ἂν ὦ δυνατὸς εἰπεῖν.

146.   οἶμαι γὰρ ἔσεσθαι φανερόν, ὅτι καὶ πρὸς εὐσέβειαν καὶ πρὸς κοινωνίαν τὴν μετ' ἀλλήλων καὶ πρὸς τὴν καθόλου φιλανθρωπίαν ἔτι δὲ πρὸς δικαιοσύνην καὶ τὴν ἐν τοῖς πόνοις καρτερίαν καὶ θανάτου περιφρόνησιν ἄριστα κειμένους ἔχομεν τοὺς νόμους.

제5장
모세 율법에 대한 긍정적인 기술

2:145-150 새로운 주제: 응답해 달라는 청원

145 그런데 아폴로니오스 몰론뿐만 아니라 리시마코스며 또한 몇몇 다른 사람들이 한편으론 무지에서, 대체론 적대감에서 우리에게 율법을 수여한 자 모세와 또 그 율법에 대하여 공정하지도 참되지도 않은 문서들을 집필했습니다. 그들은 모세를 협잡꾼이자 사기꾼이라[183] 비방하며 또 그 율법은 우리를 악으로 이끌고 어떤 덕으로도 이끌지 않는 가르침이라고 주장합니다. 그러므로 나는 우리의 공동체의 헌법 전체에 대하여 또 그것의 세부 사항에 대하여 내가 할 수 있는 한 간략하게 언급하고자 합니다.

146 그런데 내가 생각하기에 명백한 것은, 우리는 종교와 또 상호 교제와 또 보편적 인간 사랑, 게다가 공의와 고난 중의 의연함과 또 죽음의 경멸의 측면에서[184] 볼 때 가장 잘 작성된 율법을 갖고 있다는 것입니다.

---

183 『유대아 고대사』(2:284)에서 파라오는 모세를 비방한다. 즉 모세가 사기를 써서 자기가 이집트로 돌아가게 만들었고 또한 요술과 마법으로써 자기를 놀라게 했다고 한다. 모세를 마법사로 보는 시각에 관해 스트라본 16:2,39; 플리니우스, 『자연사』(Nat. hist.) 30:11; 아폴레이우스, 『변호』(Apol.) 90을 참조하라.
184 고난의 인내와 죽음의 경멸은 로마에서 높이 평가받는 두 가지 미덕이다(J. Barclay, "Judaism in Roman Dress: Josephus' Tactics in the Contra Apionem", in *Internationales Josephus-Kolloquium Brüssel 1998*, ed. J. U. Kalms & F. Siegert [Münster: Münster LIT, 1999], 241).

147.   παρακαλῶ δὲ τοὺς ἐντευξομένους τῇ γραφῇ μὴ μετὰ φθόνου ποιεῖσθαι τὴν ἀνάγνωσιν· οὐ γὰρ ἐγκώμιον ἡμῶν αὐτῶν προειλόμην συγγράφειν, ἀλλὰ πολλὰ καὶ ψευδῆ κατηγορουμένοις ἡμῖν ταύτην ἀπολογίαν δικαιοτάτην εἶναι νομίζω τὴν ἀπὸ τῶν νόμων, καθ' οὓς ζῶντες διατελοῦμεν.

148.   ἄλλως τε καὶ τὴν κατηγορίαν ὁ Ἀπολλώνιος οὐκ ἀθρόαν ὥσπερ ὁ Ἀπίων ἔταξεν, ἀλλὰ σποράδην, καὶ δὴ εἴπας ποτὲ μὲν ὡς ἀθέους καὶ μισανθρώπους λοιδορεῖ, ποτὲ δ' αὖ δειλίαν ἡμῖν ὀνειδίζει καὶ τοὔμπαλιν ἔστιν ὅπου τόλμαν κατηγορεῖ καὶ ἀπόνοιαν. λέγει δὲ καὶ ἀφυεστάτους εἶναι τῶν βαρβάρων καὶ διὰ τοῦτο μηδὲν εἰς τὸν βίον εὕρημα συμβεβλῆσθαι μόνους.

149.   ταῦτα δὲ πάντα διελεγχθήσεσθαι νομίζω σαφῶς, εἰ τἀναντία τῶν εἰρημένων φανείη καὶ διὰ τῶν νόμων ἡμῖν προστεταγμένα καὶ πραττόμενα μετὰ πάσης ἀκριβείας ὑφ' ἡμῶν.

150.   εἰ δ' ἄρα βιασθείην μνησθῆναι τῶν παρ' ἑτέροις ὑπεναντίως νενομισμένων, τούτου δίκαιοι τὴν αἰτίαν ἔχειν εἰσὶν οἱ τὰ παρ' ἡμῖν ὡς χείρω παραβάλλειν ἀξιοῦντες· οἷς οὐδέτερον ἀπολειφθήσεσθαι νομίζω λέγειν, οὔθ' ὡς οὐχὶ τούτους ἔχομεν τοὺς νόμους, ὧν ἐγὼ παραθήσομαι τοὺς κεφαλαιωδεστάτους, οὔθ' ὡς οὐχὶ μάλιστα πάντων ἐμμένομεν τοῖς ἑαυτῶν νόμοις.

147 하지만 나는 이 글을 만나게 될 사람들에게 미움을 품고 독서하지 말라고 권하고 싶습니다. 참으로 나는 우리 자신에 대한 찬사를 쓰려고 의도하지 않고, 오히려 수많은 거짓으로 비난받은 우리에게는 율법에서 나온 변증이 가장 옳다고 생각합니다. 우리가 지속적으로 기준으로 삼고 살아가는 그 율법 말입니다.

148 게다가 아폴로니오스는 자기의 고소를 아피온처럼 한꺼번에 제시하지 않고 흩뜨려 놓았습니다. 아무튼 그는 그의 글 전체에서 어떤 때는 우리를 무신론자들이며 인류를 증오한다고 비방하다가, 어떤 때는 우리의 비겁함을 비난하며, 또 정반대로 우리의 무모함과 몰상식을 비판하는 경우도 있습니다. 또한 그는 우리가 그리스 밖의 사람들 가운데 가장 무능할 뿐만 아니라, 그로 인해 우리만이 삶을 위한 어떤 발명도 만들어내지 못했다고 말합니다.[185]

149 나는 이 모든 것이 명백하게 논박될 것으로 생각합니다. 만약 율법을 통해 우리에게 명령 되고, 우리에 의해 매우 정확하게 실천되는 것들이 (비난으로) 말해진 내용과 정반대로 드러나게 된다면 말이죠.

150 그런데 다른 민족들 가운데 다르게 제정된 규정들을 내가 불가피하게 언급한다면, 우리의 규정들이 더 나쁘다고 비난하는 것이 당연하다는 사람들이 이에 대한 책임을 지는 것이 정당합니다. 이들에게는 다음 두 가지 사실 중 어느 하나도 부인할 것이 남아 있지 않다고 나는 생각합니다. 곧 우리가 그러한 율법을 갖고 있다는 사실과 ― 그 율법의 가장 중요한 것들을 내가 말할 것입니다 ― 또한 우리가 모든 민족 중에 자신의 율법을 가장 잘 지킨다고 하는 사실이 그것입니다.

---

185 유대아 사람들은 인류의 문화 창달에 아무런 기여도 하지 않았다는 비난은 2:135에서 아피온에 의해서도 제기되었다. 2:182-183에서 요세푸스는 최소한 종교적인 측면에서 유대아 사람들이 근본적으로 보수적 경향이 있음을 언급한다.

151. Μικρὸν οὖν ἀναλαβὼν τὸν λόγον τοῦτ' ἂν εἴποιμι πρῶτον, ὅτι τῶν ἀνόμως καὶ ἀτάκτως βιούντων οἱ τάξεως καὶ νόμου κοινωνίας ἐπιθυμηταὶ γενόμενοι καὶ πρῶτοι κατάρξαντες εἰκότως ἂν ἡμερότητι καὶ φύσεως ἀρετῇ διενεγκεῖν μαρτυρηθεῖεν.

152. ἀμέλει πειρῶνται τὰ παρ' αὐτοῖς ἕκαστοι πρὸς τὸ ἀρχαιότατον ἀνάγειν, ἵνα μὴ μιμεῖσθαι δόξωσιν ἑτέρους, ἀλλ' αὐτοὶ τοῦ ζῆν νομίμως ἄλλοις ὑφηγήσασθαι.

153. τούτων δὲ τοῦτον ἐχόντων τὸν τρόπον ἀρετὴ μέν ἐστι νομοθέτου τὰ βέλτιστα συνιδεῖν καὶ πεῖσαι τοὺς χρησομένους περὶ τῶν ὑπ' αὐτοῦ τιθεμένων, πλήθους δὲ τὸ πᾶσι τοῖς δόξασιν ἐμμεῖναι καὶ μήτε εὐτυχίαις μήτε συμφοραῖς αὐτῶν μηδὲν μεταβάλλειν.

154. φημὶ τοίνυν τὸν ἡμέτερον νομοθέτην τῶν ὁπουδηποτοῦν μνημονευομένων νομοθετῶν προάγειν ἀρχαιότητι· Λυκοῦργοι γὰρ καὶ Σόλωνες καὶ Ζάλευκος ὁ τῶν Λοκρῶν καὶ πάντες οἱ θαυμαζόμενοι παρὰ τοῖς Ἕλλησιν ἐχθὲς δὴ καὶ πρῴην ὡς πρὸς ἐκεῖνον παραβαλλόμενοι φαίνονται γεγονότες, ὅπου γε μηδ' αὐτὸ τοὔνομα πάλαι ἐγιγνώσκετο τοῦ νόμου παρὰ τοῖς Ἕλλησι.

A) 입법자로서의 모세

2:151-156　모세는 가장 이른 시기의 입법자다

151　이제 그 주제를 간략하게 다시 다루기 위해, 먼저 말하고 싶은 것이 있습니다. 곧 불법적이며 무질서하게 살아가는 사람들과 비교할 때, 질서와 법의 연합을 열망하며 처음으로 (그렇게) 시작한 사람들은 아마도 문명과 선천적 능력에서 그들보다 뛰어나다고 입증될 수 있다는 것입니다.

152　당연히 민족마다 자신의 제도들을 가장 오래된 시기로 소급하려고 합니다. 자기들이 타인들을 모방하지 않고 오히려 다른 민족들에게 법대로 사는 길을 보여주었다고 여겨지도록 하기 위함입니다.

153　그런데 만일 사정이 이러하다면, 입법자의 덕은 최상의 것을 파악하고, 또 그가 정한 것들에 대해 (이것들을) 이용할 자들을 설득하는 것입니다. 반면 대중의 덕은 모든 규례들을 충실히 지키고, 순탄할 때나 불행할 때나 이것들 중 아무것도 고치지 않는 것입니다.

154　그러므로 내가 주장하는 것은, 우리의 입법자가, 어느 글에서 언급되든, 다른 입법자들보다 고대성에서 더 앞선다는 사실입니다. 리쿠르고스파와 솔론파, 혹은 로크리스 사람들 중 잘레우코스, 또한 그리스 사람들 가운데 경탄할 만한 모든 사람들은 그와 비교하면 어제나 그제에 나타난 듯합니다. 옛적에는 법이란 이름 자체가 그리스 사람들 가운데 알려져 있지 않았습니다.

155. καὶ μάρτυς Ὅμηρος οὐδαμοῦ τῆς ποιήσεως αὐτῷ χρησάμενος· οὐδὲ γὰρ ἦν κατὰ τοῦτον, ἀλλὰ γνώμαις ἀορίστοις τὰ πλήθη διῳκεῖτο καὶ προστάγμασι τῶν βασιλέων, ἀφ' οὗ καὶ μέχρι πολλοῦ διέμειναν ἔθεσιν ἀγράφοις χρώμενοι καὶ πολλὰ τούτων ἀεὶ πρὸς τὸ συντυγχάνον μετατιθέντες.

156. ὁ δ' ἡμέτερος νομοθέτης ἀρχαιότατος γεγονώς, τοῦτο γὰρ δήπουθεν ὁμολογεῖται καὶ παρὰ τοῖς πάντα καθ' ἡμῶν λέγουσιν, ἑαυτόν τε παρέσχεν ἄριστον τοῖς πλήθεσιν ἡγεμόνα καὶ σύμβουλον τήν τε κατασκευὴν αὐτοῖς ὅλην τοῦ βίου τῷ νόμῳ περιλαβὼν ἔπεισεν παραδέξασθαι καὶ βεβαιοτάτην εἰς ἀεὶ φυλαχθῆναι παρεσκεύασεν.

157. Ἴδωμεν δὲ τῶν ἔργων αὐτοῦ τὸ πρῶτον μεγαλεῖον· ἐκεῖνος γὰρ τοὺς προγόνους ἡμῶν, ἐπείπερ ἔδοξεν αὐτοῖς τὴν Αἴγυπτον ἐκλιποῦσιν ἐπὶ τὴν πάτριον γῆν ἐπανιέναι, πολλὰς τὰς μυριάδας παραλαβὼν ἐκ πολλῶν καὶ ἀμηχάνων διέσωσεν εἰς ἀσφάλειαν· καὶ γὰρ τὴν ἄνυδρον αὐτοὺς καὶ πολλὴν ψάμμον ἔδει διοδοιπορῆσαι καὶ νικῆσαι πολεμίους καὶ τέκνα καὶ γυναῖκας καὶ λείαν ὁμοῦ σῴζειν μαχομένους.

158. ἐν οἷς ἅπασι καὶ στρατηγὸς ἄριστος ἐγένετο καὶ σύμβουλος συνετώτατος καὶ πάντων κηδεμὼν ἀληθέστατος. ἅπαν δὲ τὸ πλῆθος εἰς ἑαυτὸν ἀνηρτῆσθαι παρεσκεύασεν, καὶ περὶ παντὸς ἔχων πεισθέντας [ἀντὶ τοῦ κελευσθέντος] εἰς οὐδεμίαν οἰκείαν ἔλαβεν ταῦτα πλεονεξίαν, ἀλλ' ἐν ᾧ μάλιστα τοῦ καιροῦ δυνάμεις μὲν αὐτοῖς περιβάλλονται καὶ τυραννίδας οἱ προεστηκότες, ἐθίζουσι δὲ τὰ πλήθη μετὰ πολλῆς ζῆν

155   그 단어를 자신의 작품 어디서도 사용하지 않은 호메로스가 그 증인입니다. 그의 시대에는 법이 전혀 존재하지 않았고, 오히려 정확히 규정할 수 없는 견해들과 왕들의 명령에 의해 무리가 인도되었다. 그 후부터 오랫동안 그들은 계속해서 기록되지 않은 관습들을 이용했고, 그 중 많은 것을 늘 상황에 맞춰 변경했습니다.

156   그러나 우리의 입법자는 고대인으로서 ― 이 점은 아마도 모든 것을 우리와 반대로 말하는 사람들에 의해서도 진정 인정될 겁니다 ― 자신을 그 무리를 위한 최고의 인도자며 조언자라고 보여주고, 그들을 위해 삶의 전체 양상을 그의 율법 안에서 포괄하여 그것이 받아들여지도록 설득하고 언제나 확고하게 지켜지도록 준비시켰습니다.

2:157-160   입법자로서 모세의 적합성

157   그의 행위들 가운데 그 첫 번째 경이로운 행위를 살펴봅시다. 그는 우리 조상들이 이집트를 떠나서 고향으로 돌아가기로 결정했을 때, 수많은 무리와 동행하면서 여러 절망적인 상황에서도 안전함으로 구출해냈습니다. 그때 그들은 물 없는 모래사막을 통과하고 적대자들을 물리치고 전투를 하면서 아이들과 여인들과 노획물을 모두 보호해야만 했습니다.

158   모든 경우에서 그는 빼어난 장수며, 가장 현명한 조언자이며, 또 가장 정직한 후견인이었습니다. 그런즉 그는 그 온 무리가 자기에게 의지하도록 조처했습니다. 또한 그는 모든 방면에서 그들을 확신시켰을 때 […], 그로 인해 어떠한 자기 유익도 구하지 않았습니다. 오히려 지도자들이 병권과 전권을 소유하고,

159. ἀνομίας, ἐν τούτῳ τῆς ἐξουσίας ἐκεῖνος καθεστηκὼς τοὐναντίον ᾤηθη δεῖν εὐσεβεῖν καὶ πολλὴν εὔνοιαν τοῖς λαοῖς ἐμπαρασχεῖν, οὕτως αὐτός τε τὰ μάλιστα τὴν ἀρετὴν ἐπιδείξειν τὴν αὐτοῦ νομίζων καὶ σωτηρίαν τοῖς αὐτὸν ἡγεμόνα πεποιημένοις βεβαιοτάτην παρέξειν.

160. καλῆς οὖν αὐτῷ προαιρέσεως καὶ πράξεων μεγάλων ἐπιτυγχανομένων εἰκότως ἐνόμιζεν ἡγεμόνα τε καὶ σύμβουλον θεὸν ἔχειν, καὶ πείσας πρότερον ἑαυτὸν ὅτι κατὰ τὴν ἐκείνου βούλησιν ἅπαντα πράττει καὶ διανοεῖται, ταύτην ᾤετο δεῖν πρὸ παντὸς ἐμποιῆσαι τὴν ὑπόληψιν τοῖς πλήθεσιν· οἱ γὰρ πιστεύσαντες ἐπισκοπεῖν θεὸν τοὺς ἑαυτῶν βίους οὐθὲν ἀνέχονται ἐξαμαρτεῖν.

161. τοιοῦτος μὲν δή τις [αὐτὸς] ἡμῶν ὁ νομοθέτης, οὐ γόης οὐδ' ἀπατεών, ἅπερ λοιδοροῦντες λέγουσιν ἀδίκως, ἀλλ' οἵους παρὰ τοῖς Ἕλλησιν αὐχοῦσιν τὸν Μίνω γεγονέναι καὶ μετὰ ταῦτα τοὺς ἄλλους νομοθέτας·

162. οἱ μὲν γὰρ αὐτῶν τοὺς νόμους ὑποτίθενται, ὁ δέ γε Μίνως ἔλεγεν ὅτι εἰς τὸν Ἀπόλλω καὶ τὸ Δελφικὸν αὐτοῦ μαντεῖον τὰς τῶν νόμων μαντείας ἀνέφερεν, ἤτοι τἀληθὲς οὕτως ἔχειν νομίζοντες ἢ πείσειν ῥᾷον ὑπολαμβάνοντες.

159 무리는 완전히 불법의 삶에 익숙해졌던 바로 그 상황에서, 그는 정반대로 그러한 권좌에 올라갔으면서도 경건하고 백성들에게 좋은 질서를 많이 전해주어야 한다고 생각했고, 이렇게 해서 스스로가 자신의 빼어남을 가장 잘 입증하고, 자기를 인도자로 삼았던 자들에게 가장 안전한 구원을 제공하리라고 믿었습니다.

160 이제 그에 의해 좋은 목적과 위대한 행적들이 성공적으로 이루어지자, 그는 하나님을 인도자와 조언자로서 갖고 있다는 것을 당연히 믿게 되었습니다. 또한 그분이 자기 뜻대로 모든 것을 행하시며 계획함을 먼저 스스로 확신하게 되자, 그는 모든 것에 앞서 이러한 견해를 대중에게 알리는 것이 마땅하다고 여겼습니다. 왜냐하면 하나님이 그들의 인생을 감찰하고 계신다고 확신하는 자들은 어떤 범행도 참지 못하기 때문입니다.

2:161-162   그리스 입법자들과의 비교

161 그런즉 바로 그러한 사람이 우리의 입법자입니다. 사람들이 부당하게 비방하는 것처럼, 그는 협잡꾼이나 사기꾼이 아닙니다. 오히려 그리스 사람들이 칭송하는 그러한 사람입니다. 즉 미노스[186]가 그런 사람이었으며 그의 뒤를 이어 다른 입법자들도 (그렇다고 합니다).

162 그들 중 한 무리는 그 계율들을 제우스에게 돌리고, 다른 무리는 그것들을 아폴론과 그의 델피 신탁으로 돌립니다. 실제로 상황이 그러하다고 그들이 믿었

---

186   그리스 전설에 나오는 강력한 왕. 제우스와 에우로파의 아들로 통한다. 미노스를 통해 제우스는 인류에게 그들의 첫 번째 법을 주었다고 한다.

163.   Τίς δ' ἦν ὁ μάλιστα κατορθώσας τοὺς νόμους καὶ τῆς δικαιοτάτης περὶ τοῦ θεοῦ πίστεως ἐπιτυχών, πάρεστιν ἐξ αὐτῶν κατανοεῖν τῶν νόμων ἀντιπαραβάλλοντας· ἤδη γὰρ περὶ τούτων λεκτέον.

164.   οὐκοῦν ἄπειροι μὲν αἱ κατὰ μέρος τῶν ἐθῶν καὶ τῶν νόμων παρὰ τοῖς ἄπασιν ἀνθρώποις διαφοραί. κεφαλαιωδῶς[1] ἂν ἐπίοι τις·

165.   οἱ μὲν γὰρ μοναρχίαις, οἱ δὲ ταῖς ὀλίγων δυναστείαις, ἄλλοι δὲ τοῖς πλήθεσιν ἐπέτρεψαν τὴν ἐξουσίαν τῶν πολιτευμάτων, ὁ δ' ἡμέτερος νομοθέτης εἰς μὲν τούτων οὐδ' ὁτιοῦν ἀπεῖδεν, ὡς δ' ἂν τις εἴποι βιασάμενος τὸν λόγον θεοκρατίαν ἀπέδειξε τὸ πολίτευμα, θεῷ τὴν ἀρχὴν καὶ τὸ κράτος ἀναθεὶς

---

1 κεφαλαιωδῶς : κεφαλαιω=δῶς

을 수도 있고, 혹은 그들이 그렇게 함으로써 더 쉽게 설득시키기를 희망했을 수도 있겠죠.

2:163 다른 주제로 전환

163 [187]누가 이러한 법을 가장 성공적으로 제정하고 하나님에 대한 가장 정당한 신념에 도달했는지는 법들 자체로부터 파악할 수 있습니다. 그것들을 서로 비교함으로써 말입니다. 그런즉 이제 법들에 대해 말하고자 합니다.

B) 모세 헌법의 근본 강령들

2:164-167 모세의 가르침과 지시가 그리스 사람들보다 뛰어난 특징들

164 인류 전체에서 (통용되는) 관습과 법들의 개별적인 차이점들은 수없이 많지 않습니까? 요약적으로 (다음과 같이) 말할 수 있을 것 같습니다: 한 부류는 군주제에 넘겼으며, 다른 부류는 소수의 통치에, 또 다른 부류는 대중에게 통치의 권세를 넘겼습니다.

165 그와 달리 우리의 입법자는 그러한 통치제도 가운데 어떤 것에도 눈길을 돌리지 않았습니다. 그는 통치 형태를 신정 정치 ─ 만약 누군가 억지로 용어를 말

---

[187] 여기서부터 에우세비오스의 『복음의 준비』에서 가져왔다(163~228a).

166.　καὶ πείσας εἰς ἐκεῖνον ἅπαντας ἀφορᾶν ὡς αἴτιον μὲν ἁπάντων ὄντα τῶν ἀγαθῶν, ἃ κοινῇ τε πᾶσιν ἀνθρώποις ὑπάρχει καὶ ὅσων ἔτυχον αὐτοὶ δεηθέντες ἐν ἀμηχάνοις· λαθεῖν δὲ τὴν ἐκείνου γνώμην οὐκ ἐνὸν οὔτε τι τῶν πραττομένων οὐδὲν οὔθ' ὧν ἄν τις παρ' αὐτῷ διανοηθείη.

167.　ἀλλ' αὐτὸν ἀπέφηνε καὶ ἀγένητον καὶ πρὸς τὸν ἀΐδιον[2] χρόνον ἀναλλοίωτον, πάσης ἰδέας θνητῆς κάλλει διαφέροντα καὶ δυνάμει μὲν ἡμῖν γνώριμον, ὁποῖος δὲ κατ' οὐσίαν ἐστὶν ἄγνωστον.

168.　ταῦτα περὶ θεοῦ φρονεῖν οἱ σοφώτατοι παρὰ τοῖς Ἕλλησιν ὅτι μὲν ἐδιδάχθησαν, ἐκείνου τὰς ἀρχὰς παρασχόντος, ἐῶ νῦν λέγειν, ὅτι δέ ἐστι καλὰ καὶ πρέποντα τῇ τοῦ θεοῦ φύσει καὶ μεγαλειότητι σφόδρα μεμαρτυρήκασι· καὶ γὰρ Πυθαγόρας καὶ Ἀναξαγόρας καὶ Πλάτων οἵ τε μετ' ἐκεῖνον ἀπὸ τῆς Στοᾶς φιλόσοφοι καὶ μικροῦ δεῖν ἅπαντες οὕτω φαίνονται περὶ τῆς τοῦ θεοῦ φύσεως πεφρονηκότες.

2　ἀΐδιον : ἀ_διον

해야 한다면 ― 로 구상하고, 하나님께 정치와 권세를 돌렸습니다.

166 그리고 그는 모든 이들이 그분을 마치 모든 축복들의 근원이 되듯이 바라보도록 설득했습니다. 그 축복들은 모든 인간들에게 공동으로 주어지는 것들과 그들 스스로 절망적인 상황에서 간구하여 얻는 것들입니다. 그분의(=하나님의) 지식으로부터 감춰질 수 있는 것은 하나도 없습니다. 행해지는 것들이나 누군가 마음속으로 생각하는 것들, 그 어떤 것도 말입니다.

167 그는 그분을 하나이며, 창조되지 않고, 영원히 불변하고, 아름다움에서 모든 죽을 형상과 구별되고, 능력을 통해 우리에게 알려지지만, 본질에 따르면 어떤 분인지 알 수 없다고 알려주었습니다.

2:168-169 철학자들의 유일신주의

168 하나님에 대해 이러한 일들을 그리스 사람들 가운데 가장 현명한 자들도 생각했습니다. 그들이 저 사람(=모세)이 원리를 제공해서 배웠다는 것은[188] 나는 여기서 건너뛰겠습니다. 그런데 이것이 탁월하고 하나님의 본성과 위대함에 적합하다고 그들은 강력하게 증언했습니다. 실제로 피타고라스와 아낙사고라스와 플라톤[189], 또 그의 뒤를 이은 스토아 철학자들 거의 모두가 이와 같이 하나님의 본성에 대하여 성찰한 것으로 보입니다.

---

188 여기서 요세푸스는 알렉산드리아 유대교적 변증론을 이용하고 있다. 그리스 철학은 모세에 근거한 것이라는 생각은 이미 기원전 2세기 아리스토불로스에게서 나타난다(에우세비오스, 『복음의 준비』 7:32; 8:10; 13:12). 『아피온 반박』 2:281을 참조하라.
189 여기서 요세푸스는 고대 철학자 가운데 가장 유명한 플라톤을 인용문 없이 단지 이름만 거론하고 있다. 2:224에 당시 가장 많이 인용되던 플라톤 구절이 반영되어 있다: (『티마이오스』 28 C) "τὸν μὲν οὖν ποιητὴν καὶ πατέρα τοῦδε τοῦ παντὸς εὑρεῖν τε ἔργον καὶ εὑρόντα εἰς πάντας ἀδύνατον λέγειν".

169. ἀλλ' οἱ μὲν πρὸς ὀλίγους φιλοσοφοῦντες εἰς πλήθη δόξαις κατειλημμένα τὴν ἀλήθειαν τοῦ δόγματος ἐξενεγκεῖν οὐκ ἐτόλμησαν, ὁ δ' ἡμέτερος νομοθέτης, ἅτε δὴ τὰ ἔργα παρέχων τοῖς νόμοις σύμφωνα, οὐ μόνον τοὺς καθ' ἑαυτὸν ἔπεισεν, ἀλλὰ καὶ τοῖς ἐξ ἐκείνων ἀεὶ γενησομένοις τὴν περὶ τοῦ θεοῦ πίστιν ἐνέφυσεν ἀμετακίνητον.

170. αἴτιον δ', ὅτι καὶ τῷ τρόπῳ τῆς νομοθεσίας πρὸς τὸ χρήσιμον πάντων πολὺ διήνεγκεν. οὐ γὰρ μέρος ἀρετῆς ἐποίησε τὴν εὐσέβειαν, ἀλλὰ ταύτης μέρη τἆλλα καὶ συνεῖδεν αὐτὰ καὶ κατέστησε, λέγω δὲ τὴν δικαιοσύνην, τὴν σωφροσύνην, τὴν καρτερίαν, τὴν τῶν πολιτῶν πρὸς ἀλλήλους ἐν ἅπασι συμφωνίαν.

171. ἅπασαι γὰρ αἱ πράξεις καὶ διατριβαὶ καὶ λόγοι πάντες ἐπὶ τὴν πρὸς τὸν θεὸν ἡμῖν εὐσέβειαν ἔχουσι τὴν ἀναφοράν· οὐδὲν γὰρ τούτων ἀνεξέταστον οὐδ' ἀόριστον παρέλιπεν.
δύο μὲν γὰρ εἰσιν ἁπάσης παιδείας τρόποι καὶ τῆς περὶ τὰ ἤθη κατασκευῆς, ὧν ὁ μὲν λόγῳ διδασκαλικός, ἅτερος δὲ διὰ τῆς ἀσκήσεως τῶν ἠθῶν.

172. οἱ μὲν οὖν ἄλλοι νομοθέται ταῖς γνώμαις διέστησαν καὶ τὸν ἕτερον αὐτῶν ὃν ἔδοξεν ἑκάστοις ἑλόμενοι τὸν ἕτερον παρέλιπον· οἷον Λακεδαιμόνιοι μὲν καὶ Κρῆτες ἔθεσιν ἐπαίδευον, οὐ λόγοις, Ἀθηναῖοι δὲ καὶ σχεδὸν οἱ ἄλλοι πάντες Ἕλληνες ἃ μὲν χρὴ πράττειν ἢ μὴ προσέτασσον διὰ τῶν νόμων, τοῦ δὲ πρὸς αὐτὰ διὰ τῶν ἔργων ἐθίζειν ὠλιγώρησαν.

169   하지만 그들은 소수의 사람들에게 철학을 가르쳤지만 억측에 붙잡혀 있는 대중에게는 교의적 진리를 감히 전하지 못했습니다. 반면 우리의 입법자는 행위를 말과 일치하게 만들어 자기 시대 사람들을 설득했을 뿐만 아니라, 또한 그들의 모든 미래의 후손들에게 하나님에 관한 확신을 변하지 않게 심어놓았습니다.

2:170-172   유일신주의가 더 확산되지 못한 이유

170   그 이유는 그가 유용성을 목표로 하는 입법 방식에서도 다른 모든 이들보다 언제나 훨씬 앞서 있었다는 것입니다. 왜냐하면 그는 경건을 덕의 한 부분으로 내세우지 않고, 다른 모든 덕들 […] 말하자면, 정의, 신중함, 강직함 또한 모든 일에서 시민들 상호 간의 조화를 경건의 부분들로 내세웠습니다.

171   왜냐하면 모든 행위와 삶의 방식과 모든 말은 하나님을 향한 우리의 경건과 관련되기 때문입니다. 그는 이들 중 어느 것도 검증하지 않거나 규정하지 않은 채로 내버려두지 않았습니다. 모든 교육과 성품 형성에는 두 가지 방식이 있습니다. 하나는 말로 가르치는 방식이며, 다른 하나는 성품의 훈련을 통해 (가르치는 방식입니다).

172   다른 입법자들은 의견들이 나뉘어졌습니다. 저마다 선택하는 견해에 따라 둘 중 한 방식을 취하나, 반면 다른 방식은 소홀히 여겼습니다. 예를 들면 라

173. ὁ δ' ἡμέτερος νομοθέτης ἄμφω ταῦτα συνήρμοσε κατὰ πολλὴν ἐπιμέλειαν· οὔτε γὰρ κωφὴν ἀπέλιπε τὴν τῶν ἠθῶν ἄσκησιν οὔτε τὸν ἐκ τοῦ νόμου λόγον ἄπρακτον εἴασεν, ἀλλ' εὐθὺς ἀπὸ τῆς πρώτης ἀρξάμενος τροφῆς καὶ τῆς κατὰ τὸν οἶκον ἑκάστων διαίτης οὐδὲν οὐδὲ τῶν βραχυτάτων αὐτεξούσιον ἐπὶ ταῖς βουλήσεσι τῶν χρησομένων κατέλιπεν,

174. ἀλλὰ καὶ περὶ σιτίων ὅσων ἀπέχεσθαι χρὴ καὶ τίνα προσφέρεσθαι καὶ περὶ τῶν κοινωνησόντων τῆς διαίτης ἔργων τε συντονίας καὶ τοὔμπαλιν ἀναπαύσεως ὅρον ἔθηκεν αὐτὸς καὶ κανόνα τὸν νόμον, ἵν' ὥσπερ ὑπὸ πατρὶ τούτῳ καὶ δεσπότῃ ζῶντες μήτε βουλόμενοι μηθὲν μήθ' ὑπ' ἀγνοίας ἁμαρτάνωμεν.

케다이몬 사람들[190]과 크레타 사람들은 성품들을 통해서 교육했지, 말을 통해서 하지 않았습니다. 반면 아테네 사람들과 거의 모든 다른 그리스 사람들은 해야만 하는 것과 해서는 안 되는 것을 그들의 법을 통해 지시했지만, 실천을 통해 그것들에 익숙해지는 것은 무시했습니다.

2:173-174 이론과 실천을 통합한 유대교

173　반면 우리의 입법자는 이 두 가지를 최대한 섬세하게 조합했습니다. 왜냐하면 그는 성품의 훈련을 말없이 내버려두지 않았으며, 또한 법에서 나온 사항이 행해지지 않고 남아있도록 허용하지 않았기 때문입니다. 오히려 곧바로 처음 양육과 각자의 집안일로부터 시작해서 그는 가장 하찮은 일들 중에서 어떤 것도 법을 이용하는 자들의 뜻에 따라 자유롭게 결정하도록 내버려두지 않았습니다.

174　심지어 식사에 대해서, 예컨대 멀리해야 할 것은 무엇이며 또 먹어야 하는 것은 무엇인지, 또한 삶을 나눌 수 있는 자들에 대해서, 또한 노동의 긴장과 이와 반대되는 휴식의 경계와 규범으로 그 자신이[191] 법을 세웠습니다. 그리하여 우리가 마치 아버지요 주인장처럼 법에 의해 생활하여, 고의에서나 혹은 무지에서 어떤 것도 잘못 행하지 않도록 했습니다.

190　스파르타 사람들을 말한다.
191　니제는 "스스로"를 "그들에게"로 수정한다.

175. οὐδὲ γὰρ τὴν ὑπὸ τῆς ἀγνοίας ὑποτίμησιν κατέλιπεν, ἀλλὰ καὶ κάλλιστον καὶ ἀναγκαιότατον ἀπέδειξε παίδευμα τὸν νόμον, οὐκ εἰσάπαξ ἀκροασαμένοις οὐδὲ δὶς ἢ πολλάκις, ἀλλ' ἑκάστης ἑβδομάδος τῶν ἄλλων ἔργων ἀφεμένους ἐπὶ τὴν ἀκρόασιν ἐκέλευσε τοῦ νόμου συλλέγεσθαι καὶ τοῦτον ἀκριβῶς ἐκμανθάνειν· ὃ δὴ πάντες ἐοίκασιν οἱ νομοθέται παραλιπεῖν.

176. καὶ τοσοῦτον οἱ πλεῖστοι τῶν ἀνθρώπων ἀπέχουσι τοῦ κατὰ τοὺς οἰκείους ζῆν νόμους ὥστε σχεδὸν αὐτοὺς οὐδ' ἴσασιν· ἀλλ' ὅταν ἐξαμαρτάνωσι, τότε παρ' ἄλλων μανθάνουσιν ὅτι τὸν νόμον παραβεβήκασιν.

177. οἵ τε τὰς μεγίστας καὶ κυριωτάτας παρ' αὐτοῖς ἀρχὰς διοικοῦντες ὁμολογοῦσι τὴν ἄγνοιαν· ἐπιστάτας γὰρ παρακαθίστανται τῆς τῶν πραγμάτων οἰκονομίας τοὺς ἐμπειρίαν ἔχειν τῶν νόμων ὑπισχνουμένους.

178. ἡμῶν δ' ὁντινοῦν τις ἕλοιτο, τοὺς νόμους ῥᾷον ἄν τις εἴποι πάντας ἢ τοὔνομα τὸ ἑαυτοῦ. τοιγαροῦν ἀπὸ τῆς πρώτης εὐθὺς αἰσθήσεως αὐτοὺς ἐκμανθάνοντες ἔχομεν ἐν ταῖς ψυχαῖς ὥσπερ ἐγκεχαραγμένους, καὶ σπάνιος μὲν ὁ παραβαίνων, ἀδύνατος δ' ἡ τῆς κολάσεως παραίτησις.

2:175-178　모세의 교육적 성과: 유대아 사람들은 율법을 잘 알고 있다

175　그는 무지에서 나온 어떤 변명의 여지도 남겨두지 않았습니다. 오히려 그는 율법을 가장 아름다우며 가장 필요한 가르침으로 제시했습니다. 그는 우리가 단번에, 혹은 두 번이나 여러 번 들을 것이 아니라, 매주 다른 일들을 내려놓고 율법을 듣기 위해 모이고, 율법을 정확하게 암기하도록 명령했습니다. 정말이지 이러한 일을 다른 모든 입법자들은 소홀히 여긴 것 같습니다.

176　그런즉 대다수 사람들은 자기들 고유한 법에 따른 삶에서 너무도 멀리 떨어져 있어서, 그 법을 거의 알지 못하고, 잘못을 범하고서야 그때 비로소 다른 이들을 통해 법을 어겼다는 사실을 알게 됩니다.

177　심지어 그들 가운데 가장 위대하고 가장 중요한 직무를 행하는 사람들조차 자기들의 무지를 인정하고 있습니다. 그들은 실무 행정의 책임자들로서 율법들에 대한 전문 지식을 갖추고 있는 사람들을 곁에 세웠습니다.

178　그와 달리 우리 가운데 누구에게라도 어느 누가 율법에 대해 물으면, 그는 그 모든 법을 자기 자신의 이름보다도 더 쉽게 말할 수 있을 것입니다. 그러므로 우리는 처음 인지력이 생기는 때부터 곧바로 그것들을 암기하여 영혼 안에 마치 새겨진 것처럼 지니고 있습니다. (그것들을) 어기는 자는 거의 없지만, 형벌에 대한 어떠한 변명도 불가능합니다.

179.   τοῦτο πρῶτον ἁπάντων τὴν θαυμαστὴν ὁμόνοιαν ἡμῖν ἐμπεποίηκε. τὸ γὰρ μίαν μὲν ἔχειν καὶ τὴν αὐτὴν δόξαν περὶ θεοῦ, τῷ βίῳ δὲ καὶ τοῖς ἔθεσι μηδὲν ἀλλήλων διαφέρειν καλλίστην ἐν ἤθεσιν ἀνθρώπων συμφωνίαν ἀποτελεῖ.

180.   παρ' ἡμῖν γὰρ μόνοις οὔτε περὶ θεοῦ λόγους ἀκούσεταί τις ἀλλήλοις ὑπεναντίους, ὁποῖα πολλὰ παρ' ἑτέροις οὐχ ὑπὸ τῶν τυχόντων μόνον [τὸ] κατὰ τὸ προσπεσὸν ἑκάστῳ λέγεται πάθος, ἀλλὰ καὶ παρά τισι τῶν φιλοσόφων ἀποτετόλμηται, τῶν μὲν τὴν ὅλην τοῦ θεοῦ φύσιν ἀναιρεῖν τοῖς λόγοις ἐπικεχειρηκότων, ἄλλων δὲ τὴν ὑπὲρ ἀνθρώπων αὐτὸν πρόνοιαν ἀφαιρουμένων·

181.   οὐδ' ἐν τοῖς ἐπιτηδεύμασι τῶν βίων ὄψεται διαφοράν, ἀλλὰ κοινὰ μὲν ἔργα πάντων παρ' ἡμῖν, εἷς δ' ὁ λόγος ὁ τῷ νόμῳ συμφωνῶν περὶ θεοῦ, πάντα λέγων ἐκεῖνον ἐφορᾶν.
καὶ μὴν περὶ τῶν κατὰ τὸν βίον ἐπιτηδευμάτων, ὅτι δεῖ πάντα τὰ ἄλλα τέλος ἔχειν τὴν εὐσέβειαν, καὶ γυναικῶν ἀκούσειεν ἄν τις καὶ τῶν οἰκετῶν.

182.   ὅθεν δὴ καὶ τὸ προσφερόμενον ἡμῖν ὑπό τινων ἔγκλημα, τὸ δὴ μὴ καινῶν εὑρετὰς ἔργων ἢ λόγων ἄνδρας παρασχεῖν, ἐντεῦθεν συμβέβηκεν. οἱ μὲν γὰρ ἄλλοι τὸ μηδενὶ τῶν πατρίων ἐμμένειν καλὸν εἶναι νομίζουσι καὶ τοῖς μάλιστα τολμῶσι ταῦτα παραβαίνειν σοφίας δεινότητα μαρτυροῦσιν,

2:179-181   모든 유대아 사람의 한 마음

179   이것은 무엇보다도 우리에게 경이로운 일치를 가져왔습니다. 즉 우리가 하나님에 대해 하나의 동일한 이해를 갖고 있으며, 생활과 관습에서 서로 간에 다르지 않다는 사실이 사람들의 성품에서 가장 멋진 일치를 가져왔습니다.

180   실제로 우리들에게서만 하나님에 대해 서로 모순되는 진술들을 어느 누구도 듣지 못할 것입니다. 그런데 이러한 종류의 많은 진술들이 다른 민족들에게서는 각자에게 일어나는 감정에 따라 어떤 사람들에 의해 언급될 뿐만 아니라, 또한 심지어 어떤 철학자들에게서 함부로 가르쳐지고 있습니다. 어떤 사람들은 논리로 신의 본성 전체를 제거하려고 시도했고, 어떤 사람들은 인간을 위한 섭리를 신에게서 박탈합니다.

181   반면 (우리에게는) 삶의 방식에서 어떤 차이도 보이지 않습니다. 오히려 우리에게는 모두의 행위들이 일치되며, 가르침도 하나입니다. 이 가르침은 하나님과 관련된 율법과 일치하며, 동시에 그분이 만물을 살펴보신다고 말합니다. 또한 일상적 삶의 방식에 대해서 다른 모든 것들은 경건을 목표로 가져야 한다는 말을 심지어 여인들이나 집안사람들에게서도 듣게 될 것 같습니다.

2:182-183   유대아 사람 발명가가 없다는 비난에 대하여

182   이로부터 실제로 몇몇 사람들이 우리를 향해 비난하는 내용, 곧 우리가 새로운 실천적 영역이나 이론적 영역에서 발명가들을 내세우지 못했다는 주장이 나옵니다. 그러므로 이런 일이 벌어졌습니다: 다른 민족들은 조상의 전승 중 어

183.   ἡμεῖς δὲ τοὐναντίον μίαν εἶναι καὶ φρόνησιν καὶ ἀρετὴν ὑπειλήφαμεν, τὸ μηδὲν ὅλως ὑπεναντίον μήτε πρᾶξαι μήτε διανοηθῆναι τοῖς ἐξ ἀρχῆς νομοθετηθεῖσιν. ὅπερ εἰκότως ἂν εἴη τεκμήριον τοῦ κάλλιστα τεθῆναι τὸν νόμον. τὰ γὰρ μὴ τοῦτον ἔχοντα τὸν τρόπον αἱ πεῖραι δεόμενα διορθώσεως ἐλέγχουσιν·

184.   ἡμῖν δὲ τοῖς πεισθεῖσιν ἐξ ἀρχῆς τεθῆναι τὸν νόμον κατὰ θεοῦ βούλησιν οὐδ' εὐσεβὲς ἦν ἔτι τοῦτον μὴ φυλάττειν.
τί γὰρ αὐτοῦ τις ἂν μετακινήσειεν ἢ τί κάλλιον ἐξεῦρεν ἢ τί παρ' ἑτέρων ὡς ἄμεινον μετήνεγκεν; ἆρά γε τὴν ὅλην κατάστασιν τοῦ πολιτεύματος;

185.   καὶ τίς ἂν καλλίων ἢ δικαιοτέρα γένοιτο τῆς τὸν θεὸν μὲν ἡγεμόνα τῶν ὅλων ἡγεῖσθαι πεποιημένης, τοῖς ἱερεῦσι δὲ κοινῇ μὲν τὰ μέγιστα διοικεῖν ἐπιτρεπούσης, τῷ δὲ πάντων ἀρχιερεῖ πάλιν πεπιστευκυίας τὴν τῶν ἄλλων ἱερέων ἡγεμονίαν;

186.   οὓς οὐ κατὰ πλοῦτον οὐδέ τισιν ἄλλαις προὔχοντας αὐτομάτοις πλεονεξίαις τὸ πρῶτον εὐθὺς ὁ νομοθέτης ἐπὶ τὴν τιμὴν ἔταξεν, ἀλλ' ὅσοι τῶν μετ' αὐτοῦ πειθοῖ τε καὶ σωφροσύνῃ τῶν ἄλλων διέφερον, τούτοις τὴν περὶ τὸν θεὸν μάλιστα θεραπείαν ἐνεχείρισεν.

떤 것도 충실하게 따르지 않는 것을 좋다고 여기며, 또한 그것들을 대담하게 어기는 자들을 위해서는 가장 인상적인 지혜를 (가졌다고) 증언합니다.

183　반면 우리는 정반대로 애초부터 법으로 정해진 일에 완전히 반대되는 어떤 것도 행하거나 생각하지 않는 것이야말로 유일한 지혜이며 덕이라고 이해했습니다. 바로 그것이 법이 빼어나게 작성되었다는 것에 대한 가장 좋은 증거일 것 같습니다. 그와 달리 이러한 성격을 지니지 않은 것들은 경험적으로 볼 때 교정할 필요가 있다고 증명됩니다.

2:184-189　중간 결론: 모든 헌법들 중 최고로서의 유대교

184　그렇지만 법이 하나님의 뜻에 따라 주어진 것임을 처음부터 확신한 우리에게는, 이것을 지키지 않는 것이 경건하지 못한 일이었습니다. 그 누가 그 법에서 무언가를 변경하거나, 혹은 (이보다) 더 아름다운 것을 발견하거나, 다른 법들로부터 더 나은 어떤 것을 가져올 수 있었을까요? 그러면 그 정치의 헌법 전체를 바꿀 수 있겠습니까?

185　그러니 어떤 헌법이 더 나으며 더 정의로울 수 있을까요? 한편으론 하나님을 만물의 인도자로서 제시하고 다른 한편으론 제사장들에게 가장 중요한 일을 관리하도록 맡기며, 또한 모두의 대제사장에게 나머지 제사장들의 통솔을 맡기는 것보다 말이죠.

187. τοῦτο δ' ἦν καὶ τοῦ νόμου καὶ τῶν ἄλλων ἐπιτηδευμάτων ἀκριβὴς ἐπιμέλεια· καὶ γὰρ ἐπόπται πάντων καὶ δικασταὶ τῶν ἀμφισβητουμένων καὶ κολασταὶ τῶν κατεγνωσμένων οἱ ἱερεῖς ἐτάχθησαν.

188. Τίς ἂν οὖν ἀρχὴ γένοιτο ταύτης ὁσιωτέρα; τίς δὲ τιμὴ θεῷ μᾶλλον ἁρμόζουσα; παντὸς μὲν τοῦ πλήθους κατεσκευασμένου πρὸς τὴν εὐσέβειαν, ἐξαίρετον δὲ τὴν ἐπιμέλειαν τῶν ἱερέων πεπιστευμένων, ὥσπερ δὲ τελετῇ[ε]ς τι<νος> τῆς ὅλης πολιτείας οἰκονομουμένης.

189. ἃ γὰρ ὀλίγων ἡμερῶν ἀριθμὸν ἐπιτηδεύοντες ἄλλοι φυλάττειν οὐ δύνανται, μυστήρια καὶ τελετὰς ἐπονομάζοντες, ταῦτα μετὰ πολλῆς ἡδονῆς καὶ γνώμης ἀμεταθέτου φυλάττομεν ἡμεῖς διὰ τοῦ παντὸς αἰῶνος.

186   그 입법자(=모세)는 이 제사장들을 부에 따라, 혹은 다른 우연한 장점들로 우월하다고 해서 처음부터 그러한 영예의 자리에 앉힌 것이 아니라, 오히려 그 이(=모세)처럼 확신과 신중함에서 다른 사람들과 구별되는 자들, 바로 그러한 사람들에게 최우선적으로 예배를 맡겼습니다.

187   (이들의) 과제는 법과 나머지 삶의 방식에 대한 세밀한 감독이었습니다. 모든 일에 대한 감독자, 또한 분쟁 사안들의 재판관, 또한 유죄 판결 받은 자들에 대한 징벌자로 제사장들이 세워졌습니다.

188   어떤 통치가 이보다 더 성스러울 수 있겠습니까? 어떠한 영예가 하나님께 더욱 적합할까요? 대중 전체가 경건을 향해 준비되고, 중요한 책임은 제사장들에게 맡겨져 있으며, 또한 마치 일종의 신비 예식처럼 통치 전체가 운영되고 있다면 말입니다.

189   왜냐하면 다른 민족들은 신비요 신성한 의식이라고 부르면서 며칠 동안만 실행하지만 (그 외에는) 도저히 지킬 수 없는 것, 그것을 우리는 크게 기뻐하며 또 변함없는 결단 하에 평생 지키고 있습니다.

190.　τίνες οὖν εἰσιν αἱ προρρήσεις καὶ προαγορεύσεις; ἁπλαῖ τε καὶ γνώριμοι. πρώτη δ' ἡγεῖται ἡ περὶ θεοῦ λέγουσα· Θεὸς ἔχει τὰ σύμπαντα, παντελὴς καὶ μακάριος, αὐτὸς ἑαυτῷ καὶ πᾶσιν αὐτάρκης, ἀρχὴ καὶ μέσα καὶ τέλος οὗτος τῶν ἁπάντων, ἔργοις μὲν καὶ χάρισιν ἐναργὴς καὶ παντὸς οὗτινος φανερώτερος, μορφὴν δὲ καὶ μέγεθος ἡμῖν ἀφανέστατος.

191.　πᾶσα μὲν ὕλη πρὸς εἰκόνα τὴν τούτου, κἂν ᾖ πολυτελής, ἄτιμος· πᾶσα δὲ τέχνη πρὸς μιμήσεως ἐπίνοιαν ἄτεχνος· οὐδὲν ὅμοιον οὔτ' εἴδομεν οὔτ' ἐπινοοῦμεν οὔτ' εἰκάζειν ἐστὶν ὅσιον.

192.　ἔργα βλέπομεν αὐτοῦ φῶς, οὐρανόν, γῆν, ἥλιον καὶ σελήνην, ποταμοὺς καὶ θάλατταν, ζώων γενέσεις, καρπῶν ἀναδόσεις. ταῦτα θεὸς ἐποίησεν, οὐ χερσὶν οὐδὲ πόνοις οὐδέ τινων συνεργασαμένων ἐπιδεηθείς, ἀλλ' αὐτοῦ καλὰ θελήσαντος καλῶς ἦν εὐθὺς γεγονότα.

C) 모세 율법의 내용 개관

2:190   (제1계명) 신앙 고백, 하나님 인식의 가능성

190   그러면 어떤 것들이 행위 명령들이며 또 금지 명령들입니까?[192] 단순하면서도 이해하기 쉬운 것들입니다. 하나님에 대한 계명이 가장 먼저 나옵니다. 이 계명은 말합니다. 하나님은 만물을 소유하시며, 완전하시며 또 거룩하시며, 자기 자신과 모든 존재에게 자족하시며, 이분은 만물의 처음이며 중간이며 또 마지막[193]이며, 그분은 활동들과 은덕들로는 밝히 드러나고, 다른 모든 것보다도 더욱 명백하지만, 그분의 형상과 위대함을 우리가 말로 다 표현할 수 없습니다.

2:191-192a   (제2계명) 우상 금지

191   어떤 종류의 물질도, 아무리 값진 것이라도, 그분의 형상에 어울리지 않으며, 어떤 기예도 모방의 목적에 적합하지 않습니다. 그분과 같은 어떠한 것도 우리는 보거나 생각할 수 없으며, 상상하는 것도 불경한 일입니다.

192a   다만 우리는 그의 작품들을 봅니다. 예컨대 빛, 하늘, 땅, 태양, 강과 바다, 생명체의 탄생, 열매의 자라남입니다. 이것들을 하나님이 창조하셨습니다. 손으로도, 수고해서도 아니며, 또한 어떤 동역자들[194]을 필요로 하지 않습니다. 오히

---

192   토라의 내용과 관련하여, 요세푸스, 『유대아 고대사』 4:199-331을 참조하라.

193   에우세비우스에게 나오는 유대아적 오르페우스 교훈시를 참조하라(Eus., *Praep*. 13:12,5)

194   요세푸스는 세상 창조 때 하나님의 신인협력을 거부한다. 지게르트(II, 119)에 따르면 신인협력의 표상은 플라톤의 작품 가운데 『티마이오스』(41 C; 42 E) 처음으로 나타난다. 그런데 필론도 이 표상을 수용했다

τούτῳ δεῖ πάντας ἀκολουθεῖν καὶ θεραπεύειν αὐτὸν ἀσκοῦντας ἀρετήν· τρόπος γὰρ θεοῦ θεραπείας οὗτος ὁσιώτατος.

193.   εἷς ναὸς ἑνὸς θεοῦ (φίλον γὰρ ἀεὶ παντὶ τὸ ὅμοιον), κοινὸς ἁπάντων, κοινοῦ θεοῦ ἁπάντων. τοῦτον θεραπεύουσι μὲν διὰ παντὸς οἱ ἱερεῖς· ἡγεῖται δὲ τούτων ὁ πρῶτος ἀεὶ κατὰ γένος.

194.   οὗτος μετὰ τῶν ἄλλων ἱερέων θύσει τῷ θεῷ, φυλάξει τοὺς νόμους, δικάσει περὶ τῶν ἀμφισβητουμένων, κολάσει τοὺς ἐλεγχθέντας. ὁ τούτῳ μὴ πειθόμενος ὑφέξει δίκην, ὡς εἰς τὸν θεὸν αὐτὸν ἀσεβῶν.

려 그분이 선하게 원하시자, 곧 이런 것들이 생겨났습니다.[195]

2:192b-194 (제3계명) 유일신 예배

192b 덕을 행하면서, 그분을 경배해야만 합니다. 왜냐하면 이것이 하나님 경배의 가장 거룩한 방식이기 때문입니다.

193 한 분 하나님의 하나의 성전! 왜냐하면 그분과 같은 것은 언제나 모든 이에게 사랑스러운 것이기 때문입니다. 이 성전은 만유에게 공유됩니다. 하나님이 만유에게 공유되기 때문입니다. 제사장들이 중단 없이 그분을 경배하며, 그들 중 혈통에 따라 으뜸인 자가 언제나 통솔합니다.

194 이 사람이 다른 제사장들과 함께 하나님께 희생제물을 드리며, 율법들을 감시하며, 분쟁 사안들에 대해 재판하며 또 유죄 판결받은 자들에게 내릴 것입니다. 그에게 순종하지 않는 자는 벌을 받게 될 것입니다.[196] 마치 하나님 자신에 대해 불경한 자처럼 말입니다.

(*Opif.* 72-75; *Conf.* 168-183 등). 필론은 인간 창조에 관한 창세기 1:26에 의거하여 δημιουργοί라는 복수형을 주장했다.

195 시편 33:9를 연상시킨다.

196 여기서 미래 시제로 전환하고 있다. 미래 언젠가 예루살렘에서의 제사장 기능이 다시 회복될 것을 요세푸스가 염원하는 것으로 이해할 수 있다.

195.   θύομεν τὰς θυσίας οὐκ εἰς πλήρωσιν ἑαυτοῖς καὶ μέθην (ἀβούλητα γὰρ θεῷ τάδε καὶ πρόφασις ἂν ὕβρεως γένοιτο καὶ πολυτελείας), ἀλλὰ σώφρονας, εὐτάκτους, εὐσταλεῖς, ὅπως μάλιστα θύοντες σωφρονῶσι.

196.   καὶ ἐπὶ ταῖς θυσίαις ὑπὲρ τῆς κοινῆς εὔχεσθαι χρὴ πρῶτον σωτηρίας, εἶθ' ὑπὲρ ἑαυτῶν· ἐπὶ γὰρ κοινωνίᾳ γεγόναμεν καὶ ταύτην ὁ προτιμῶν τοῦ καθ' ἑαυτὸν ἰδίου μάλιστα εἴη θεῷ κεχαρισμένος.

197.   παράκλησις δὲ πρὸς τὸν θεὸν ἔστω διὰ τῆς εὐχῆς καὶ δέησις, οὐχ ὅπως διδῷ τὰ ἀγαθά (δέδωκε γὰρ αὐτὸς ἑκὼν καὶ πᾶσιν εἰς μέσον κατατέθεικεν), ἀλλ' ὅπως δέχεσθαι δυνώμεθα καὶ λαβόντες φυλάττωμεν.

198.   ἁγνείας ἐπὶ ταῖς θυσίαις διείρηκεν ὁ νόμος ἀπὸ κήδους, ἀπὸ λέχους, ἀπὸ κοινωνίας τῆς πρὸς γυναῖκα καὶ πολλῶν ἄλλων, ἃ μακρὸν ἂν εἴη νῦν γράφειν.
τοιοῦτος μὲν ὁ περὶ θεοῦ καὶ τῆς ἐκείνου θεραπείας λόγος ἡμῖν ἐστιν· ὁ δ' αὐτὸς ἅμα καὶ νόμος.

2:195-198 (제4계명 대신) 제의 규정들

195 우리가 희생제물을 바치는 것은, 스스로 포식하며 또 술 취하기 위함이 아닙니다. 이런 것은 하나님의 뜻에 부합하지 않을 것이며 또한 오만과 낭비의 원인이 될 수 있습니다. 오히려 적절하게, 예의 바르게, 또 잘 차려입은 채 (바칩니다). 우리가 제물을 바칠 때 분수를 지키기 위함입니다.[197]

196 말하자면 제물을 바칠 때 우선적으로 공동의 안녕을 위해 기도하고, 그 다음에 우리 각자를 위해 기도해야 합니다. 왜냐하면 우리는 공동체를 위해 태어났으며, 또한 공동체를 자기 자신의 이해보다 더 존중하는 자는 하나님께 가장 흡족한 자가 될 것입니다.

197 기도와 간구를 통해 하나님을 향한 간청이 있어야 합니다. 그분이 선을 베풀도록 하기 위함이 아닙니다. 왜냐하면 그분 자신이 이미 자유롭게 베푸셨으며, 또 모두에게 공동으로 사용하도록 주셨기 때문입니다. 오히려 우리가 그것을 받을 수 있고, 받은 다음에는 지키도록 하기 위함입니다.

198 제물을 바칠 때에 정결함을 율법은 다양하게 규정했습니다. 예컨대 장례 후에,[198] 출산 후에[199] 여인과의 연합 후에, 또한 여기에 기록한다면 너무 장황해질 많은 다른 일들입니다. 우리에게는 하나님과 그분의 경배에 대한 이해는 이와 같으며, 그것 자체가 동시에 율법입니다.

---

197 본문 195의 텍스트 전승이 불안정하다. 위의 본문은 지게르트의 제안을 따른 것이다.
198 Y-교판본은 이 단어 대신에 '성교'에 대해 말한다.
199 이 단어의 전승에 문제가 있다. λέχο 대신 λέχος로 판독하기도 한다.

199.   τίνες δὲ οἱ περὶ γάμων; μῖξιν μόνην οἶδεν ὁ νόμος τὴν κατὰ φύσιν τὴν πρὸς γυναῖκα, καὶ ταύτην, εἰ μέλλοι τέκνων ἕνεκα γενήσεσθαι. τὴν δὲ πρὸς ἄρρενα ἀρρένων ἐστύγηκε, καὶ θάνατος τὸ ἐπιτίμιον εἴ τις ἐπιχειρήσειε.

200.   γαμεῖν δὲ κελεύει μὴ προικὶ προσέχοντας μηδὲ βιαίοις ἁρπαγαῖς μηδ' αὖ δόλῳ καὶ δι' ἀπάτης πείσαντας, ἀλλὰ μνηστεύειν παρὰ τοῦ δοῦναι κυρίου καὶ κατὰ συγγένειαν ἐπιτηδείου.

201.   γυνὴ χείρων, φησίν, ἀνδρὸς εἰς ἅπαντα· τοιγαροῦν ὑπακουέτω, μὴ πρὸς ὕβριν, ἀλλ' ἵνα ἄρχηται· θεὸς γὰρ ἀνδρὶ κράτος ἔδωκε.
ταύτῃ συνεῖναι δεῖ τὸν γήμαντα μόνῃ· τὸ δὲ τὴν ἄλλου πειρᾶν ἀνόσιον.
εἰ δέ τις τοῦτο πράξειεν, οὐδεμία θανάτου παραίτησις, οὔτε εἰ βιάσαιτο παρθένον ἑτέρῳ συνωμολογημένην οὔτ' εἰ πείσαι γεγαμημένην.

2:199-201 (제6계명) 결혼 및 성관계

199   그런데 결혼과 관련한 법들은 무엇입니까? 오직 하나의 성적 결합만을 율법은 인정합니다. 곧 본성에 따른 한 여인과의 결합이요, 그것도 오직 자녀의 출산 때문에 이루어지는 결합입니다. 남자와 남자의 결합을 율법은 혐오하며, 또한 누구라도 이 일을 시도한다면 죽음이 그 대가입니다.

200   율법은 지참금을 고려하지 말고 결혼하라고 명합니다. 강제 납치나 계략이나 사기에 의지하지 말고, 주인 된 자에게 자신을 바치라고 타이릅니다. 또한 친족 관계에 따라[200] 합당하게 말입니다.

201   여인은 모든 측면에서 남자보다 열등하다고 율법은 말합니다.[201] 그러므로 그녀가 순종하도록 하십시오. 강압을 위해서가 아니라 지도받도록 하기 위함입니다. 왜냐하면 하나님은 남자에게 권세를 주셨기 때문입니다. 오직 결혼한 자만이 그녀와 연합해야만 합니다. 다른 남자의 아내를 미혹하는 것은 불경한 일입니다. 누군가 이런 일을 행한다면, 죽음의 벌에 대한 어떤 변명도 있을 수 없습니다. 이미 다른 남자와 약속된 처녀를 강제로 범한 경우이건, 이미 결혼한 여인을 유혹한 경우이건 말입니다.

---

200   레위기 18:6-18 참조하라.
201   『유대아 전쟁사』 2:121; 『유대아 고대사』 18:21; Philon, *Hypoth*. 7:14-17; 또한 고전 14:34; 엡 5:22; 골 3:18; 벧전 3:1을 참조하라.

202.   τέκνα τρέφειν ἅπαντα προσέταξε. καὶ γυναιξὶν ἀπεῖπε μήτ'
ἀμβλοῦν τὸ σπαρὲν μήτε διαφθείρειν, ἀλλ' ἢν φανείη, τεκνοκτόνος ἂν
εἴη ψυχὴν ἀφανίζουσα καὶ τὸ γένος ἐλαττοῦσα.
τοιγαροῦν οὐδ' εἴ τις ἐπὶ λέχους φθορὰν παρέλθοι, καθαρὸς εἶναι τότε
προσήκει.

203.   καὶ μετὰ τὴν νόμιμον συνουσίαν ἀνδρὸς καὶ γυναικὸς
ἀπολούεσθαι· ψυχῆς ἔχειν τοῦτο μερισμὸν πρὸς ἄλλην χώραν ὑπέλαβε·
καὶ γὰρ ἐμφυομένη σώμασι κακοπαθεῖ καὶ τούτων αὖ πάλιν θανάτῳ
διακριθεῖσα. διόπερ ἁγνείας ἐπὶ πᾶσι τοῖς τοιούτοις ἔταξεν.

204.   οὐ μὴν οὐδ' ἐπὶ ταῖς τῶν παίδων γενέσεσιν ἐπέτρεψεν εὐωχίαν
συντελεῖν καὶ προφάσεις ποιεῖσθαι μέθης, ἀλλὰ σώφρονα τὴν ἀρχὴν
εὐθὺς τῆς τροφῆς ἔταξε καὶ γράμματα παιδεύειν ἐκέλευσε τὰ περὶ τοὺς
νόμους καὶ τῶν προγόνων τὰς πράξεις ἐπίστασθαι, τὰς μὲν ἵνα
μιμῶνται, τοῖς δ' ἵνα συντρεφόμενοι μήτε παραβαίνωσι μήτε σκῆψιν
ἀγνοίας ἔχωσι.

202a (율법은) 모든 아이들을 양육하라고 명했습니다. 또한 여인들이 태아를 낙태시키거나 죽이는 것을 금했습니다. 이 일이 드러날 경우, 그녀는 영아 살해자로 간주됩니다. 그녀가 한 생명을 없애고 민족을 감소시켰다는 이유에서입니다.

202b 따라서 누군가 동침을 더럽혀 […] 에 이르지 않았을 지라도 그는 정결합니다.[202]

203 또한 남자와 여자의 합법적인 성적 결합 후에도 목욕하라고 (명했습니다). 이 행위에서 영혼이 나뉘어 다른 곳으로 간다고 (율법은) 전제했기 때문입니다. 몸들에 유입되는 경우뿐만 아니라 또한 죽어서 육신에서 분리될 경우에도 영혼은 고통받게 됩니다. 바로 그 때문에 율법은 이 모든 경우에 정결을 명했습니다.

204 게다가 율법은 아이들이 태어났을 때, 만찬을 즐기는 것과 또한 술취함의 구실로 삼는 것을 허용하지 않고, 곧 양육의 시작이 맑은 정신으로 이루어지도록 규정했습니다. 나아가 글자를 가르치고, 또한 율법들과 조상들의 행위들과 관련된 것을 배우라고 명령했습니다. 후자는 모방하기 위해서, 전자는 친숙해져서 어기지 않고 또 모른다고 핑계를 대지 않기 위함입니다.

---

202 이 부분의 본문 전승이 불완전하다. τότε προσήκει는 본문 구조에 어울리지 않는다.

205.	τῆς εἰς τοὺς τετελευτηκότας προὐνόησεν ὁσίας οὐ πολυτελείαις ἐνταφίων οὐδὲ κατασκευαῖς μνημείων ἐπιφανῶν, ἀλλὰ τὰ μὲν περὶ τὴν κηδείαν ἔταξε τοῖς οἰκειοτάτοις ἐπιτελεῖν, πᾶσι δὲ τοῖς παριοῦσι θαπτομένου τινὸς καὶ προσελθεῖν καὶ συναποδύρεσθαι νόμιμον ἐποίησε. καθαίρειν δὲ κελεύει καὶ τὸν οἶκον καὶ τοὺς ἐνοικοῦντας ἀπὸ κήδους, ἵνα πλεῖστον ἀπέχῃ τοῦ δοκεῖν καθαρὸς εἶναί τις φόνον ἐργασάμενος.

206.	γονέων τιμὴν μετὰ τὴν πρὸς θεὸν δευτέραν ἔταξε· καὶ τὸν οὐκ ἀμειβόμενον τὰς παρ' αὐτῶν χάριτας, ἀλλ' εἰς ὁτιοῦν ἐλλείποντα, λευσθησόμενον παραδίδωσι. κελεύει καὶ παντὸς τοῦ πρεσβυτέρου τιμὴν ἔχειν τοὺς νέους, ἐπεὶ πρεσβύτατον ὁ θεός.

207.	κρύπτειν οὐδὲν ἐᾷ πρὸς φίλους, οὐ γὰρ εἶναι φιλίαν τὴν μὴ πάντα πιστεύουσαν· κἂν συμβῇ τις ἔχθρα, τούτων ἀπόρρητα λέγειν κεκώλυκε.
δικάζων εἰ δῶρά τις λάβοι, θάνατος ἡ ζημία. περιορῶν ἱκέτην, βοηθεῖν ἐνόν, ὑπεύθυνος.

2:205 (제7계명 대신) 죽은 자들에 대한 의무

205   율법은 사망한 자들을 위한 경건한 관행을 마련했습니다. 낭비적인 장례 예식이나 인상적인 묘비들의 건립으로가 아닙니다. 오히려 가장 가까운 친척들이 장례에 대한 일들을 이행하고, 곁에 지나가는 모든 이들이 다가와서 함께 애도하라고 합니다. 그 집과 그 거주자들을 장례 예식 후에 정화하라고 합니다. [살인을 저지른 자가 자신이 정결하다고 생각하지 못하도록 하기 위해서입니다.][203]

2:206 (제5계명, 보충) 부모에 대한 의무

206   (율법은) 부모 공경을 하나님에 대한 공경 다음가는 두 번째로 정했습니다. 또한 율법은 부모의 은덕을 보답하지 않고, 조금이라도 부족한 자를 돌에 맞아 죽도록 넘깁니다.[204] 또한 젊은이들은 모든 연장자들을 공경하라고 말합니다. 그런데 가장 높으신 연장자는 하나님이십니다.

2:207 (제8계명) 친구와 이웃에 대한 의무

207   (율법은) 친구들을 향해서 어떤 것도 감추는 것을 허용하지 않습니다. 왜냐하면 모든 것을 믿지 못한다면 우정은 존재하지 않기 때문입니다. 또한 미움이 일어날 경우에도 비밀을 누설하는 것을 금했습니다. 재판할 때 뇌물을 받는다면, 죽음이 그 형벌입니다. 도와주는 것이 가능할 경우 도움 요청자를 도와주

---

203 이 부분은 후대의 첨가이다.
204 신 21:18-21 참조하라. 연장자 공경에 관해서 레 19:32 참조하라.

208.   ὃ μὴ κατέθηκέ τις, οὐκ ἀναιρήσεται. τῶν ἀλλοτρίων οὐδενὸς ἅψεται. δανείσας τόκον οὐ λήψεται. ταῦτα καὶ πολλὰ τούτοις ὅμοια τὴν πρὸς ἀλλήλους ἡμῶν συνέχει κοινωνίαν.

209.   πῶς δὲ καὶ τῆς περὶ τοὺς ἀλλοφύλους ἐπιεικείας ἐφρόντισεν ὁ νομοθέτης ἄξιον ἰδεῖν· φανεῖται γὰρ ἄριστα πάντων προνοησάμενος ὅπως μήτε τὰ οἰκεῖα διαφθείρωμεν μήτε φθονήσωμεν τοῖς μετέχειν τῶν ἡμετέρων προαιρουμένοις.

210.   ὅσοι μὲν γὰρ θέλουσιν ὑπὸ τοὺς αὐτοὺς ἡμῖν νόμους ζῆν ὑπελθόντες, δέχεται φιλοφρόνως, οὐ τῷ γένει μόνον, ἀλλὰ καὶ τῇ προαιρέσει τοῦ βίου νομίζων εἶναι τὴν οἰκειότητα· τοὺς δ' ἐκ παρέργου προσιόντας ἀναμίγνυσθαι ταῖς συνηθείαις οὐκ ἠθέλησε.

211.   τὰ ἄλλα δὲ προείρηκεν ὧν ἐστιν ἡ μετάδοσις ἀναγκαία· πᾶσι παρέχειν τοῖς δεομένοις πῦρ, ὕδωρ, τροφήν, ὁδοὺς φράζειν, ἄταφον μὴ περιορᾶν.

지 않는 자는 유죄입니다.

2:208   (제9계명) 다른 사람의 소유에 대한 경고

208   어떤 이가 보관해두지 않은 것을 취하지 아니할 것이며, 다른 사람에게 속한 물건 중 어떤 것도 손대지 말 것이며, 또 이자를 받지 말 것이라고 합니다. 이러한 규례들과 또 그런 형태의 많은 규례들이 우리 서로 간의 공동체를 결속시킵니다.

2:209-212   (제10계명) 낯선 이들에 대한 의무; 개종자 영접

209   그런데 그 입법자가 다른 민족들에 대한 환대도 얼마나 고려했는지 살펴볼 필요가 있습니다. 그는 모든 조치 중에서 최선의 조치를 취했다고 보입니다. 우리가 우리 고유의 것을 없애지 않으면서도, 우리의 관행에 동참하기로 선택하는 자들을 시샘하지도 않도록 말입니다.

210   우리와 동일한 법 아래에서 생활하기를 원하여 오는 자들을 그는 우호적으로 받아들입니다. 혈통에서뿐만 아니라 삶의 양식의 선택으로 관계가 이루어진다고 생각하기 때문입니다. 하지만 부차적인 일로 접근해 오는 자가 우리와의 교제에 끼어드는 것은 그는 원하지 않았습니다.

211   게다가 그는 다른 어떤 일들에 참여하는 것이 의무인지를 미리 말했습니다. 즉 청하는 모든 사람들에게 불과 물과 식량을 제공하는 것, 길을 알려주는 것,

212.   ἐπιεικῆ δὲ καὶ τὰ πρὸς τοὺς πολεμίους κριθέντα εἶναι· οὐ γὰρ ἐᾷ τὴν γῆν αὐτῶν πυρπολεῖν οὐδὲ κόπτειν ἥμερα δένδρα συγκεχώρηκεν· ἀλλὰ καὶ σκυλεύειν ἀπείρηκε τοὺς ἐν τῇ μάχῃ πεσόντας καὶ τῶν αἰχμαλώτων προὐνόησεν, ὅπως αὐτῶν ὕβρις ἀπῇ, μάλιστα δὲ γυναικῶν.

213.   οὕτως δὲ πόρρωθεν ἡμερότητα καὶ φιλανθρωπίαν διδάσκειν ἡμᾶς ἐσπούδασεν ὥστε οὐδὲ τῶν ἀλόγων ζῴων ὠλιγώρησεν, ἀλλὰ μόνην μὲν ἀφῆκε τούτων χρῆσιν τὴν νενομισμένην, πᾶσαν δ' ἑτέραν ἐκώλυσεν. ἃ δ' ὥσπερ ἱκετεύοντα προσφεύγει ταῖς οἰκίαις, ἀπεῖπεν ἀνελεῖν· οὐδὲ νεοττοῖς τοὺς γονέας αὐτῶν ἐπέτρεψε συνεξαιρεῖν· φείδεσθαι δὲ κἂν τῇ πολεμίᾳ τῶν ἐργαζομένων ζῴων καὶ μὴ φονεύειν.

214.   οὕτω πανταχόθεν τὰ πρὸς ἐπιείκειαν περιεσκέψατο, διδασκαλικοῖς μὲν τοῖς προειρημένοις χρησάμενος νόμοις, τοὺς δ' αὖ κατὰ τῶν παραβαινόντων τιμωρητικοὺς τάξας [οὐκ] ἄνευ προφάσεως.

매장되지 못한 자를 못본체하지 않는 것, 또한 원수들에 대해 결정된 일들도 관대한 것입니다.

212 그는 그들의 땅을 불로 황폐화시키는 것을 허용하지 않았으며, 혹은 귀한 나무들을 자르는 것을 인정하지 않았습니다. 심지어 전투 가운데 쓰러진 자들을 약탈하는 것도 금지했고, 전쟁포로들을 염려했습니다. 그리하여 그들에 대한 어떤 범행도 일어나지 못하게 했습니다. 특히 여성들에 대해서 말이죠.

2:213-214 회상: 율법의 인간 친화성

213 이와 같이 그는 [옛적부터] 우리에게 온화함과 인간 사랑을 가르치려고 노력했습니다. 그 결과 그는 이성이 결여된 동물들조차 가볍게 여긴 적이 없었으며, 오히려 그들의 사용을 법에 정해진 대로만 인정했으며, 다른 모든 사용을 금지했습니다. 또한 어떤 동물이라도 도와달라면서 집으로 피신해 들어온다면, 죽이는 것을 금했습니다. 그는 새끼들과 함께 그 어미들을 잡는 것을 허락하지 않았습니다. 또한 전시 상황이라도 일하는 동물들은 보호해야 하지 죽여서는 아니됩니다.

214 이처럼 그는 모든 면에서 온화함을 고려하였으며, 앞서 언급된 법을 가르치는 의도에서 활용했다면, 범법자들에 대해 형벌적인 의도에서 변명할 수 없도록 다른 법들을 만들었습니다.

215.   ζημία γὰρ ἐπὶ τοῖς πλείστοις τῶν παραβαινόντων ἐστὶ θάνατος, ἂν μοιχεύσῃ τις, ἂν βιάσηται κόρην, ἂν ἄρρενι τολμήσῃ πεῖραν προσφέρειν, ἂν ὑπομείνῃ παθεῖν ὁ πειρασθείς. ἔστι δὲ καὶ ἐπὶ δούλοις ὁμοίως ὁ νόμος ἀπαραίτητος.

216.   ἀλλὰ καὶ περὶ μέτρων ἤν τις κακουργήσειεν ἢ σταθμῶν ἢ περὶ πράσεως ἀδίκου καὶ δόλῳ γενομένης κἂν ὑφέληταί τις ἀλλότριον κἂν ὃ μὴ κατέθηκεν ἀνέληται, πάντων εἰσὶ κολάσεις, οὐχ οἶαι παρ' ἑτέροις, ἀλλ' ἐπὶ τὸ μεῖζον.

217.   περὶ μὲν γὰρ γονέων ἀδικίας ἢ τῆς εἰς θεὸν ἀσεβείας, κἂν μέλλῃ τις, εὐθὺς ἀπόλλυται.
τοῖς μέντοι γε κατὰ τοὺς νόμους πάντα πράττουσι γέρας ἐστὶν οὐκ ἀργύριον οὐδὲ χρυσός, οὐ μὴν οὐδὲ κοτίνου στέφανος ἢ σελίνου καὶ τοιαύτη τις ἀνακήρυξις,

218.   ἀλλ' αὐτὸς ἕκαστος αὑτῷ τὸ συνειδὸς ἔχων μαρτυροῦν πεπίστευκε (τοῦ μὲν νομοθέτου προφητεύσαντος, τοῦ δὲ θεοῦ τὴν πίστιν ἰσχυρὰν παρεσχηκότος) ὅτι τοῖς τοὺς νόμους διαφυλάξασι, κἂν εἰ δέοι θνήσκειν ὑπὲρ αὐτῶν, προθύμως ἀποθανοῦσιν ἔδωκεν ὁ θεὸς γενέσθαι τε πάλιν καὶ βίον ἀμείνω λαβεῖν ἐκ περιτροπῆς.

2:215-217a 범행의 경우 받게 되는 가혹한 형벌

215   대다수의 경우에 범법자들에 대한 형벌은 사형입니다. 누군가 간통하는 경우, 소녀를 겁탈하는 경우, 감히 남자에게 저지르려고 시도하는 경우, 또 그렇게 유혹을 받은 남자가 받아들이기로 인정하는 경우들입니다. 노예들과의 관계에서도 율법은 마찬가지로 엄격합니다.

216   심지어 길이나 무게에 대해서 누군가 나쁜 짓을 할 경우, 혹은 불법적이며 사기로 이루어진 판매에 대해, 또한 누군가 다른 사람의 것을 훔친 경우, 혹은 보관하지 않은 것을 가지는 경우, 이 모든 경우들의 형벌은 다른 입법자들에게서 나타나는 그런 형벌이 아니라, 더욱 혹독합니다.

217a   부모에 대한 불의나 하나님에 대한 불경의 경우에 대해서는 심지어 어떤 이가 하려고 했더라도, 곧바로 죽임을 당합니다.

2:217b-218 율법 순종의 상

217b   하지만 모든 점에서 율법에 따라 사는 자들에게 주어지는 대가는 은이나 금이 아니며, 혹은 야생 올리브 줄기나 담쟁이 덩굴로 만든 화관이나 그와 같은 어떤 선언도 아닙니다.

218   오히려 저마다 자기 자신의 양심을 지니고, 양심이 다음과 같이 증언한다고 믿었습니다. (입법자가 예언하고, 또 하나님이 확실한 보증을 해주셨습니다) 곧 계율들을 잘 지켜온 자들, 계율들을 위해 죽어야 할 경우 기꺼이 죽은 자들, 바로

219.   ὤκνουν δ' ἂν ἐγὼ νῦν ταῦτα γράφειν, εἰ μὴ διὰ τῶν ἔργων ἦν ἅπασι φανερὸν ὅτι πολλοὶ καὶ πολλάκις ἤδη τῶν ἡμετέρων περὶ τοῦ μηδὲ ῥῆμα μόνον φθέγξασθαι παρὰ τὸν νόμον πάντα παθεῖν γενναίως ὑπέστησαν.

220.   καίτοι γε εἰ μὴ συμβεβήκει γνώριμον ἡμῶν τὸ ἔθνος ἅπασιν ἀνθρώποις ὑπάρχειν κἂν φανερῷ κεῖσθαι τὴν ἐθελούσιον ἡμῶν τοῖς νόμοις ἀκολουθίαν,

221.   ἀλλά τις ἢ συγγράψαι λέγων αὐτὸς ἀνεγίνωσκε τοῖς Ἕλλησιν ἢ που περιτυχεῖν ἔξω τῆς γινωσκομένης γῆς ἔφασκεν ἀνθρώποις τοιαύτην μὲν ἔχουσι δόξαν οὕτω σεμνὴν περὶ τοῦ θεοῦ, τοιούτοις δὲ νόμοις πολὺν αἰῶνα βεβαίως ἐμμεμενηκόσι, πάντας ἂν οἶμαι θαυμάσαι διὰ τὰς συνεχεῖς παρ' αὐτοῖς μεταβολάς·

222.   ἀμέλει τῶν γράψαι τι παραπλήσιον εἰς πολιτείαν καὶ νόμους ἐπιχειρησάντων ὡς θαυμαστὰ συνθέντων κατηγοροῦσι, φάσκοντες αὐτοὺς λαβεῖν ἀδυνάτους ὑποθέσεις.
κ αὶ τοὺς μὲν ἄλλους παραλείπω φιλοσόφους, ὅσοι τι τοιοῦτον ἐν τοῖς συγγράμμασιν ἐπραγματεύσαντο·

그들에게 하나님은 다시 일어나게 하고, 세상의 변천을 통해 더 나은 삶을 얻도록 베푸셨습니다.

2:219　연결문

219　나는 이런 것들을 기록하길 주저했을 것 같습니다. 만약 모든 사람들에게 행적들을 통해 다음의 사실이 명백히 드러나지 않았다면 말입니다. 곧 우리들 가운데 많은 사람들이 이미 여러 번 율법에 어긋나는 한 마디 말도 내뱉지 않고 모든 것을 담대히 견디는 것에 대해 동의했다는 사실입니다.

2:220-224　율법에 대한 유대아 사람들의 순종 — 또한 인류를 위한 업적

220　그런데 우리 민족이 모든 민족들에게 알려지지 않거나, 또는 율법에 대한 우리의 자발적인 순종이 분명히 드러나지 않는 일이 일어났다고 합시다.

221　누군가 스스로 지은 것이라고 말하면서 그리스 사람들에게 읽어준다고 합시다. 또는 그가 알려진 땅의 외부 어딘가에서 어떤 사람들을 만났는데, 그들은 하나님에 대한 이렇게 고귀한 견해를 지니고, 이러한 법을 오랜 시간 동안 확고하게 지켜왔다고 말한다고 합시다. 나는 모두가 자신들 가운데 일어난 끊임없는 변천들 때문에 놀라워할 것 같다고 생각합니다.

222　의심의 여지없이 그들은 정치와 법에 대해 비슷한 것을 기록하려고 시도한 자들을 터무니없는 것들을 지어냈다고 비난하면서, 그들이 불가능한 가정을 받아들였다고 말했습니다. 그러한 것을 문서로 작성한 다른 철학자들은 넘어가

223.   Πλάτων δὲ θαυμαζόμενος παρὰ τοῖς Ἕλλησιν, ὡς καὶ σεμνότητι βίου διενεγκὼν καὶ δυνάμει λόγων καὶ πειθοῖ πάντας ὑπεράρας τοὺς ἐν φιλοσοφίᾳ γεγονότας, ὑπὸ τῶν φασκόντων δεινῶν εἶναι τὰ πολιτικὰ μικροῦ δεῖν χλευαζόμενος καὶ κωμῳδούμενος διατελεῖ.

224.   καίτοι τἀκείνου σκοπῶν συχνῶς τις ἂν εὕροι ῥᾷον <ἃ ὄντα> καὶ τῆς τῶν πολλῶν ἔγγιον συνηθείας. αὐτὸς δὲ Πλάτων ὡμολόγηκεν ὅτι τὴν ἀληθῆ περὶ τοῦ θεοῦ δόξαν εἰς τὴν τῶν ὄχλων ἄνοιαν οὐκ ἦν ἀσφαλὲς ἐξενεγκεῖν.

225.   ἀλλὰ τὰ μὲν Πλάτωνος λόγους τινὲς εἶναι κενοὺς νομίζουσι, κατὰ πολλὴν ἐξουσίαν κεκαλλιγραφημένους. μάλιστα δὲ τῶν νομοθετῶν Λυκοῦργον τεθαυμάκασι καὶ τὴν Σπάρτην ἅπαντες ὑμνοῦσιν, ὅτι τοῖς ἐκείνου νόμοις ἐπὶ πλεῖστον ἐνεκαρτέρησαν.

226.   οὐκοῦν τοῦτο μὲν ὡμολογήσθω τεκμήριον ἀρετῆς εἶναι, τὸ πείθεσθαι τοῖς νόμοις. οἱ δὲ Λακεδαιμονίους θαυμάζοντες τὸν ἐκείνων χρόνον ἀντιπαραβαλλέτωσαν τοῖς πλείοσιν ἢ δισχιλίοις ἔτεσι τῆς ἡμετέρας πολιτείας·

겠습니다.

223 플라톤만 (언급하겠습니다.) 그는 그리스 사람들 가운데서 경탄을 받고 있는 자로서 고귀한 삶을 통해서 구별되고, 말의 힘과 설득력에서 철학을 수행하는 모든 자를 압도했지만, 통치에서 조금도 부족함이 없이 익숙하다고 말하는 사람들에 의해서 계속해서 경멸과 조롱을 받았습니다.

224 하지만 누구든지 그의 법들을 오랫동안 관찰한다면, 그것들이 (우리의 법보다) 더욱 쉬우며 또한 대중의 관습들에 더 근접해 있음을 발견할 것입니다. 그러나 플라톤 자신은 하나님에 대한 참된 이해를 무지한 군중에게 알려주는 것은 안전하지 않다고 인정했습니다.

2:225-228a 유대아 사람들은 자신들을 향한 엄격함에 있어서 스파르타 사람들을 능가한다

225 그러나 어떤 사람들은 플라톤의 대화는 제멋대로 지어낸 공허한 것이며, 또 멋지게 꾸민 문체에 불과하다고 여깁니다. 그런데 사람들은 입법자들 중에서 리쿠르고스를 가장 놀라워했습니다. 또한 모두가 스파르타[205]를 칭송하는데, 아주 오랫동안 자기의 법을 엄격하게 지켰기 때문입니다.

226 법에 순종했다는 것, 이것은 덕에 대한 증거로서 인정할 만합니다. 하지만 라케다이몬 사람들을 경탄하는 자들이 자기들의 시대를 2천년 이상이나 더 되

---

205 여기서 '스파르타'는 로마를 뜻한다(Polybios 6:3.10.48).

227.   καὶ προσέτι λογιζέσθωσαν ὅτι Λακεδαιμόνιοι μέν, ὅσον ἐφ'
ἑαυτῶν χρόνον εἶχον τὴν ἐλευθερίαν, ἀκριβῶς ἔδοξαν τοὺς νόμους
διαφυλάττειν, ἐπεὶ μέντοι περὶ αὐτοὺς ἐγένοντο μεταβολαὶ τῆς τύχης,
μικροῦ δεῖν ἁπάντων ἐξελάθοντο τῶν νόμων·

228.   ἡμεῖς δὲ ἐν τύχαις μυρίαις γεγονότες διὰ τὰς τῶν
βασιλευσάντων τῆς Ἀσίας μεταβολάς, οὐδ' ἐν τοῖς ἐσχάτοις τῶν δεινῶν
τοὺς νόμους προΰδομεν.
οὐκ ἀργίας οὐδὲ τρυφῆς αὐτοὺς χάριν περιέποντες, ἀλλ' εἴ τις ἐθέλοι
σκοπεῖν, πολλῷ τινι τῆς δοκούσης ἐπιτετάχθαι Λακεδαιμονίοις
καρτερίας μείζονας ἄθλους καὶ πόνους ἡμῖν ἐπιτεθέντας

229.   οἱ μέν γε μήτε γῆν ἐργαζόμενοι μήτε περὶ τέχνας πονοῦντες
ἀλλὰ πάσης ἐργασίας ἄφετοι λιπαροὶ καὶ τὰ σώματα πρὸς κάλλος
ἀσκοῦντες ἐπὶ τῆς πόλεως διῆγον,

230.   ἄλλοις ὑπηρέταις πρὸς ἅπαντα τὰ τοῦ βίου χρώμενοι καὶ τὴν
τροφὴν ἑτοίμην παρ' ἐκείνων λαμβάνοντες, ἐφ ἣν δὴ τοῦτο μόνον τὸ
καλὸν ἔργον καὶ φιλάνθρωπον ἅπαντα καὶ πράττειν καὶ πάσχειν
ὑπομένοντες τὸ κρατεῖν πάντων, ἐφ' οὓς ἂν στρατεύωσιν.

는 우리 나라의 시대와 비교하도록 하십시오.

227 　더 나아가서 그들이 다음을 생각하도록 하십시오. 라케다이몬 사람들은
자신들이 자유를 누리는 기간에는 법을 정확히 잘 지키는 것이 필요하다고 여겼
지만 그들의 운명이 반대로 전환되자 그들은 거의 모두 그 법을 망각했습니다.

228a 　반면 우리는 아시아에서의 왕들의 교체로 인해 수많은 사건들 가운데 있
으면서도, 참혹한 불행 속에서도 결단코 우리의 율법을 포기하지 않았습니다.[206]

2:228b-231　계속

228b 　우리는 율법을 게으름과 오만으로 존중한 것이 아닙니다. 그런데 누군
가 살펴보고자 하면, 라케다이몬 사람들에게 요구되었다고 여겨지는 자기 절제
보다 훨씬 더 많은 시련과 수고가 우리에게 부과되어 있음을 발견할 것입니다.

229 　즉 이 사람들은(=라케다이몬 사람들) 땅을 경작하지도 않고, 또 기술을 위
해 수고도 하지 않았습니다. 오히려 그들은 온갖 육체적 노동에서 벗어나서 피
부를 매끄럽게 하고 또 육체를 멋지게 단련시키는 가운데 도시에서의 삶을 영위
했습니다.

230 　그러면서 그들은 다른 사람들을 삶의 모든 것을 위한 일꾼으로 사용했으
며, 그들로부터 차려진 음식을 받았습니다. 동시에 그들은 오직 한 가지, 이 탁월

---

[206] 여기에서 에우세비오스의 『복음의 준비』에서 가져온 부분이 끝난다(163~228a).

231. ὅτι δὲ μηδὲ τοῦτο κατώρθωσαν, ἐῶ λέγειν· οὐ γὰρ καθ' ἕνα μόνον, ἀλλὰ πολλοὶ πολλάκις ἀθρόως τῶν τοῦ νόμου προσταγμάτων ἀμελήσαντες αὐτοὺς μετὰ τῶν ὅπλων παρέδοσαν τοῖς πολεμίοις.

232. Ἆρ' οὖν καὶ παρ' ἡμῖν, οὐ λέγω τοσούτους, ἀλλὰ δύο ἢ τρεῖς ἔγνω τις προδότας γενομένους τῶν νόμων ἢ θάνατον φοβηθέντας, οὐχὶ τὸν ῥᾷστον ἐκεῖνον λέγω τὸν συμβαίνοντα τοῖς μαχομένοις, ἀλλὰ τὸν μετὰ λύμης τῶν σωμάτων, ὁποῖος εἶναι δοκεῖ πάντων χαλεπώτατος;

233. ὃν ἔγωγε νομίζω τινὰς κρατήσαντας ἡμῶν οὐχ ὑπὸ μίσους προσφέρειν τοῖς ὑποχειρίοις, ἀλλὰ [ὡς] θαυμαστόν τι θέαμα βουλομένους ἰδεῖν, εἴ τινές εἰσιν ἄνθρωποι μόνον εἶναι κακὸν αὐτοῖς πεπιστευκότες, εἰ πρᾶξαί τι παρὰ τοὺς ἑαυτῶν νόμους εἰ λόγον εἰπεῖν παρ' ἐκείνοις παραβιασθεῖεν.

하며 인간 사랑 작업을 향해 모든 것을 행하고 겪는 것을 감내했습니다. 바로 전쟁을 벌이는 모든 자들을 다스리는 작업입니다.

231   그런데 그들이 이 작업에도 성공하지 못했다고 나는 말하렵니다. 왜냐하면 개별적으로뿐만 아니라 수많은 사람들이 여러 번 떼를 지어 율법의 명령들을 무시하고 무기와 함께 원수들에게 항복했기 때문입니다.

2:232-235   헌신을 향한 유대아 사람의 준비성

232   그런데 우리 중에서는 그렇게 많은 사람들이 아니라 단지 두세 명만이 율법들의 배신자가 되거나 혹은 죽음을 두려워했다는 것을 누가 알겠습니까? 내가 말하는 것은 전장에서 싸우는 자들에게 일어나는 쉬운 죽음이 아니라, 신체 고문들이 따르는 죽음, 곧 모든 죽음 중에서 가장 견디기 힘든 죽음으로 여겨지는 죽음입니다.

233   내가 보건대, 우리를 정복한 자들 중 몇몇이 패배한 우리들에게 그러한 죽음을 요구하는 것은 증오에서가 아니라 어떤 놀랄만한 광경을 구경하고 싶기 때문입니다. 자신들의 율법에 반하여 뭔가를 행하거나 혹은 그것에 반하여 말하라고 강요받는다면, 그것만이 자신들에게 나쁜 일이라고 확신하는 사람들이 있는지 말입니다.[207]

---

207 『유대아 전쟁사』 2:152f; 『아피온 반박』 1:42; 2:219 등. 또한 Philon, *Legat.* 215를 참조하라.

234. οὐ χρὴ δὲ θαυμάζειν, εἰ πρὸς θάνατον ἀνδρείως ἔχομεν ὑπὲρ τῶν νόμων παρὰ τοὺς ἄλλους ἅπαντας· οὐδὲ γὰρ τὰ ῥᾷστα δοκοῦντα τῶν ἡμετέρων ἐπιτηδευμάτων ἄλλοι ῥᾳδίως ὑπομένουσιν, αὐτουργίαν λέγω καὶ τροφῆς λιτότητα καὶ τὸ μηδὲν εἰκῆ μηδ' ὡς ἔτυχεν ἕκαστος ἐπιτεθυμηκὼς φαγεῖν ἢ πιεῖν ἢ συνουσίᾳ προσελθεῖν ἢ πολυτελείᾳ καὶ πάλιν ἀργίας ὑπομεῖναι τάξιν ἀμετακίνητον.

235. ἀλλ' οἱ τοῖς ξίφεσιν ὁμόσε χωροῦντες καὶ τοὺς πολεμίους ἐξ ἐφόδου τρεπόμενοι τοῖς προστάγμασιν τοῖς περὶ διαίτης οὐκ ἀντέβλεψαν. ἡμῖν δὲ πάλιν ἐκ τοῦ περὶ ταῦτα τῷ νόμῳ πειθαρχεῖν ἡδέως κἀκεῖ περίεστιν ἐπιδείκνυσθαι τὸ γενναῖον.

234　우리가 죽음에 직면해서도 우리의 율법들 때문에 다른 모든 사람들보다 더 용감하다고 해서 놀랄 필요가 없습니다. 참으로 우리의 생활 방식 가운데 가장 손쉬워 보이는 것조차 다른 이들은 쉽게 감당하지 못합니다. 말하자면, 육체노동, 소박한 음식, 아무것도 제멋대로 혹은 각자 열망하는 대로 먹거나 마시지 않는 것, 성적 결합이나 사치에 몸을 맡기지 아니하는 것, 게다가 다시 일에서 벗어나서 불변의 질서 아래에 머무는 것입니다.

235　하지만 검을 가지고 진격하고, 원수들을 일차 공격에서 쳐부수는 사람들은 삶의 양식과 관련된 계명들을 직시할 수 없을 것입니다. 반면 우리의 경우에는 이러한 일들(삶의 양식) 가운데 기쁨으로 율법에 순종함으로써 거기서도(=전쟁/죽음의 상황에서도) 고귀함이 나타나게 됩니다.

236.   Εἶτα Λυσίμαχοι καὶ Μόλωνες καὶ τοιοῦτοί τινες ἄλλοι συγγραφεῖς, ἀδόκιμοι σοφισταί, μειρακίων ἀπατεῶνες, ὡς πάνυ ἡμᾶς φαυλοτάτους ἀνθρώπων λοιδοροῦσιν.

237.   ἐγὼ δ' οὐκ ἂν ἐβουλόμην περὶ τῶν παρ' ἑτέροις νομίμων ἐξετάζειν· τὰ γὰρ αὐτῶν ἡμῖν φυλάττειν πάτριόν ἐστιν, οὐ τῶν ἀλλοτρίων κατηγορεῖν. καὶ περί γε τοῦ μήτε χλευάζειν μήτε βλασφημεῖν τοὺς νομιζομένους θεοὺς παρ' ἑτέροις ἄντικρυς ἡμῖν ὁ νομοθέτης ἀπείρηκεν αὐτῆς ἕνεκα προσηγορίας τοῦ θεοῦ.

238.   τῶν δὲ κατηγόρων διὰ τῆς ἀντιπαραθέσεως ἡμᾶς ἐλέγχειν οἰομένων οὐχ οἷόν τε κατασιωπᾶν, ἄλλως τε καὶ τοῦ λόγου μέλλοντος οὐχ ὑφ' ἡμῶν ἐλεγχθήσεσθαι νῦν αὐτῶν συντιθέντων, ἀλλὰ ὑπὸ πολλῶν εἰρημένου καὶ λίαν εὐδοκιμούντων.

239.   τίς γὰρ τῶν παρὰ τοῖς Ἕλλησιν ἐπὶ σοφίᾳ τεθαυμασμένων οὐκ ἐπιτετίμηκεν καὶ ποιητῶν τοῖς ἐπεφανεστάτοις καὶ νομοθετῶν τοῖς μάλιστα πεπιστευμένοις, ὅτι τοιαύτας δόξας περὶ θεῶν ἐξ ἀρχῆς τοῖς πλήθεσιν ἐγκατέσπειραν,

보충 설명
그리스 종교에 대한 비판

2:236-241 신들에 대한 유대적 경외와 그리스적 불경

236 다음으로 리시마코스나 몰론 같은 사람들 또한 그런 부류의 다른 작가들, 무용한 소피스트들과 젊은이들을 미혹하는 자들은 우리들을 인간들 가운데 가장 무가치한 자들이라고 비방합니다.

237 하지만 나는 다른 이들의 관행들을 검증하기를 원하지 않을 것 같습니다. 왜냐하면 자신의 관행들을 지키는 것이 우리의 전통이지, 우리에게 속하지 않은 사람들의 관행들을 고소하는 것이 (전통이) 아니기 때문입니다. 또한 다른 이들 가운데 신들로 여겨지는 것들을 비방하거나 조롱하지 말아야 한다고, 우리의 입법자는 정면으로 금지했습니다. '신'이란 명칭 자체 때문에 말입니다.

238 하지만 그 고소자들이 비교를 통해 우리를 비방하기를 기대하기 때문에, 침묵하는 것은 불가능합니다. 특히 이제 말하려는 것은 우리 자신들에 의해 주장된 것이 아니라, […] 매우 명망 있는 많은 사람들에 의해서 역시 언급된 것입니다.

239 그리스 사람들 중 지혜로 인해 경탄을 받고 있는 자들 중 어느 누가, 시인들 중 가장 저명한 자들을, 또한 입법자들 중 가장 믿을 만한 자들을 비난하지 않았나요? 이들이 예부터 신들에 대한 그러한 견해들을 대중들에게 흩뿌린 것에 대해 말이죠.

240. ἀριθμῷ μὲν ὁπόσους ἂν αὐτοὶ θελήσωσιν ἀποφαινόμενοι ἐξ ἀλλήλων δὲ γινομένους καὶ κατὰ παντοίους τρόπους γενέσεων, τούτους δὲ καὶ διαιροῦντες τόποις καὶ διαίταις, ὥσπερ τῶν ζῴων τὰ γένη, τοὺς μὲν ὑπὸ γῆν, τοὺς δὲ ἐν θαλάττῃ, τοὺς μέντοι πρεσβυτάτους αὐτῶν ἐν τῷ ταρτάρῳ δεδεμένους

241. ὅσοις δὲ τὸν οὐρανὸν ἀπένειμαν τούτοις πατέρα μὲν τῷ λόγῳ, τύραννον δὲ τοῖς ἔργοις καὶ δεσπότην ἐφιστάντες, καὶ διὰ τοῦτο συνισταμένην ἐπιβουλὴν ἐπ' αὐτὸν ὑπὸ γυναικὸς καὶ ἀδελφοῦ καὶ θυγατρός, ἣν ἐκ τῆς ἑαυτοῦ κεφαλῆς ἐγέννησεν, ἵνα δὴ συλλαβόντες αὐτὸν καθείρξωσιν, ὥσπερ αὐτὸς ἐκεῖνος τὸν πατέρα τὸν ἑαυτοῦ.

242. Ταῦτα δικαίως μέμψεως πολλῆς ἀξιοῦσιν οἱ φρονήσει διαφέροντες καὶ πρὸς τούτοις καταγελῶσιν, εἰ τῶν θεῶν τοὺς μὲν ἀγενείους καὶ μειράκια, τοὺς δὲ πρεσβυτέρους καὶ γενειῶντας εἶναι χρὴ δοκεῖν, ἄλλους δὲ τετάχθαι πρὸς ταῖς τέχναις, χαλκεύοντά τινα, τὴν δὲ ὑφαίνουσαν, τὸν δὲ πολεμοῦντα καὶ μετὰ ἀνθρώπων μαχόμενον, τοὺς δὲ κιθαρίζοντας ἢ τοξικῇ χαίροντας,

243. εἶτ' αὐτοῖς ἐγγιγνομένας πρὸς ἀλλήλους στάσεις καὶ περὶ ἀνθρώπων φιλονεικίας μέχρι τοῦ μὴ μόνον ἀλλήλοις τὰς χεῖρας προσφέρειν, ἀλλὰ καὶ ὑπ' ἀνθρώπων τραυματιζομένους ὀδύρεσθαι καὶ κακοπαθεῖν.

240 그들은 원하는 만큼의 숫자로 신들을 묘사하고, 또한 다양한 탄생방식에 따라 서로에게서 출현하게 합니다. 그들은 또한 신들을 동물의 부류처럼 장소들과 생활습관에 따라 배정합니다. 어떤 신들은 땅 아래에, 어떤 신들은 바다 가운데, 하지만 신들 중 가장 옛신들은 타르타로스에[208] 묶이게 (배정합니다).

241 그런데 하늘을 할당한 신들에게는 명칭으로는 아버지라는 이름을 붙여주었습니다만, 행위로는 독재자이자 폭군으로 등장합니다. 또한 그것 때문에 그의 아내와 형제와 또 자신의 머리에서 낳은 그의 딸이 그에 맞선 계략을 꾸며 그를 붙잡아 유폐하려고 했습니다. 그가 몸소 자신의 아버지에게 했듯이 말입니다.

2:242-249 그리스 신화의 경박함

242 이러한 이야기들을 크게 비난함이 마땅하다고 지성이 뛰어난 사람들은 정당하게 생각합니다. 그들은 다음에 대해서도 조롱합니다. 어떤 신들은 수염 없는 청년, 어떤 신들은 수염을 가진 노인들로 여겨져야 할 필요가 있습니다. 또 어떤 신들은 기술을 위해 배정되어, 어떤 신은 금속을 가공하고, 또 어떤 여신은 실을 짜고, 또 어떤 신은 전사로서 인간들과 더불어 전투에서 싸우고, 어떤 신들은 현악기를 연주하거나 궁술을 즐깁니다.

243 그 밖에도 신들 사이에서 분쟁들이 일어나고 또한 사람들을 둘러싼 불화가 일어나, 신들이 명백하게 서로 대적할 뿐만 아니라, 심지어 사람들에 의해 상처도 입으면서 불평도 하고 또 불행을 겪기까지 합니다.

---

208 타르타로스는 타이탄들이 갇혀 있는 땅속 감옥을 말한다.

244.   τὸ δὲ δὴ πάντων ἀσελγέστερον, τὴν περὶ τὰς μίξεις ἀκρασίαν καὶ τοὺς ἔρωτας πῶς οὐκ ἄτοπον μικροῦ δεῖν ἅπασι προσάψαι καὶ τοῖς ἄρρεσι τῶν θεῶν καὶ ταῖς θηλείαις;

245.   εἶθ' οἱ γενναιότατοι καὶ πρῶτος αὐτὸς ὁ πατὴρ τὰς ἀπατηθείσας ὑπ' αὐτοῦ καὶ γενομένας ἐγκύους καθειργνυμένας ἢ καταποντιζομένας περιορᾷ καὶ τοὺς ἐξ αὐτοῦ γεγονότας οὔτε σῴζειν δύναται κρατούμενος ὑπὸ τῆς εἱμαρμένης οὔτ' ἀδακρυτὶ τοὺς θανάτους αὐτῶν ὑπομένειν.

246.   καλά γε ταῦτα καὶ τοῖς ἄλλοις ἑπόμενα, μοιχείας μὲν ἐν οὐρανῷ βλεπομένης οὕτως ἀναισχύντως ὑπὸ τῶν θεῶν, ὥστε τινὰς καὶ ζηλοῦν ὁμολογεῖν τοὺς ἐπ' αὐτῇ δεδεμένους· τί γὰρ οὐκ ἔμελλον, ὁπότε μηδ' ὁ πρεσβύτατος καὶ βασιλεὺς ἠδυνήθη τῆς πρὸς τὴν γυναῖκα μίξεως ἐπισχεῖν
τὴν ὁρμὴν ὅσον γοῦν εἰς τὸ δωμάτιον ἀπελθεῖν;

247.   οἱ δὲ δὴ δουλεύοντες τοῖς ἀνθρώποις θεοὶ καὶ νῦν μὲν οἰκοδομοῦντες ἐπὶ μισθῷ νῦν δὲ ποιμαίνοντες, ἄλλοι δὲ τρόπον κακούργων ἐν χαλκῷ δεσμωτηρίῳ δεδεμένοι, τίνα τῶν εὖ φρονούντων οὐκ ἂν παροξύνειαν, ὡς τοῖς ταῦτα συνθεῖσιν ἐπιπλῆξαι καὶ πολλὴν εὐήθειαν καταγνῶναι τῶν προσεμένων;

244　그러나 이 모든 것보다 더욱 터무니없는 것은 성적 연합과 애정 행각들에서 무절제입니다. 어찌 그러한 것을 모든 신들에게, 즉 남성 신들 뿐만 아니라 여성 신들에게도 덮어씌우는 일이 부적절하지 않겠습니까?

245　게다가 가장 고귀하며[209] 또 처음 되는 분이신 아버지 자신은 그에 의해 유혹을 받아 임신한 자들이 감금되거나 익사할 때 방관합니다. 그는 그한테서 태어난 자식들을 구할 수 없습니다. 그가 운명에 지배당하기 때문입니다. 또한 그는 눈물 없이는 저들의 죽음을 참아낼 수 없습니다.

246　그래도 이러한 일들은 아름답기라도 합니다. 그런데 뒤따르는 다른 일들, 예컨대 간통은 하늘에서 신들에 의해 부끄럽지 않게 보여져서, 어떤 신들은 간통 때문에 묶인 자들을 질투했다고 고백할 정도입니다. 그런데 어찌하여 그들이 그렇게 하지 못하겠습니까? 심지어 그들 가운데 가장 연장자이며 왕이 자기 아내와의 성관계의 충동을 최소한 침실 안으로 들어갈 때까지만이라도 절제할 수 없는 경우라면 말이죠.

247　그런데 그 신들은 인간들을 위해 노예 일을 하며, 또한 이곳에선 돈을 댓가로 집들을 지어주며, 저곳에선 가축을 사육하며, 또 다른 곳에선 범죄자로서 청동 감옥에 갇혀 있지요. 그들이 건전한 지각을 지닌 자들 중 누군가를 자극하여, 이러한 이야기를 지어낸 자들을 징벌하고 이를 믿는 자들의 지극한 어리석음을 심판하도록 이끌지 않겠습니까?

209　문맥상 단수로 번역하는 (것이) 옳다.

248.   οἱ δὲ καὶ δεῖμόν τινα καὶ φόβον ἤδη δὲ καὶ λύσσαν καὶ ἀπάτην καὶ τί γὰρ οὐχὶ τῶν κακίστων παθῶν εἰς θεοῦ φύσιν καὶ μορφὴν ἀνέπλασαν· τοῖς δὲ εὐφημοτέροις τούτων καὶ θύειν τὰς πόλεις ἔπεισαν.

249.   τοιγαροῦν εἰς πολλὴν ἀνάγκην καθίστανται τοὺς μέν τινας τῶν θεῶν νομίζειν δοτῆρας ἀγαθῶν, τοὺς δὲ καλεῖν ἀποτροπαίους, εἶτα δὲ τούτους ὥσπερ τοὺς πονηροτάτους τῶν ἀνθρώπων χάρισι καὶ δώροις ἀποσείονται, μέγα τι λήψεσθαι κακὸν ὑπ' αὐτῶν προσδοκῶντες, εἰ μὴ μισθὸν αὐτοῖς παράσχοιεν.

250.   Τί τοίνυν τὸ αἴτιον τῆς τοσαύτης ἀνωμαλίας καὶ περὶ τὸ θεῖον πλημμελείας; ἐγὼ μὲν ὑπολαμβάνω τὸ μήτε τὴν ἀληθῆ τοῦ θεοῦ φύσιν ἐξ ἀρχῆς συνιδεῖν αὐτῶν τοὺς νομοθέτας μήθ' ὅσον καὶ λαβεῖν ἠδυνήθησαν ἀκριβῆ γνῶσιν διορίσαντας πρὸς τοῦτο ποιήσασθαι τὴν ἄλλην τάξιν τοῦ πολιτεύματος,

251.   ἀλλ' ὥσπερ ἄλλο τι τῶν φαυλοτάτων ἐφῆκαν τοῖς μὲν ποιηταῖς οὕστινας ἂν βούλωνται θεοὺς εἰσάγειν πάντα πάσχοντας, τοῖς δὲ ῥήτορσι πολιτογραφεῖν κατὰ ψήφισμα τῶν ξένων θεῶν τὸν ἐπιτήδειον·

252.   πολλῆς δὲ καὶ ζωγράφοι καὶ πλάσται τῆς εἰς τοῦτο παρὰ τῶν Ἑλλήνων ἀπέλαυσαν ἐξουσίας, αὐτὸς ἕκαστός τινα μορφὴν ἐπινοῶν, ὁ μὲν ἐκ πηλοῦ πλάττων, ὁ δὲ γράφων, οἱ δὲ μάλιστα δὴ θαυμαζόμενοι τῶν δημιουργῶν τὸν ἐλέφαντα καὶ τὸν χρυσὸν ἔχουσι τῆς ἀεὶ καινουργίας τὴν ὑπόθεσιν.

248 그런데 그들은 '분노와 속임수' 이외에도, 심지어 '공포와 두려움'을 (신으로) 갖고 있습니다. 도대체 가장 저급한 욕망 가운데 어떤 것이 신의 본성과 형상으로 변형되지 않았나요? 이들 중 더 고결한 신들에게 제물을 바치라고 그들이 도시들을 설득한 건가요?

249 그러므로 이제 그들은 어쩔 수 없이 신들 중 일부를 '선의 수여자들'이라 부르고, 일부는 '역겨운 자들'이라 일컫게 되는 상황에 놓이게 됩니다. 그런 다음 후자를 인간 중 가장 나쁜 악당들처럼 헌물과 선물들을 통해 자기로부터 떨쳐냅니다. 그들은 그 신들로부터 엄청난 나쁜 일을 당할 수 있다고 두려워합니다. 그 신들에게 댓가를 지불하지 않을 경우에 말이죠.

2:250-254 종교비판에 대한 요세푸스 자신의 생각

250 그런데 신성과 관련하여 이러한 엄청난 부조리와 왜곡에 대한 이유가 무엇일까요? 나의 생각은 이러합니다. 즉 그들의 입법자들은 신에 대한 참된 본성을 애초부터 파악하지 못했으며, 또한 자신들이 이해가능한 만큼도 정확한 지식을 파악하지 못했으며, 또한 다른 통치 질서를 그것에 맞추지도 못했습니다.

251 오히려 그들은 마치 지극히 사소한 어떤 일처럼, 시인들은 자신들이 택한 신들이 온갖 것을 겪도록 끌어들이고, 달변가들은 민중의 결정에 따라 낯선 신들 중 유용한 신에게 시민권을 부여하도록 허용했습니다.

252 화가들과 석공들은 그리스 사람들에 의해 이러한 일을 위해 상당한 재량권을 누렸습니다. 저마다 스스로 나름대로의 형상을 고안해내는데, 어떤 사람은

253. [καὶ τὰ μὲν τῶν ἱερῶν ἐν ἐρημίᾳ παντελῶς εἰσιν, τὰ δὲ ἐμπερισπούδαστα καθάρσεσι παντοδαπαῖς περικοσμούμενα.] εἶθ' οἱ μὲν πρότερον ἐν ταῖς τιμαῖς ἀκμάσαντες θεοὶ γεγηράκασιν· [οἱ δὲ ὑπακμάζοντες τούτων ἐν δευτέρᾳ τάξει ὑποβέβληνται] οὕτω γὰρ εὐφημότερον λέγειν·

254. ἄλλοι δὲ καινοί τινες εἰσαγόμενοι θρησκείας τυγχάνουσιν, [ὡς ἐν παρεκβάσει ὧν προεί πομεν τοὺς τόπους ἐρημωθέντας καταλιπεῖν] καὶ τῶν ἱερῶν τὰ μὲν ἐρημοῦται, τὰ δὲ νεωστὶ κατὰ τὴν αὐτῶν βούλησιν ἕκαστος ἱδρύεται, δέον [τοίνυν] τοὐναντίον τὴν περὶ τοῦ θεοῦ δόξαν αὐτοὺς καὶ τὴν πρὸς αὐτὸν τιμὴν ἀμετακίνητον διαφυλάττειν.

255. Ἀπολλώνιος μὲν οὖν ὁ Μόλων τῶν ἀνοήτων εἷς ἦν καὶ τετυφωμένων, τοὺς μέντοι κατ' ἀλήθειαν ἐν τοῖς Ἑλληνικοῖς φιλοσοφήσαντας οὔτε τῶν προειρημένων οὐδὲν διέλαθεν οὔτε τὰς ψυχρὰς προφάσεις τῶν ἀλληγοριῶν ἠγνόησαν, διόπερ τῶν μὲν εἰκότως κατεφρόνησαν, εἰς δὲ τὴν ἀληθῆ καὶ πρέπουσαν περὶ τοῦ θεοῦ δόξαν ἡμῖν συνεφώνησαν.

256. ἀφ' ἧς ὁρμηθεὶς ὁ Πλάτων οὔτε τῶν ἄλλων οὐδένα ποιητῶν φησι δεῖν εἰς τὴν πολιτείαν παραδέχεσθαι καὶ τὸν Ὅμηρον εὐφήμως ἀποπέμπεται στεφανώσας καὶ μύρον αὐτοῦ καταχέας, ἵνα δὴ μὴ τὴν ὀρθὴν δόξαν περὶ θεοῦ τοῖς μύθοις ἀφανίσειε.

흙으로 빚고, 어떤 사람은 그려서 말이죠. 그런데 예술가 중에서 가장 감탄을 자아내는 자들은 상아와 황금을 늘 새로운 발명의 토대로 사용합니다.

253 […] 게다가 한때 경배의 전성기에 있던 그런 신들이 노쇠해졌습니다. 더 완곡하게 말하자면 그렇습니다. […]

254 그런데 새롭게 도입된 어떤 다른 신들은 경배를 받습니다. 그리하여 어떤 성소들은 황폐해지고, 어떤 성소들은 사람들의 변덕에 따라 새롭게 개별적으로 세워집니다. 사실 정반대로 신에 대한 이해와 또 신에 대한 공경을 변함없이 지켜나가야 하는데도 말입니다.

2:255-257 플라톤의 계명과 모세 율법의 비교

255 그런데 아폴로니오스 몰론은 지각이 없는 미치광이 중 한 사람이었습니다. 그러나 그리스 사람들 가운데 진리에 따라 철학한 자들은 앞에서 언급된 내용 중 어떤 것도 놓치지 않았고, 알레고리를 사용하는 자들의 헛된 동기를 모르지 않았습니다. 그러므로 그들은 한편으론 그 같은 자들을 멸시했으며, 다른 한편으론 하나님에 대한 참되고 적합한 견해에 우리와 동의했습니다.

256 이러한 관점에서 시작하여 플라톤은 다른 시인 중 누구도 자기 나라 안으로 받아들이지 말아야 한다고 말합니다.[210] 심지어 호메로스조차도 정중하게 떠

---

210 신화와 창작에 대한 비판의 불가피성과 관련하여 Platon, *Rep.* 376 이하 참조하라. 이러한 문맥에서 플라톤은 처음으로 "신학"(379 A)이란 단어를 사용했다. 이 단어(θεολογία)는 유대교에서 잘 사용되지 않는다. 「아피온 반박」 1:225를 참조하라.

257. μάλιστα δὲ Πλάτων μεμίμηται τὸν ἡμέτερον νομοθέτην κἀν τῷ μηδὲν οὕτω παίδευμα προστάττειν τοῖς πολίταις ὡς τὸ πάντας ἀκριβῶς τοὺς νόμους ἐκμανθάνειν, καὶ μὴν καὶ περὶ τοῦ μὴ δεῖν ὡς ἔτυχεν ἐπιμίγνυσθαί τινας ἔξωθεν, ἀλλ' εἶναι καθαρὸν τὸ πολίτευμα τῶν ἐμμενόντων τοῖς νόμοις προυνόησεν.

258. ὧν οὐδὲν λογισάμενος ὁ Μόλων Ἀπολλώνιος ἡμῶν κατηγόρησεν, ὅτι μὴ παραδεχόμεθα τοὺς ἄλλαις προκατειλημμένους δόξαις περὶ θεοῦ μηδὲ κοινωνεῖν ἐθέλομεν τοῖς καθ' ἑτέραν συνήθειαν βίου ζῆν προαιρουμένοις.

259. ἀλλ' οὐδὲ τοῦτ' ἔστιν ἴδιον ἡμῶν, κοινὸν δὲ πάντων, οὐχ Ἑλλήνων δὲ μόνων, ἀλλὰ καὶ τῶν ἐν τοῖς Ἕλλησιν εὐδοκιμωτάτων· Λακεδαιμόνιοι δὲ καὶ ξενηλασίας ποιούμενοι διετέλουν καὶ τοῖς αὐτῶν ἀποδημεῖν πολίταις οὐκ ἐπέτρεπον διαφθορὰν ἐξ ἀμφοῖν ὑφορώμενοι γενήσεσθαι περὶ τοὺς νόμους.

260. ἐκείνοις μὲν οὖν τάχ' ἂν δυσκολίαν τις ὀνειδίσειεν εἰκότως· οὐδενὶ γὰρ οὔτε τῆς πολιτείας οὔτε τῆς παρ' αὐτοῖς μετεδίδοσαν διατριβῆς·

나보냅니다. 그에게 화관을 씌우고 향료를 부은 후에요. 호메로스가 신에 대한 올바른 견해를 신화들로 무너뜨리지 않도록 하기 위함입니다.

257   특히 (두 가지 점에서) 플라톤은 우리의 입법자를 본받았습니다. 우선 그는 어떤 종류의 교육도 시민들에게 명령하지 않았습니다. 마치 모두가 그 법들을 정확히 암송하는 것처럼 말입니다. 또한 그는 외부에서 온 사람들이 임의로 섞이지 않고, 법들을 충실하게 지키는 사람들의 공동체가 순수해져야 한다는 점에 대해 유의했습니다.

2:258-261   유대아 사람들의 이른바 다른 민족에 대한 적대감에 대해

258   이 모든 것을 고려하지 않은 채 아폴로니오스 몰론은 우리를 고소했습니다. 우리가 신에 대한 다른 견해들을 이미 수용한 자들을 용납하지 않으며, 다른 삶의 관습에 따라 살기를 선택한 자들과 교제하기를 원하지 않는다고 말이죠.

259   그러나 그런 것은 우리에게 고유한 것이 아니라 모든 사람에게 공통된 것입니다. 그리스 사람들뿐만 아니라, 그리스 사람들 중 가장 고상한 자들에게도 그러합니다. 라케다이몬 사람들은 외국인 추방을 지속적으로 행했으며, 또한 자기들의 시민들도 영토 밖으로 나가는 것을 허용하지 않았습니다. 두 경우로부터 법에 붕괴가 있을까 염려했기 때문입니다.

260   저들을 향해 당연히 누군가 쉽게 불만을 쏟아낼 수도 있을 것 같습니다. 왜냐하면 아무도 시민권이나 자기들의 생활방식에 동참하지 못하게 했기 때문이지요.

261.　ἡμεῖς δὲ τὰ μὲν τῶν ἄλλων ζηλοῦν οὐκ ἀξιοῦμεν, τοὺς μέντοι μετέχειν τῶν ἡμετέρων βουλομένους ἡδέως δεχόμεθα. καὶ τοῦτο ἂν εἴη τεκμήριον, οἶμαι, φιλανθρωπίας ἅμα καὶ μεγαλοψυχίας.

262.　Ἐῶ περὶ Λακεδαιμονίων ἐπὶ πλείω λέγειν. οἱ δὲ κοινὴν εἶναι τὴν ἑαυτῶν δόξαντες πόλιν Ἀθηναῖοι πῶς περὶ τούτων εἶχον, Ἀπολλώνιος ἠγνόησεν, ὅτι καὶ τοὺς ῥῆμα μόνον παρὰ τοὺς ἐκείνων νόμους φθεγξαμένους περὶ θεῶν ἀπαραιτήτως ἐκόλασαν.

263.　τίνος γὰρ ἑτέρου χάριν Σωκράτης ἀπέθανεν; οὐ γὰρ δὴ προεδίδου τὴν πόλιν τοῖς πολεμίοις οὐδὲ τῶν ἱερῶν ἐσύλησεν οὐδέν, ἀλλ' ὅτι καινοὺς ὅρκους ὤμνυεν καί τι δαιμόνιον αὐτῷ σημαίνειν ἔφασκεν ἢ διαπαίζων, ὡς ἔνιοι λέγουσι, διὰ ταῦτα κατεγνώσθη κώνειον πιὼν ἀποθανεῖν.

264.　καὶ διαφθείρειν δὲ τοὺς νέους ὁ κατήγορος αὐτὸν ᾐτιᾶτο, τῆς πατρίου πολιτείας καὶ τῶν νόμων ὅτι προῆγεν αὐτοὺς καταφρονεῖν. Σωκράτης μὲν οὖν πολίτης Ἀθηναίων τοιαύτην ὑπέμεινε τιμωρίαν.

261 반면 우리는 다른 민족들의 관습을 모방하는 것이 정당하다고 생각하진 않지만, 우리의 관습에 동참하고 싶어하는 자들을 기쁘게 환영합니다. 바로 그런 점이 내가 보이기에는 인간애의 마음과 관용의 증거일 것입니다.

2:262-268 아테네 사람들의 종교 재판과 비교하다

262 나는 라케다이몬 사람들에 대해 더 이상 말하지는 않겠습니다. 하지만 자기들의 도시를 (누구에게나) 공유한다고 생각한 아테네 사람들이 어떻게 이러한 관점에서 행동했는지를, 아폴로니오스는 알지 못했습니다. 왜냐하면 그들이 단 한마디라도 자기들의 법에 거슬러 신들에 대해 언급한 사람들을 가차 없이 징벌했기 때문입니다.

263 무슨 다른 이유로 소크라테스가 죽었단 말입니까? 그는 정말이지 그 도시를 원수에게 팔아넘기지도 않았으며, 또한 성소들 가운데 어느 하나도 약탈하지 않았기 때문입니다. 오히려 그 이유는 그가 새로운 맹세를 했으며 또한 어떤 다이몬이 자기에게 징표를 주었다고 주장했다는 것입니다. 하지만 몇몇 사람들이 말하듯이 연기였죠. 그로 인해 그는 독미나리를 마심으로써 죽는 형을 받았습니다.

264 또한 그 고소자는 젊은이들을 타락시킨 것도 그의 잘못이라 고소했으며, 또한 그가 그들로 하여금 전통적인 제도와 법을 멸시하도록 호도했다고 말입니다. 그런데 소크라테스는 아테네 시민으로서 그런 종류의 형벌을 당했습니다.

265. Ἀναξαγόρας δὲ Κλαζομένιος ἦν, ἀλλ' ὅτι νομιζόντων Ἀθηναίων τὸν ἥλιον εἶναι θεὸν ὅδ' αὐτὸν ἔφη μύδρον εἶναι διάπυρον, θάνατον αὐτοῦ παρ' ὀλίγας ψήφους κατέγνωσαν.

266. καὶ Διαγόρᾳ τῷ Μηλίῳ τάλαντον ἐπεκήρυξαν, εἴ τις αὐτὸν ἀνέλοι, ἐπεὶ τὰ παρ' αὐτοῖς μυστήρια χλευάζειν ἐλέγετο. καὶ Πρωταγόρας εἰ μὴ θᾶττον ἔφυγε, συλληφθεὶς ἂν ἐτεθνήκει γράψαι τι δόξας οὐχ ὁμολογούμενον τοῖς Ἀθηναίοις περὶ θεῶν.

267. τί δὲ δεῖ θαυμάζειν, εἰ πρὸς ἄνδρας οὕτως ἀξιοπίστους διετέθησαν, οἵ γε μηδὲ γυναικῶν ἐφείσαντο; νῦν γὰρ τὴν ἱέρειαν ἀπέκτειναν, ἐπεί τις αὐτῆς κατηγόρησεν, ὅτι ξένους ἐμύει θεούς· νόμῳ δ' ἦν τοῦτο παρ' αὐτοῖς κεκωλυμένον καὶ τιμωρία κατὰ τῶν ξένον εἰσαγόντων θεὸν ὥριστο θάνατος.

268. οἱ δὲ τοιούτῳ νόμῳ χρώμενοι δῆλον ὅτι τοὺς τῶν ἄλλων οὐκ ἐνόμιζον εἶναι θεούς· οὐ γὰρ ἂν αὐτοῖς πλειόνων ἀπολαύειν ἐφθόνουν.

265　하지만 아낙사고라스는 클라조메나이 출신이었으나,[211] 아테네 사람들이 태양이 신이라고 믿었지만, 그는 태양이 시뻘겋게 작열하는 쇳덩어리라고 말했다고 해서, 그들은 소수의 결정에 따라 그의 죽음을 선고했습니다.

266　또한 멜로스 출신의 디아고라스[212]의 경우에는 누군가 그를 살해한다면, 한 달란트 은화를 (주겠다고) 선언했습니다. 이 자가 그들의 신비 의식을 조롱했다고 소문이 났기 때문입니다. 프로타고라스[213]는 재빨리 도주하지 않았더라면 체포되어 죽었을 것입니다. 그가 신들과 관련하여 아테네 사람들과 일치하지 않는 것을 기록했다고 여겨졌기 때문입니다.

267　그렇다면 놀라워해야 할 것이 있을까요? 그들이 존경할 만한 남자들에 대해서 이러한 입장을 가졌다면, 그들이 여인들이라서 해서 봐주지 않았다는 것을요. 이제 그들은 여사제를 죽였습니다. 누군가 그녀가 낯선 신들의 신비 의식을 행한다고 고소했기 때문입니다. 그들 가운데 이것은 법으로 금지되었으며, 낯선 신을 도입하는 자들에 대한 형벌은 사형으로 정해져 있었습니다.

268　그러한 법을 이용하는 사람들은 다른 사람들의 신들을 신들로서 인정하지 않은 것이 분명합니다. 왜냐하면 (그렇지 않다면) 자기들을 위해 더 많은 신들을 누리는 (유익을) 거부하지 않았을 것이기 때문입니다.

211　클라조메나이는 이오니아 해변에 있는 고대 그리스 도시였고, 이오니아 동맹에 참여했다.
212　멜로스의 디아고라스는 특히 신들을 부정하는 자로 비난 받았던 고대의 서정 시인이다. 신을 부정하는 자의 전형으로 통했다.
213　압데라 출신의 프로타고라스(대략 기원전 480-410년)는 중요한 소피스트였다.

269.	τὰ μὲν οὖν Ἀθηναίων ἐχέτω καλῶς. Σκύθαι δὲ φόνοις χαίροντες ἀνθρώπων καὶ βραχὺ τῶν θηρίων διαφέροντες, ὅμως τὰ παρ' αὐτοῖς οἴονται δεῖν περιστέλλειν, καὶ τὸν ὑπὸ τῶν Ἑλλήνων ἐπὶ σοφίᾳ θαυμασθέντα τὸν Ἀνάχαρσιν ἐπανελθόντα πρὸς αὐτοὺς ἀνεῖλον, ἐπεὶ τῶν Ἑλληνικῶν ἐθῶν ἔδοξεν ἥκειν ἀνάπλεως, πολλοὺς δὲ καὶ παρὰ Πέρσαις ἄν τις εὕροι καὶ διὰ τὴν αὐτὴν αἰτίαν κεκολασμένους.

270.	ἀλλὰ δῆλον ὅτι τοῖς Περσῶν ἔχαιρε νόμοις ὁ Ἀπολλώνιος κἀκείνους ἐθαύμαζεν, ὅτι τῆς ἀνδρείας αὐτῶν ἀπέλαυσαν οἱ Ἕλληνες καὶ τῆς ὁμογνωμοσύνης ἧς εἶχον περὶ θεῶν, ταύτης μὲν [οὖν] ἐν τοῖς ἱεροῖς οἷς κατέπρησαν, τῆς ἀνδρείας δὲ δουλεῦσαι παρὰ μικρὸν ἐλθόντες, ἁπάντων δὲ καὶ τῶν ἐπιτηδευμάτων μιμητὴς ἐγένετο τῶν Περσικῶν γυναῖκας ἀλλοτρίας ὑβρίζων καὶ παῖδας ἐκτέμνων.

271.	παρ' ἡμῖν δὲ θάνατος ὥρισται, κἂν ἄλογόν τις οὕτω ζῷον ἀδικῇ· καὶ τούτων ἡμᾶς τῶν νόμων ἀπαγαγεῖν οὔτε φόβος ἴσχυσεν τῶν κρατησάντων οὔτε ζῆλος τῶν παρὰ τοῖς ἄλλοις τετιμημένων.

2:269-272 다른 곳의 종교 재판 및 유대적 자기 훈련

269 이제 아테네 사람들과 관련해서는 이 정도면 좋을 것 같습니다. 그런데 스키타이 사람들[214]은 사람들의 살인을 즐기며, 동물들과 별반 차이가 없지만 자기들의 관습을 보호해야만 한다고 생각합니다. 그들은 그리스 사람들 가운데 지혜로 인해 경탄을 자아낸 아나카르시스[215]를 자신들에게로 돌아올 때 살해했습니다. 왜냐하면 그가 그리스 관습들에 오염되어 돌아온다고 여겨졌기 때문입니다. 누군가는 페르시아 사람들에게서도 많은 사람들이 동일한 고소 때문에 형벌을 받은 것을 발견할 것입니다.

270 그러나 분명한 것은, 아폴로니오스가 페르시아 사람들의 법을 흡족하게 여겼으며, 그들에게 경탄했다는 것입니다. 그리스 사람들이 그들의 용맹함과 신들에 대해 지닌 의견 일치를 누리기는 했습니다!! 후자는 […] 그들이 불태워 파괴한 성전들 안에서, 용맹함은 그들이 와서 거의 노예로 삼을 뻔했을 때 말입니다.[216] 심지어 그(=아폴로니오스)는 온갖 페르시아 생활방식의 모방자가 되어, 그가 다른 민족 여인들을 학대하고 아이들을 거세했습니다.

271 반면 우리의 경우, 누군가 이성이 없는 동물 한 마리라도 불법을 가한다면, 죽음이 선고됩니다. 또한 통치자들에 대한 두려움도 우리를 이 율법으로부터 떼어내기에 충분하지 않습니다.

---

214 스키타이족은 거칠고 잔인하다는 표상이 이미 헤로도토스(4:1-142)에게서 두드러진다. 고대 고전 시기에 스키타이족은 극도의 잔인성의 대명사로 통했다.

215 스키타이 사람 아나카르시스는 고대 세계에서 존경을 받은 인물로서 일곱 명의 현자에 속했다(Diog. Laert. 1:41f).

216 이 문장은 텍스트 전승이 불완전하다.

272.   οὐδὲ τὴν ἀνδρείαν ἠσκήσαμεν ἐπὶ τῷ πολέμους ἄρασθαι χάριν πλεονεξίας, ἀλλ' ἐπὶ τῷ τοὺς νόμους διαφυλάττειν. τὰς γοῦν ἄλλας ἐλαττώσεις πρᾴως ὑπομένοντες, ἐπειδάν τινες ἡμᾶς τὰ νόμιμα κινεῖν ἀναγκάζωσι, τότε καὶ παρὰ δύναμιν αἱρούμεθα πολέμους καὶ μέχρι τῶν ἐσχάτων ταῖς συμφοραῖς ἐγκαρτεροῦμεν.

273.   διὰ τί γὰρ ἂν καὶ ζηλώσαιμεν τοὺς ἑτέρων νόμους ὁρῶντες μηδὲ παρὰ τοῖς θεμένοις αὐτοὺς τετηρημένους; πῶς γὰρ οὐκ ἔμελλον Λακεδαιμόνιοι μὲν τῆς ἀνεπιμίκτου καταγνώσεσθαι πολιτείας καὶ τῆς περὶ τοὺς γάμους ὀλιγωρίας, Ἠλεῖοι δὲ καὶ Θηβαῖοι τῆς παρὰ φύσιν καὶ [ἄγαν] ἀνέδην πρὸς τοὺς ἄρρενας μίξεως;

274.   ἃ γοῦν πάλαι κάλλιστα καὶ συμφορώτατα πράττειν ὑπελάμβανον, ταῦτ' εἰ καὶ μὴ παντάπασι τοῖς ἔργοις πεφεύγασιν, οὐχ ὁμολογοῦσιν,

275.   ἀλλὰ καὶ τοὺς περὶ αὐτῶν νόμους ἀπόμνυνται τοσοῦτόν ποτε παρὰ τοῖς Ἕλλησιν ἰσχύσαντας, ὥστε καὶ τοῖς θεοῖς τὰς τῶν ἀρρένων μίξεις ἐπεφήμισαν, κατὰ τὸν αὐτὸν δὲ λόγον καὶ τοὺς τῶν γνησίων ἀδελφῶν γάμους, ταύτην ἀπολογίαν αὐτοῖς τῶν ἀτόπων καὶ παρὰ φύσιν ἡδονῶν συντιθέντες.

272   하지만 우리가 용맹함을 훈련한 것은, 탐욕을 위해 전쟁을 수행하기 위해서가 아니라 율법을 보존하기 위해서입니다. 다른 종류의 패배는 우리가 태연하게 감내하지만, 어떤 이들이 우리로 하여금 우리의 율법을 바꾸도록 강요하면, 우리는 능력이 부치더라도 전쟁을 수행하며, 극한 상황에 이르기까지 역경을 견뎌냅니다.

2:273-278   다양한 그리스적 사회 질서의 부도덕성

273   도대체 무엇때문에 우리도 다른 민족들의 법을 질투해야만 하나요? 입법자들에 의해서도 법이 지켜지지 않는 것을 보는데 말입니다. 결국 라케다이몬 사람들이 다른 민족과 섞이지 않는 사회와 결혼에 대한 경멸을 정죄하게 되고, 엘리스 사람들과 테바이 사람들은 자연을 거스르고, 남자들에 대한 방종한 성적 연합을 정죄하게 되지 않았습니까?

274   아무튼 예전에 가장 예의바르며 또 가장 유용하다고 여겼던 행위들에 대해, 실행하는 것을 완전히 버리지는 않았을지라도, 동의하지 않으며,

275   오히려 이와 관련된 법을 버리기로 맹세하고 있습니다. 한때 이 법들은 그리스 사람들 가운데 영향력이 강력하여, 남자들과의 성적 연합을 신들에게로 돌렸고, 동일한 논리로 친형제들과의 결혼도 그렇게 하여, 자신들의 왜곡되고 자연에 거스르는 정욕에 대해 이러한 변명을 지어냈습니다.

276. Ἐῶ νῦν περὶ τῶν τιμωριῶν λέγειν, ὅσας μὲν ἐξ ἀρχῆς ἔδοσαν οἱ πλεῖστοι νομοθέται τοῖς πονηροῖς διαλύσεις, ἐπὶ μοιχείας μὲν ζημίας χρημάτων, ἐπὶ φθορᾶς δὲ καὶ γάμους νομοθετήσαντες, ὅσας δὲ περὶ τῆς ἀσεβείας προφάσεις περιέχουσιν ἀρνήσεως, εἰ καί τις ἐπιχειρήσειεν ἐξετάζειν· ἤδη γὰρ παρὰ τοῖς πλείοσι μελέτη γέγονε τοῦ παραβαίνειν τοὺς νόμους.

277. οὐ μὴν καὶ παρ' ἡμῖν, ἀλλὰ κἂν πλούτου καὶ πόλεων καὶ τῶν ἄλλων ἀγαθῶν στερηθῶμεν, ὁ γοῦν νόμος ἡμῖν ἀθάνατος διαμένει, καὶ οὐδεὶς Ἰουδαίων οὔτε μακρὰν οὕτως ἂν ἀπέλθοι τῆς πατρίδος οὔτε πικρὸν φοβηθήσεται δεσπότην, ὡς μὴ πρὸ ἐκείνου δεδιέναι τὸν νόμον.

278. εἰ μὲν οὖν διὰ τὴν ἀρετὴν τῶν νόμων οὕτως πρὸς αὐτοὺς διακείμεθα, συγχωρησάτωσαν ὅτι κρατίστους ἔχομεν νόμους. εἰ δὲ φαύλοις οὕτως ἡμᾶς ἐμμένειν ὑπολαμβάνουσι, τί οὐκ ἂν αὐτοὶ δικαίως πάθοιεν τοὺς κρείττονας οὐ φυλάττοντες;

279. ἐπεὶ τοίνυν ὁ πολὺς χρόνος πιστεύεται πάντων εἶναι δοκιμαστὴς ἀληθέστατος, τοῦτον ἂν ποιησαίμην ἐγὼ μάρτυρα τῆς ἀρετῆς ἡμῶν τοῦ νομοθέτου καὶ τῆς ὑπ' ἐκείνου φήμης περὶ τοῦ θεοῦ παραδοθείσης· ἀπείρου γὰρ τοῦ χρόνου γεγονότος, εἴ τις αὐτὸν παραβάλλοι ταῖς τῶν ἄλλων ἡλικίαις νομοθετῶν, παρὰ πάντας εὕροι τοῦτον

276   지금은 (여러) 형벌들에 대해서는 넘어가겠습니다. 애초부터 대다수의 입법자들이 악한 자들에게 해법으로 형벌들을 제시했지요. 간통의 경우에는 손해배상을, 겁탈의 경우에는 결혼을 법으로 명했습니다. 또한 (신에 대한) 불경에 대해서는 누군가 거기에 대해 심문하기를 시도하면, 부인을 위한 그렇게도 많은 구실들을 제시합니다. 왜냐하면 이미 대부분의 민족들에서는 법을 어기는 것이 기예가 되었기 때문입니다.

277   그런데 우리의 경우는 그렇지 않습니다. 비록 부와 도시들과 다른 재물들을 빼앗길지라도, 우리의 율법은 영원히 남아 있습 니다. 또한 유대아 사람 중 어느 누구라도 자기 고향으로부터 그렇게도 멀리 떠나고, 악랄한 통치자를 두려워하여, 율법을 그보다 더 두려워하지 않게 될 수는 없습니다.

278   이제 우리가 율법들의 빼어남 때문에 율법들에 대해 이러한 처지에 놓였다면, 그들로 하여금 우리가 가장 강력한 율법들을 가지고 있다는 사실을 인정하도록 하십시오. 반면 그들이 우리가 그처럼 나쁜 법에 매달린다고 생각한다면, 그들은 더 나은 법들을 지키지 않으니, 어떤 형벌을 받는 것이 정당할까요?

2:279-286   모세 율법의 특이한 나이 및 비유대아 사람들을 향한 율법의 매력

279   이제 오랜 시간이 모든 사항들의 가장 참된 검증자라고 여겨지므로, 나는 시간을 우리의 입법자와 그가 전수한 하나님에 대한 진술[217]의 빼어남에 대한 증

---

[217] '하나님에 대한 진술'(φήμη περὶ τοῦ θεοῦ)이란 표현이 아주 특이하다. 요세푸스의 작품이나 헬레니즘-유대 문헌 어디에도 이에 평행하는 구문을 찾을 수 없다고 말하는 지게르트는, 요세푸스가 일부러 '신학'이

280.   ὑφ' ἡμῶν τε διηλέγχθησαν οἱ νόμοι καὶ τοῖς ἄλλοις ἅπασιν ἀνθρώποις ἀεὶ καὶ μᾶλλον αὐτῶν ζῆλον ἐμπεποιήκασι.

281.   πρῶτοι μὲν γὰρ οἱ παρὰ τοῖς Ἕλλησι φιλοσοφήσαντες τῷ μὲν δοκεῖν τὰ πάτρια διεφύλαττον, ἐν δὲ τοῖς πράγμασι καὶ τῷ φιλοσοφεῖν ἐκείνῳ κατηκολούθησαν, ὅμοια μὲν περὶ θεοῦ φρονοῦντες, εὐτέλειαν δὲ βίου καὶ τὴν πρὸς ἀλλήλους κοινωνίαν διδάσκοντες.

282.   οὐ μὴν ἀλλὰ καὶ πλήθεσιν ἤδη πολὺς ζῆλος γέγονεν ἐκ μακροῦ τῆς ἡμετέρας εὐσεβείας, οὐδ' ἔστιν οὐ πόλις Ἑλλήνων οὐδητισοῦν οὐδὲ βάρβαρον οὐδὲ ἓν ἔθνος, ἔνθα μὴ τὸ τῆς ἑβδομάδος, ἣν ἀργοῦμεν ἡμεῖς, τὸ ἔθος [δὲ] διαπεφοίτηκεν καὶ αἱ νηστεῖαι καὶ λύχνων ἀνακαύσεις καὶ πολλὰ τῶν εἰς βρῶσιν ἡμῖν οὐ νενομισμένων παρατετήρηται.

283.   μιμεῖσθαι δὲ πειρῶνται καὶ τὴν πρὸς ἀλλήλους ἡμῶν ὁμόνοιαν καὶ τὴν τῶν ὄντων ἀνάδοσιν καὶ τὸ φιλεργὸν ἐν ταῖς τέχναις καὶ τὸ καρτερικὸν ἐν ταῖς ὑπὲρ τῶν νόμων ἀνάγκαις·

284.   τὸ γὰρ θαυμασιώτατον, ὅτι χωρὶς τοῦ τῆς ἡδονῆς ἐπαγωγοῦ δελέατος αὐτὸς καθ' ἑαυτὸν ἴσχυσεν ὁ νόμος, καὶ ὥσπερ ὁ θεὸς διὰ παντὸς τοῦ κόσμου πεφοίτηκεν, οὕτως ὁ νόμος διὰ πάντων ἀνθρώπων βεβάδικεν. αὐτὸς δέ τις ἕκαστος τὴν πατρίδα καὶ τὸν οἶκον ἐπισκοπῶν τὸν αὐτοῦ τοῖς ὑπ' ἐμοῦ λεγομένοις οὐκ ἀπιστήσει.

인으로 사용하고자 합니다. 시간이 무한하므로, 누군가 그를(=모세를) 다른 입법자들의 연대와 비교하면, 이 사람(=모세)이 모든 이들 중 [가장 옛 사람임을][218] 발견할 것입니다.

280 율법들은 참으로 우리에 의해서 검증되었을 뿐만 아니라, 다른 모든 사람들에게 점점 더 질투를 유발시켰습니다.

281 즉 첫 번째 모방자들인 그리스 철학자들은 전승된 관습들을 지킨 것같이 보이나, 행동에서 또한 철학에서 그를(=모세를) 모방했습니다. 그들은 신에 대해 같은 것을 생각했으며, 삶의 소박함과 상호 간의 교제를 가르쳤습니다.

282 그것이 전부가 아닙니다! 심지어 대중에게도 이미 또 오래 전부터 우리의 경건에 대한 상당한 질투심이 생겨났습니다. 또한 그리스 사람들이건, 비그리스 사람들이건 그 어떤 도시도, 또한 어떤 백성도 우리가 일하지 않는 일곱 번째 날의 관습[219]이 번지지 않은 곳은 없습니다. […] 또한 금식과 촛불 점화 및 음식에 대한 우리의 금령 중 많은 것들이 주의깊게 지켜지지 않는 곳이 없습니다.

283 더구나 그들은 모방하기를 애씁니다. 우리의 서로 간의 한마음, 소유의 나눔, 수공업에서 헌신된 노동, 또 율법 때문에 일어난 박해의 인내가 그것입니다.

284 그런데 가장 놀라운 것은, 미혹하는 쾌락의 미끼 없이 노모스(=율법)는 전적으로 그 자체만을 통해 영향력을 발휘한다는 것입니다. 하나님이 온 세상을

란 단어를 피하려 했던 것으로 추정한다.
218 가치 평가를 담은 서술어가 이 자리에 있어야만 하나, 전승 과정에서 사라진 것으로 보인다.
219 기원전 4세기 때의 그리스 역사가 아리스토블로스는 이미 기원전 9~8세기경의 작가 헤시오도스와 호메로스에게서 안식일을 높이 평가하는 것을 확인했다고 전한다(에우세비오스 『복음의 준비』 13:12, 11-16).

285.   χρὴ τοίνυν πάντων ἀνθρώπων καταγνῶναι πονηρίαν ἐθελούσιον, εἰ τἀλλότρια καὶ φαῦλα πρὸ τῶν οἰκείων καὶ καλῶν ζηλοῦν ἐπιτεθυμήκασιν, ἢ παύσασθαι βασκαίνοντας ἡμῖν τοὺς κατηγοροῦντας.

286.   οὐδὲ γὰρ ἐπιφθόνου τινὸς ἀντιποιούμεθα πράγματος τὸν αὐτῶν τιμῶντες νομοθέτην καὶ τοῖς ὑπ' ἐκείνου προφητευθεῖσι περὶ τοῦ θεοῦ πεπιστευκότες· καὶ γὰρ εἰ μὴ συνίεμεν αὐτοὶ τῆς ἀρετῆς τῶν νόμων, ἁπάντων ἂν ὑπὸ τοῦ πλήθους τῶν ζηλούντων μέγα φρονεῖν ἐπ' αὐτοῖς προήχθημεν.

두루 다니신 것처럼 노모스가 모든 민족들을 통해 거닐었던 것입니다. 누구든지 스스로 자기의 고향 도시나 혹은 자기 자신의 가족을 바라보는 자는 내가 말하는 것을 불신하지 않을 것입니다.

285 따라서 (우리의 고소자들은) 모든 인간들의 의도적인 악을 정죄해야 합니다. 고유하고 선한 법들보다 낯설고 나쁜 법들을 모방하려고 간절히 바란다면 말입니다. 그렇지 않으면 비방하는 자들이 우리를 원한을 품는 일을 중단해야 합니다.

286 우리가 우리 고유의 입법자를 공경하고 또한 이 사람에 의해 하나님에 대해 예언된 일을 신뢰한다고 해서 어떤 원한 품는 행위를 실행하는 것은 아닙니다. 왜냐하면 우리 자신이 그 율법들의 빼어남에 대해 이해하지 못한다면, 율법들을 사모하는 수많은 사람들이 우리가 이에 대해 커다란 자부심을 갖도록 촉구했을 것이기 때문입니다.

287. Ἀλλὰ γὰρ περὶ μὲν τῶν νόμων καὶ τῆς πολιτείας τὴν ἀκριβῆ πεποίημαι παράδοσιν ἐν τοῖς περὶ ἀρχαιολογίας μοι γραφεῖσι. νυνὶ δ' αὐτῶν ἐπεμνήσθην ἐφ' ὅσον ἦν ἀναγκαῖον, οὔτε τὰ τῶν ἄλλων ψέγειν οὔτε τὰ παρ' ἡμῖν ἐγκωμιάζειν προθέμενος, ἀλλ' ἵνα τοὺς περὶ ἡμῶν ἀδίκως γεγραφότας ἐλέγξω πρὸς αὐτὴν ἀναιδῶς τὴν ἀλήθειαν πεφιλονεικηκότας.

288. καὶ δή μοι δοκῶ πεπληρῶσθαι διὰ τῆς γραφῆς ἱκανῶς ἃ προϋπεσχόμην· καὶ γὰρ ἀρχαιότητι προϋπάρχον ἐπέδειξα τὸ γένος, τῶν κατηγόρων ὅτι νεώτατόν ἐστιν εἰρηκότων, [καὶ γὰρ] καὶ πολλοὺς ἐν τοῖς συγγράμμασιν ἐμνημονευκότας ἡμῶν ἀρχαίους παρέσχομεν μάρτυρας, ἐκείνων ὅτι μηδείς ἐστιν διαβεβαιουμένων.

289. ἀλλὰ μὴν Αἰγυπτίους ἔφασαν ἡμῶν τοὺς προγόνους· ἐδείχθησαν δ' εἰς Αἴγυπτον ἐλθόντες ἑτέρωθεν. διὰ δὲ λύμην σωμάτων αὐτοὺς ἐκβληθῆναι κατεψεύσαντο· προαιρέσει καὶ περιουσίᾳ ῥώμης ἐφάνησαν ἐπὶ τὴν οἰκείαν ὑποστρέψαντες γῆν.

290. οἱ μὲν ὡς φαυλότατον ἡμῶν τὸν νομοθέτην ἐλοιδόρησαν· τῷ δὲ

회고와 결론

2:287-290　회고

287　율법들 및 (유대아 사람들의) 생활 방식에 대해서는 나의『유대아 고대사』에서 정확한 전승을 제시했습니다. 지금 내가 필요한 만큼만 언급한 것은 내가 다른 민족들의 관습을 비방하거나 우리 자신의 관습을 찬양하기 위해서가 아니라, 우리에 대해 부당하게 기록한 자들, 즉 부끄러움도 없이 진리 자체에 대해 공격한 자들을 논박하기 위함입니다.

288　이제, 내가 앞에서 약속한 것이 나의 문서를 통해 충분히 이루어졌다고 보입니다. 우리를 고소한 자들은 우리 민족이 최근에 생겼다고 말한 시점보다 훨씬 전에 존재했음을 나는 입증했습니다. 또한 그들의 글에서 우리를 언급한 수많은 고대의 증인들을 제시했습니다. 반면 그들은 아무도 없다고 주장합니다.

289　오히려 그들은 이집트 사람들이 우리의 조상들이라고 말했습니다. 그런데 우리 조상들이 바깥에서 이집트로 갔다고 입증되었습니다. 육체적 질병으로 인해 그들이 추방되었다고 저들은 속였습니다. 반면 이들이 자의적 결단으로 체력이 넘쳐 자기 고향으로 돌아갔다는 사실이 드러났습니다.

290　저들은 우리의 입법자를 아무 쓸모 없는 자라고 비방했습니다. 반면 그를 위해 하나님이 이미 오래전부터 또 하나님 다음에는 시간이 그의 탁월함의 증인이었다고 밝혀졌습니다.

τῆς ἀρετῆς πάλαι μὲν ὁ θεός, μετ' ἐκεῖνον δὲ μάρτυς ὁ χρόνος εὕρηται γεγενημένος.

291.   Περὶ τῶν νόμων οὐκ ἐδέησε λόγου πλείονος· αὐτοὶ γὰρ ἑωράθησαν δι' αὐτῶν οὐκ ἀσέβειαν μὲν εὐσέβειαν δ' ἀληθεστάτην διδάσκοντες, οὐδ' ἐπὶ μισανθρωπίαν, ἀλλ' ἐπὶ τὴν τῶν ὄντων κοινωνίαν παρακαλοῦντες, ἀδικίας ἐχθροί, δικαιοσύνης ἐπιμελεῖς, ἀργίαν καὶ πολυτέλειαν ἐξορίζοντες, αὐτάρκεις καὶ φιλοπόνους εἶναι διδάσκοντες,

292.   πολέμων μὲν ἀπείργοντες εἰς πλεονεξίαν, ἀνδρείους δὲ ὑπὲρ αὐτῶν εἶναι παρασκευάζοντες, ἀπαραίτητοι πρὸς τὰς τιμωρίας, ἀσόφιστοι λόγων παρασκευαῖς, τοῖς ἔργοις ἀεὶ βεβαιούμενοι· ταῦτα γὰρ [ἀεὶ] ἡμεῖς παρέχομεν τῶν γραμμάτων ἐναργέστερα.

293.   διόπερ ἐγὼ θαρσήσας ἂν εἴποιμι πλείστων ἅμα καὶ καλλίστων ἡμᾶς εἰσηγητὰς τοῖς ἄλλοις γεγονέναι· τί γὰρ εὐσεβείας ἀπαραβάτου κάλλιον; τί δὲ τοῦ πειθαρχεῖν τοῖς νόμοις δικαιότερον;

294.   ἢ τί συμφορώτερον τοῦ πρὸς ἀλλήλους ὁμονοεῖν καὶ μήτ' ἐν συμφοραῖς διίστασθαι μήτ' ἐν εὐτυχίαις στασιάζειν ἐξυβρίζοντας, ἀλλ' ἐν πολέμῳ μὲν θανάτου καταφρονεῖν, ἐν εἰρήνῃ δὲ τέχναις ἢ γεωργίαις προσανέχειν, πάντα δὲ καὶ πανταχοῦ πεπεῖσθαι τὸν θεὸν ἐποπτεύοντα διέπειν;

291 율법들에 대해서는 더 많은 말을 필요로 하지 않았습니다. 율법들은 그 자체로 불경이 아니라 가장 참된 경건[220]을 가르친다고 입증되었습니다. 율법들은 인간 혐오가 아니라, 소유의 나눔을 위해 권면하고, 불의에 대한 원수이며, 정의에 대해 주의하고, 나태와 낭비를 몰아내고, 자립하고 노동을 사랑하라고 가르치기 때문입니다.

292 또한 정복을 위한 전쟁들을 금하고, 더욱 율법 자체를 위해 용감하고, 형벌에 대해서는 가차 없이, 말의 준비에는 궤변이 없고 실천들로 늘 보증되도록 만듭니다. 왜냐하면 우리는 행위들을 글보다 더욱 명백한 (증거로) 제시하기 때문입니다.

293 그러므로 나 자신이 더욱 담대하게 말할 수 있을 것 같습니다: 우리는 다른 민족들을 위해 가장 많고 동시에 가장 좋은 것들의 도입자가 되었다고요. 무엇이 바뀔 수 없는 경건보다 더 좋겠습니까? 무엇이 그 율법들에 순종하는 것보다 더 정의롭겠습니까?

294 무엇이 서로 한마음인 것보다 더 유익하겠습니까? 또 심지어 불행 속에서도 분열하지 않고, 순탄함에서도 오만하여 나뉘지 않고, 오히려 전쟁에서 죽음을 경멸하고, 평화 시기에는 수공업이나 농사에 열중하고, 모든 일과 모든 장소에서 하나님이 보시면서 움직이고 계신다고 확신한 것보다 (유익하겠습니까?).

---

220 여기서 '경건'은 '종교'(Religion)로 번역할 수 있다. 그런데 로마식 단어 'Religion'에 상응하는 개념으로서 요세푸스는 종종 θρησκεία를 사용한다(예컨대, 『유대아 고대사』 19:284).

295. ταῦτ' εἰ μὲν παρ' ἑτέροις ἢ ἐγράφη πρότερον ἢ ἐφυλάχθη βεβαιότερον, ἡμεῖς ἂν ἐκείνοις χάριν ὠφείλομεν ὡς μαθηταὶ γεγονότες· εἰ δὲ καὶ χρώμενοι μάλιστα πάντων βλεπόμεθα καὶ τὴν πρώτην εὕρεσιν αὐτῶν ἡμετέραν οὖσαν ἐπεδείξαμεν, Ἀπίωνες μὲν καὶ Μόλωνες καὶ πάντες ὅσοι τῷ ψεύδεσθαι καὶ λοιδορεῖν χαίρουσιν ἐξεληλέγχθωσαν.

296. σοὶ δέ, Ἐπαφρόδιτε, μάλιστα τὴν ἀλήθειαν ἀγαπῶντι καὶ διὰ σὲ τοῖς ὁμοίως βουλησομένοις περὶ τοῦ γένους ἡμῶν εἰδέναι τοῦτο καὶ τὸ πρὸ αὐτοῦ γεγράφθω βιβλίον.

295　그러한 규례들이 다른 사람들에게서 먼저 기록되고, 더 확고하게 지켜졌다면, 우리는 저들에게 제자라도 되듯 감사의 빚을 지게 될 것 같습니다. 하지만 우리가 모든 자들 중에서 이것들을(=율법들을) 가장 잘 지킨다고 여겨지고, 우리가 최초로 그것들을 발견했다고 증명했다면, 아피온과 같은 사람들과 몰론과 같은 사람들 그리고 누구든지 거짓말하고 비난하기를 기뻐하는 모든 자들이 비난받도록 하십시오.

296　그런즉 에파프로디토스여, 특히 진리를 사랑하시는 당신께, 또한 당신을 통해 우리 민족에 대해 똑같이 알기를 원하는 사람들에게, 앞서 기록된 책과 마찬가지로 이 책 역시 헌정하고자 합니다.

성경 찾아보기 (괄호 안은 번호)

인명 찾아보기 (괄호 안은 번호)

아파크나스 81(80)

아포피스 81(80)

안드레아스 241(46)

아폴로니오스 몰론 25, 26, 225(16),
　　261(79, 주162), 279(주175),
　　297(145), 299(148), 351(236),
　　359(255), 361(258), 363(262),
　　367(270), 381(295)

아폴로도로스 265(84), 267(88, 91),
　　271(91), 273(100)

아피온 17, 20, 25, 29, 30, 265(85),
　　217(2, 주134), 219(주135), 221(9,
　　주136, 주137), 223(12), 225(13, 17),
　　229(23), 231(25, 28), 233(32),
　　235(34, 36), 239(41, 42), 243(48,
　　49, 주149), 247(56), 249(60),
　　251(62), 255(69), 257(73), 261(78,
　　80), 277(109), 279(주174, 주175),
　　281(115, 116), 283(120), 285(124,
　　125), 287(126, 130), 289(132, 133,
　　135), 291(136, 137, 138), 293(138),
　　295(142, 143, 144), 299(148, 주185),
　　381(295)

안토니우스 249(58)

안티고노스 141(185), 159(213)

안티오코스(시리쿠사) 45(17, 주19)

안티오코스 1세 109(주77), 155(주108)

안티오코스(에피파네스) 55(34, 주31),
　　261(80, 주163), 265(83, 84), 267(90,
　　91, 주170), 271(97), 283(120),
　　291(주180)

알렉산드로스 대왕 35(주1), 139(주98),
　　141(183, 184, 주99), 143(185),
　　147(192), 149(194), 151(200),
　　159(213, 주109), 235(35), 237(37,
　　39), 239(42), 241(44), 251(62),
　　257(72)

압다스타르토스 103(122)

압다이오스 123(157)

압데무노스 99(115), 103(120)

압델리모스 123(157)

얀나스 81(80)

에빌마라두코스 117(146)

에제키야 = 히스기야 143(187)

에크니발로스 123(157)

에파프로디토스 27, 35(1), 217(1),
　　381(296)

에포로스 45(16, 주16), 71(67)

에우세비오스(카이사리아 주교) 57(주36)

에우폴레모스 161(218, 주110)

오니아스 221(주137), 243(49), 245(50b,
　　52, 53)

오로스 89(96)

오사르세프 173(238), 179(250), 187(265),
　　197(286)

요셉 28, 87(92), 201(290), 205(299),
　　223(주137)

유헤메로스 161(216)

이로모스 → 히롬을 보라

이타카 = 이레네 247(55)

이토발로스 105(123), 123(156)

자비도스 279(112, 113), 281(114)

제논 289(135)

잘레우코스 301(154)

조피리온 161(216)

카드모스(밀레토스) 41(10, 주6), 43(13)

카스토르 141(184), 265(84)

카이레몬 25, 199(288, 주127), 201(293),
　　203(294, 295, 297), 205(299, 300,
　　주128), 209(주131), 217(1)

카이사르 237(37), 249(58, 60), 251(61,

지명 찾아보기 (괄호 안은 번호)

주제어 찾아보기 (괄호 안은 번호)